Q U A L I F I Z I E R T   U N T E R R I C H T E N

KREATIV SCHREIBEN

Gezielte Schreibförderung für jugendliche und erwachsene Deutschlernende (DaF/DaZ)

JUTTA WOLFRUM

Hueber Verlag

Quellenverzeichnis

Seite 40, 85, 108: aus: André Breton, „Die Manifeste des Surrealismus“. Deutsche Übersetzung von Ruth Henry © 1968, 1977 by Rowohlt Taschenbuch Verlag GmbH, Reinbek bei Hamburg
Seite 79: © fotolia/Anja Krummeck
Seite 113: © MHV-Archiv/Stark
Seite 127: © Nikida/iStockphoto
Seite 128: © olaser/iStockphoto
Seite 129: © fotolia/Mixage
Seite 138, 139: © Herlinde Koelbl: Schreiben! 30 Autorenportraits. Knesebeck Verlag, München, 2007
Seite 143: Foto: bpk; Max Beckmann/Hinter den Kulissen © VG Bild-Kunst, Bonn 2010
Seite 160: Werbespot am Jachthafen © Jutta Wolfrum; Lottoverkäufer © Xinhua News Agency/eyevine
Seite 161: Foto Chagall: akg; M. Chagall / Der blaue Geiger © VG Bild-Kunst, Bonn 2010
Seite 162: © fotolia/Dreadlock
Seite 163: © fotolia/lofik
Seite 164: © fotolia/dragon_fang
Seite 165: © fotolia/Johanna Mühlbauer
Seite 166: © Stadtverwaltung Ibbenbüren
Seite 167: Schuhe einer berühmten Frau © fotolia/Otmar Smit; Goethe und Schiller © fotolia/herb
Seite 168: © fotolia/Thomas Aumann
Seite 171: © The Bridgeman Art Library/Michel Zabe

3. 2. 1. | Die letzten Ziffern
2014 13 12 11 10 | bezeichnen Zahl und Jahr des Druckes.
Alle Drucke dieser Auflage können, da unverändert,
nebeneinander benutzt werden.
1. Auflage

Umschlaggestaltung und Layout: Cihan Nawaz, Hueber Verlag, Ismaning
Satz: appel media, Oberding
Druck und Bindung: Ludwig Auer GmbH, Donauwörth
Printed in Germany
ISBN 978–3–19–041751–3

INHALT

VORWORT

Nicht weil die Dinge schwierig sind, wagen wir uns nicht an sie heran. Sondern weil wir uns nicht heranwagen, sind die Dinge schwierig. (Seneca. In: Goldberg, 2005, 194)

Kreatives Schreiben ist eigentlich fester Bestandteil des Fremdsprachenunterrichts, zumindest laut dem Gemeinsamen Europäischen Referenzrahmen, in dem zur schriftlichen Produktion Deskriptoren für das Kreative Schreiben festgelegt wurden. Im außerschulischen Bereich gehört es mittlerweile zum Standardprogramm, wovon man sich mit einem Blick in die Veranstaltungskalender von Volkshochschulen in Deutschland überzeugen kann. Auch in Curricula des Muttersprachenunterrichts hat das Kreative Schreiben Einzug gehalten. Wie mit einem roten Faden ist die Bildungslandschaft einerseits vom Kreativen Schreiben bestickt und bleibt doch vielerorts „roter Zierstich", Etikette, mit der nur wenige Lehrende etwas verbinden können: Das sagenumwobene Kreative Schreiben – zum einen aus seiner Vergangenheit als Ventil gelangweilter Hausfrauen negativ geprägt oder als Fertigkeitsschulung angehender Autoren für schwierig erklärt – löst bei vielen Fremdsprachenlehrenden eine Hemmschwelle aus, welche trotz Referenzrahmen und kreativen Schreibanregungen in neueren Lehrwerken nicht überwunden wird.
Ein weiterer Abwehrmechanismus gründet in Zeit- und Notendruck, welcher wiederum mit einer starken Ausrichtung an prüfungsrelevanten Themen verbunden ist. Gleichzeitig klagen Lernende wie Lehrende über Schreibunlust, mangelnde Motivation und unbefriedigende Schreibleistungen.

Genau an dieser Stelle setzt die vorliegende Publikation an: Sie zeigt Möglichkeiten auf, wie das Ziel einer effektiven Schreibförderung, die auch Motivation und Schreiblust mitberücksichtigt, durch den Einsatz von kreativen Schreibverfahren und einen eigenverantwortlichen Umgang mit dem Schreibprodukt (Überarbeitung) erreicht werden kann. Dabei wird nicht der Anspruch erhoben, den herkömmlichen Umgang mit der Fertigkeit Schreiben gänzlich aus dem FSU zu verbannen, sondern ihn mit Kreativem Schreiben anzureichern. Wie groß der Anteil kreativer Schreibphasen sein soll, muss jeder und jede Lehrende für die eigene Lerngruppe selbst entscheiden. Auch ein allmähliches Loslösen von herkömmlichen und ein stetig steigender Zuwachs an kreativen Verfahren ist vorstellbar.

Das Ziel einer effektiven Schreibförderung kann nur dann erreicht werden, wenn die Stärken und Schwächen der Lernenden bekannt und so auch berücksichtigt werden können. Zu dieser Art von Zielgruppenorientierung gehört für Fremdsprachen- (und für Zweitsprachen-)Lernende auch, dass sie sich über die kulturelle Geprägtheit des Schreibens bewusst sind und diese als einen nicht unwesentlichen Einflussfaktor auf den Schreibprozess in der Fremd- (Zweit-)sprache bedenken.
Die kulturelle Prägung des Schreibens in der Fremdsprache wird insgesamt nicht mehr in Frage gestellt, dennoch fehlt es nach wie vor an Schreibcurricula oder einer Didaktik für eine effektive Schreibförderung im Fremdsprachenunterricht unter Berücksichtigung der bereits ausgebildeten

Schreibstrategien und -gewohnheiten. Grundsätzlich ist eine kulturkontrastive Schreibpraxis im Unterricht DaF erst in Ansätzen zu beobachten (s. Bohn, 2001, 927).
Wesentliche Aufgabe eines solchen Schreibcurriculums ist die konstruktive Einbindung von vorhandenen Fertigkeiten und Strategien, auch wenn diese von der Schreibtradition in der jeweiligen Zielsprache abweichen. Zum Beispiel verfügen griechische Deutschlerner aus dem muttersprachlichen Aufsatzunterrichts über – feste – Strategien für die Phase des Übersetzens („translating" im Schreibmodell nach Hayes/Flower, 1980) – also bei der Auswahl sprachlich-syntaktischer Muster für zu vermittelnde Inhalte. Diese Strategien stellen eine große Hilfe in der Schreibhandlungssituation und bei der Bewältigung von Schreibängsten dar. Metaphorisch könnte man sie als Rettungsringe bezeichnen, mit welchen man sich in alle – und zwar auch in unbekannte – Gewässer stürzen kann und selbst die Angst vor Haien oder anderen Gefahren erst gar nicht aufzukommen braucht. Das Problem besteht darin, dass man die Sicherheit, die durch den Schwimmreifen verliehen wird, nicht wieder abstreifen will. Und genau an diesem Punkt muss eine effektive Schwimm- bzw. Schreib-Förderung ansetzen.

Für diese Schreibförderung wird in der vorliegenden Publikation folgendes Vorgehen vorgeschlagen:
Die Kapitel im Informationsteil A dienen dazu, eine Basis für deren Umsetzung im Anwendungsteil B zu schaffen. Ich kann daher nur dazu motivieren, sich ein wenig Zeit für den ersten Teil (A) zu nehmen, da die Fördermaßnahmen in Teil B nur dann zu wirklich befriedigenden Ergebnissen führen können, wenn diese unter Berücksichtigung der Ausführungen in Teil A eingesetzt werden.
So geht es in Kapitel A1 um die Frage, wie wir die Stärken und Schwächen unserer Lernenden erkennen können und damit auch um die kulturelle Geprägtheit des Schreibens und deren Konsequenzen für den Schreibunterricht. Außerdem wird ein konkretes Vorgehen vorgestellt, mit dem die Stärken und Schwächen der Lernenden festgestellt und diese für ihr eigenes Schreibverhalten sensibilisiert werden können.
Um das Kreative Schreiben aus seinem „nebulösen" Zustand zu befreien und die Möglichkeiten für den fremdsprachlichen (und zweitsprachlichen) Schreibunterricht transparent zu machen, werden in Kapitel A2 die Charakteristika des Kreativen Schreibens, die wichtigsten Techniken und Verfahren sowie die Gestaltung von kreativen Schreibphasen thematisiert.
Antworten auf die wohl am häufigsten gestellte Frage „Was passiert mit kreativ geschriebenen Texten?", werden in Kapitel A3 gegeben. Dabei geht es sowohl um die Überarbeitung der Texte im Unterricht als auch um eine Beurteilung, die dem kreativen Produkt, den Lernenden als auch dem Notendruck der Lehrenden gerecht werden können.
Der Anwendungsteil B beginnt mit einer Gegenüberstellung von häufig auftretenden Schreibschwierigkeiten (im FSU) und möglichen Förderungsmaßnahmen. Die Auswahl der Schreibprobleme als auch die vorgeschlagenen Maßnahmen beruhen auf meinen langjährigen Erfahrungen mit DaF- und DaZ-Lernenden in Schreibseminaren sowie auf empirischen Untersuchungsergebnissen. Letztere basieren auf Textanalysen und Befragungen von KursteilnehmerInnen in den letzten neun Jahren.

Die Förderungsmaßnahmen gelten als Anregungen und nicht als „Verordnungen“. Die letzendliche Entscheidung über deren Einsatz treffen die Lehrenden – im Optimalfall, nachdem die Schreibprofile ihrer Lernenden erstellt sind – und unter Berücksichtigung derer Spezifika (Alter, Interessen, Bedürfnisse). Dazu gehört auch, dass Anregungen variiert werden, wie zum Beispiel beim Schreiben mit literarischen Vorlagen, dass der vorgeschlagene literarische Text ausgetauscht wird. Auf diese Art und Weise kann die Palette mit Schreibanregungen bis ins Unendliche erweitert werden und zum persönlichen Fundus der Lehrenden werden.
Für diejenigen, die weniger Zeit investieren wollen, bietet sich die Möglichkeit an, nach einer Lektüre des Informationsteils direkt die benötigte Fördermaßnahme nachzuschlagen und diese anzuwenden. Für einige Anregungen liegen zudem Kopiervorlagen im Anhang vor, welche die Unterrichtsvorbereitung erleichtern sollen.
Für diejenigen, die vom „Kreativen Schreibfieber“ erfasst wurden, verweisen die Literaturangaben im Anhang auf Quellen für eine Vertiefung.
Und schließlich schlage ich denjenigen, die noch zweifeln, ob sie den Weg in die kreative Welt des Schreibens wirklich wagen sollen, vor, direkt das Kapitel B 2.1 zu lesen, sodass die Rückmeldungen von ehemaligen Teilnehmenden kreativer Schreibkurse jegliche Bedenken zerstreuen und in Luft auflösen können und auf diese Weise Raum für die Lust aufs Kreative Schreiben geschaffen werden kann.

A INFORMATION

Ganz ohne Theorie geht es nicht ...

Praxis ohne Theorie ist wie
... ein Fahrrad ohne Räder
... ein Baum ohne Wurzeln
... ein Haus ohne Fundament

Fahrrad, Baum und Haus würden ohne ihre Basis beim ersten Windstoß umfallen bzw. nicht mehr das sein, was sie eigentlich sind. Diese Gefahr besteht auch für das Kreative Schreiben im DaF-/DaZ-Unterricht, wenn dieses nur in seiner praktischen Umsetzung, in Form einzelner Schreibübungen bekannt und in den Unterricht gestreut wird – ohne zu wissen, was Kreatives Schreiben, das Kreative am Kreativen Schreiben eigentlich ist und welche Prinzipien und Spielregeln berücksichtigt werden müssen.
Im Hinblick auf die angestrebte gezielte Schreibförderung muss auch geklärt werden, welche Techniken und Verfahren des Kreativen Schreibens für eine bestimmte Lernergruppe sinnvoll und effektiv sind: Um diese Entscheidungen treffen zu können, müssen wir uns wiederum vorab mit deren Schreiberfahrungen, Schreibtraditionen und der kulturellen Prägung ihres Schreibens auseinandersetzen. Erst dann, wenn wir ein klares Schreibprofil von unserer Lernergruppe haben, können wir mit der Planung einer effektiven Schreibförderung beginnen.
Der Informationsteil A soll dazu dienen, dieses für die Praxis notwendige Fundament zu schaffen. In Kapitel 1 werden Möglichkeiten aufgezeigt, wie wir die Schreibcharakteristika der Lernenden, deren Stärken und Schwächen und ihre kulturelle Prägung durch den Schreibunterricht in der Muttersprache sowie ihre konkreten Schreibprofile erkennen können. Kapitel 2 liefert alle notwendigen Informationen zum Kreativen Schreiben: Was es ist, warum es sinnvoll ist, wie es eingesetzt werden soll und schließlich welche Techniken es gibt. Kapitel 3 zeigt auf, wie mit kreativ geschriebenen Texten im Unterricht umgegangen, wie diese überarbeitet und schließlich auch benotet werden können.

1 Stärken und Schwächen der Lernenden erkennen: Kulturelle Prägung und Schreibcharakteristika

Die Art und Weise, wie wir uns anreden, grüßen, wie wir miteinander umgehen, wie wir über Fremdes denken, unseren Urlaub verbringen, unterschiedliche Meinungen ausdiskutieren, privat und in der Öffentlichkeit auftreten, verwandt- und freundschaftliche Beziehungen pflegen, mit unserer Zeit umgehen – all dies ist geprägt durch die lange, von Generationen zu Generationen weitergegebene Tradition unseres Kulturraums. Sie ist Teil unseres kollektiven Gedächtnisses und damit unserer kulturellen Identität. (Raible, 1995, xviii)

1.1 „Kultur“ und kulturgeprägtes Schreiben

In diesem Kapitel geht es hauptsächlich um die Frage, ob und inwiefern Schreiben von der eigenen Kultur geprägt ist und inwieweit dies für den Unterricht DaF eine Rolle spielt.

1.1.1 Annäherung an den Begriff „Kultur“

Für ein besseres Verständnis der Diskussion um die Kulturgeprägtheit des Schreibens gehe ich zunächst kurz auf den Wandel des Kulturbegriffs ein und auf die Schwierigkeit, diesen zu definieren. Dabei richte ich meinen Blick hauptsächlich auf den Kulturbegriff im Fach Deutsch als Fremdsprache.

Gibt man heute Kultur (Definition) in eine Suchmaschine im Internet ein, so erhält man 245.000 Ergebnisse, was unmittelbar auf das Bedeutungsspektrum hinweist. Esser bringt diese Fülle und die damit verbundene Unmöglichkeit einer alleingültigen Begriffsdefinition folgendermaßen zum Ausdruck: „Kultur ist das Phänomen, welches Versuche, es zu definieren, unmöglich macht.“ (Esser, 1997, 17) Die unterschiedlichen Ausprägungen des Kulturbegriffs stehen im Zusammenhang mit der historischen Entwicklung und der aktuellen sowie sozialen Situation einer Gesellschaft: Die historische Dimension überschreitet dabei Gesellschafts- und Ländergrenzen: So entwickelte sich im Europa des ausgehenden 18. Jahrhunderts ein weit gefasstes Verständnis von Kultur bzw. Kultivierung (es ging weniger um das Ergebnis oder Produkt, sondern um den Prozess), zu dem die Fortschritte in allen Lebensbereichen (Bsp.: Wissenschaft, Sitten und Moral der Menschen, Kunst, Ökonomie) assoziiert wurden. Im 19. Jahrhundert wurde dieser Begriff im Deutschen auf Wissenschaft, Kunst, hohe Literatur beschränkt und nicht mehr mit dem Prozess, sondern mit dem Ergebnis, dem „vom Menschen Geschaffenem“ (Wolf, 2001, 1181) in Verbindung gebracht. (Vgl.: Altmayer, 1997, 2; Fisch, 1992, 746 ff.).

Eine Erweiterung erfuhr dieser traditionelle Kulturbegriff erst in der zweiten Hälfte des 20. Jahrhunderts: Der erweiterte Kulturbegriff bleibt nicht mehr auf „hohe Kultur“ beschränkt, sondern umfasst auch Alltagskultur, sozialpolitische Themen, das Lebensumfeld des Menschen u. a. In der Fremdsprachendidaktik führte der erweiterte Kulturbegriff innerhalb der Kommunikativen Methode (und später dem Interkulturellen Ansatz) u. a. zu einer von früheren Methoden differierenden Berücksichtigung von Inhalten (Alltagskultur). Durch die Ausweitung des Kulturbegriffs auf menschliches Denken, Handeln und Werte eröffneten sich auch neue Möglichkeiten im Bereich kulturvergleichender Studien und in der Folge deren Ergebnisse, die zu einer positiven Steuerung von Interaktionsprozessen und interkulturellen Dialogen führen können (vgl. Wolf, 2001, 1181). Ende des 20. Jahrhunderts entzündete der Beirat Deutsch als Fremdsprache mit seiner Kritik an dem erweiterten Kulturbegriff eine heftige Diskussion (vgl. Beirat Deutsch als Fremdsprache, 1992, 112; Altmayer, 1997, 3; Götze, 1993).

Im Zuge dieser Debatte kam und kommt es zu mannigfachen Auslegungen des Kulturbegriffs, was u. a. dazu beiträgt, dass die Definitionen im Internet unzählig sind (s. o.). Ich schließe dieses Kapitel daher mit einer „Skizzierung“ von Kultur ab, die mir im Zusammenhang mit dem Vorhaben, kulturgeprägtes Verhalten, konkret das Schreiben und dessen Tradition zu erkennen und zu erklären, als geeignet scheint:

Kultur ist zusammenfassend als etwas Dynamisches, vielfach Differenziertes, Prozesshaftes und Deskriptives, als ein bestimmtes Repertoire an Bedeutungsmustern und Zeichensystemen (Kulturstandards wie Werte, Normen, Bräuche und andere Verhaltensregeln, allgemeine Wissensbestände und Selbstverständlichkeiten wie Traditionen, Rituale, Glaubensvorstellungen, Mythen) usw. zu verstehen, über das Gruppen, Organisationen oder Gesellschaften verfügen. (Wolf, 2001, 1182)

Im Hinblick auf die kulturelle Geprägtheit von Schreiben sind insbesondere die Beschreibung der Tradition, die Selbstverständlichkeiten, Verhaltensregeln sowie die dazu führenden Prozesse von Interesse (s. u.)

1.1.2 Kulturelle Geprägtheit des Schreibens

Die Schwierigkeit, den Begriff „Kultur" eindeutig zu definieren, wirkt sich unmittelbar aus auf die Frage, inwieweit Verhalten, Kommunikation, Schreiben etc. kulturell bedingt sind.
Obwohl in vielen Forschungsarbeiten (s. u.) die „Kulturspezifik" oder „kulturelle Determiniertheit" mit dem Handeln einer bestimmten (meist nationalen) Gruppe in Verbindung gebracht wird, möchte ich hier die Terminologie von Esser (1997) benutzen: Sie spricht von **„kultureller Geprägtheit"**, um „dem Zwang, bestimmte Ausdrucksmuster monokausal und in Form von Letztbegründungen durch die jeweilige Kultur erklären zu müssen [zu entgehen]". Letzteres sieht sie als „nahezu unmöglich", da „die Kultur etwas außerordentlich Komplexes und schwer Fassbares ist". (Esser, 1997,22)

Welcher Zusammenhang besteht nun zwischen Schreiben und der eigenen kulturellen Prägung? Welche wissenschaftlichen Erkenntnisse liegen in diesem Bereich vor, und was kann daraus geschlossen werden? Der folgende knappe Überblick über einige wissenschaftliche Untersuchungen soll Antworten auf diese Fragen geben:
Wissenschaftlich untersucht wird dieser Bereich seit den 1960er Jahren. Einer der ersten, der sich damit beschäftigt hat, war Kaplan (1960). Unter Berücksichtigung der Sapir-Whorf-Hypothese geht er davon aus, dass Sprache und Kultur sich gegenseitig beeinflussen: Wie Peirce sagte, wenn Aristoteles Mexikaner gewesen wäre, wäre seine Logik eine andere gewesen; und vielleicht wäre das gleiche Zeichen, die Gesamtheit unserer Philosophie und unserer Wissenschaft verschieden. (Duffrenne 1963, 35f., in Kaplan 1980, 400, meine Übersetzung).
Er sieht also einen direkten Zusammenhang zwischen der Denkweise eines Menschen, welche sich sowohl auf seine Sprache als auch auf seine Kultur auswirkt. Zugleich wird mit Sprache eine bestimmte Weltsicht, die in der Kultur eines Menschen verankert ist, zum Ausdruck gebracht. Dieser Zusammenhang wiederum wirkt sich auf das Schreiben eines Menschen aus und zeigt sich in Texten von Fremdsprachenlernern unterschiedlicher Muttersprache. Anhand von englischsprachigen Aufsätzen ausländischer Studierender untersucht Kaplan (1980) die Struktur von Textabsätzen. Als Ergebnis dieser empirischen Studie präsentiert er vier verschiedene Typen von Absatzmustern, die er unmittelbar mit den dahinter stehenden Gedankenmustern verbunden sieht.[1]

---

[1] Lehker (1997) untersuchte u. a. diese Gedanken- und Strukturmuster kontrastiv in chinesischen und deutschen Aufsätzen.

Kaplans sprachdeterministischer Ansatz wurde später von einigen Vertretern der *contrastive rhetoric* verworfen (vgl. Matalene 1985, Kachru 1987, 87, Leki 1991). Sie sehen weniger einen Zusammenhang zwischen dem Denken und der Ausbildung von unterschiedlichen Textstrukturen als vielmehr einen zwischen letzteren und kulturellen Faktoren; dazu gehören u. a. die jeweilige Schreibtradition und von dieser favorisierte Textformen, der Schreibunterricht und Erziehungsziele. Kaplan (1988) hält dieser Kritik jedoch entgegen, dass Textmusterwissen nicht Bildungseinrichtungen entstammt, sondern vielmehr das ohnehin vorhandene und kulturell verankerte Wissen gezielt vermittelt wird.
Dabei handelt es sich m. E. um eine Gratwanderung, und es ist schwierig festzulegen, wo die kulturelle Geprägtheit in vermitteltes kulturelles Wissen übergeht. De facto müssen wir jedoch im Fremdsprachenunterricht mit dem Resultat dieser Gegebenheit umgehen, nämlich damit, dass Lernende bereits ein bestimmtes Textwissen mitbringen.
Die Struktur deutscher Texte wurde erstmals von Clyne (1980, 1981) untersucht. Seine in Australien durchgeführte Studie ist von besonderem Interesse für die Frage der kulturellen Prägung des Schreibens, da er sowohl deutsche Aufsätze von deutschen und australischen Schülern evaluiert als auch die vom jeweiligen Bildungssystem vorgegebenen Richtlinien und Gütekriterien für einen Aufsatz (Essay) miteinander vergleicht. Somit kann er nicht nur die sprachlichen Unterschiede in der Textstruktur aufzeigen, sondern auch weiterführende, soziokulturelle Erklärungen (Bildungsanspruch, Lerntradition) dafür offerieren.
Esser (1997) untersuchte die kulturelle Geprägtheit schriftlicher, primär wissenschaftlicher, Texte, indem sie sowohl geisteswissenschaftliche Arbeiten von deutschen und mexikanischen Studierenden (jeweils in deren Muttersprache) als auch zusätzlich deutsche und mexikanische Anleitungen zum Verfassen von wissenschaftlichen Arbeiten analysierte. Das Interessante an Essers Ergebnissen ist, dass sie über die kulturell bedingten Unterschiede im Textmuster hinaus soziale und historische Einflussfaktoren aufzeigt, die zur Ausbildung der kulturellen Prägung des Schreibens geführt haben:

> *So kann der theoretische (negativ) kritische, argumentative und sachliche Charakter des deutschen Textmusters als Reflex der deutschen schulischen und universitären Ausbildung zu Kritikfähigkeit, wissenschaftlich-theoretischer Denkweise und sachlich-distanzierter Beschreibung von Realität gedeutet werden. Der „literarisch", subjektiv gefärbte und eher deskriptive Charakter des mexikanischen Textmusters kann als Ausdruck der besonderen Rolle der Literatur im mexikanischen Bildungswesen und einer auf Reproduktion ausgerichteten und traditionsorientierten schulischen und universitären Erziehung interpretiert werden.* (Esser, 1997, 197)

Historisch könnten Rationalismus, Aufklärung und Deutscher Idealismus für die Abstraktheit und Strenge der deutschen Textmuster verantwortlich gemacht werden, im Gegensatz dazu die enge Verflechtung von Geisteswissenschaften und Literatur in Mexiko für den fast belletristischen und persönlich angehauchten Stil. (Vgl. Esser, a. a. O.)
François (2004) ging in ihrer Untersuchung von Abschlussarbeiten französischer GermanistikstudentInnen der Frage nach, ob und inwieweit fortgeschrittene französische DaF-Lernende beim wissenschaftlichen Schreiben bestimmte Schwierigkeiten haben, die auf ihre (französische) Schreibtradition zurückgeführt werden können und damit kulturspezifisch sind. Sie stellt im Rah-

men ihrer Pilotstudie fest, dass die untersuchten Abschlussarbeiten Parallelen im Hinblick auf Einleitung, Schlusswort, Themenentfaltung, Flüssigkeit des Geschriebenen, Wahl des Wortschatzes sowie der Länge der Arbeiten aufweisen. Allerdings erlauben ihre Ergebnisse nicht die Folgerung, dass diese Merkmale ausschließlich in Arbeiten französischer Muttersprachler auftreten. Um dies verifizieren zu können, müssten Schreib- und Sprachstile von DaF-Lernern unterschiedlicher Muttersprachen miteinander verglichen werden (vgl. François, 2004, 197).
Dass es in der Vorstellung und dem Gebrauch von Textsorten interkulturelle Unterschiede gibt und es dadurch zu Missverständnissen kommen kann, wird von Müller-Jaquier (2004) im Hinblick auf die deutsch-französische Kommunikation bestätigt. Ein Beispiel dafür ist die unterschiedliche Auffassung darüber, was es bedeutet, ein Konzept vorzulegen: „Ein Franzose, der zu einer Besprechung ein ‚concept' mitbringen soll, wird eine Gedanken- oder Ideensammlung vorbereiten. Der Deutsche hingegen hat ein klar gegliedertes, wohldurchdachtes und mit Hintergrundinformationen versehenes ‚Konzept' dabei, das eher dem französischen ‚dossier' entspricht" (Müller-Jaquier 2004). Die Missverständnisse, welche die divergierenden Vorstellungen hervorrufen können, sind nahe liegend: Der deutsche Gesprächspartner ist enttäuscht, dass sich der französische Kollege nicht entsprechend vorbereitet hat, und umgekehrt ist der französische Gesprächspartner überrascht, dass der deutsche Kollege offensichtlich nicht an einer gemeinsamen Ausarbeitung interessiert ist, da er das Konzept schon alleine erstellt hat.
Unterschiedliche Vorstellungen von Textsorten wurden auch im Rahmen der Dissertation von da Costa (Universität Halle, 2005) untersucht. Sie regte deutsche und brasilianische SchülerInnen dazu an, in einer Textsorte ihrer Wahl zu einem Thema zu schreiben, welches gleichermaßen in beiden Kulturen von Bedeutung ist: Gewalt in der Schule. Die Studie ergab, dass brasilianische und deutsche Textsorten gleichen Typs von Sprachbenutzern im Hinblick auf ihre strukturellen/formalen und auf ihre funktionalen Merkmale unterschiedlich „ausgestaltet" werden. Umgekehrt werden für gleiche oder ähnliche Aufgaben z. T. sehr unterschiedliche Textsorten in den verschiedenen Kulturen verwendet.
Selbst wenn die Textsorte sowohl in der Mutter- als auch in der Fremdsprache bekannt ist und dadurch keine Fehler bzw. Missverständnisse der beschriebenen Art (s. o.) vorprogrammiert sind, können leicht „unbefriedigende" Texte in der Fremdsprache entstehen: Hufeisen (2000), die Texte kanadischer Germanistikstudentinnen in einer Pilotstudie untersuchte, stellte in ihrer Untersuchung fest, dass die Texte aus Deutsch- und Germanistikkursen „irgendwie doch nicht Deutsch" sind (Hufeisen, 2000, 17). Dafür verantwortlich seien weniger Fehler in den Bereichen Orthografie oder Grammatik als vielmehr „lexikalische und transphrastische Einheiten, bei deren Produktion kanadische Schreibtraditionen und -konventionen und kulturelle Gewohnheiten übertragen werden". Zum einen führt Hufeisen dies auf die Problematik der „Eins-zu-eins-Übersetzungen von Lexemen oder Syntagmen" zurück, die im Deutschen und Kanadischenglischen jedoch Unterschiedliches aussagen. Zum anderen sind es Abweichungen im Bereich der „satzübergreifenden textlinguistischen Prämissen zur Texterstellung", wie Gliederung und Format, Themenentfaltung und Textfunktion (Hufeisen, a. a. O.).
Transfer aus und Rückkoppelungen zur Muttersprache wurden in den folgenden drei Untersuchungen festgestellt: Bohn (2001) betont die wichtige Rolle der Muttersprache bei der Planung und sprachlichen Realisierung: „Häufig werden Textelemente sprachlich ‚vorformuliert', und es gibt permanente Rückkoppelungsprozesse zur Muttersprache" (2001, 922). Börner (1987) weist im Rahmen seines Schreibmodells, welches den Kontext des Fremdsprachenunterrichts berück-

sichtigt, auf mögliche Interferenzen bei der Sprachproduktion hin, die auf den Transfer aus der Muttersprache, aus anderen Fremdsprachen oder Interimssprachen zurückzuführen sind. Auch Texte von fortgeschrittenen LernernerInnen können muttersprachliche Ausdrucksmuster enthalten. Imke Mohr (2000) geht in den gemeinsam mit polnischen LehrerInnen entwickelten Übungen zur Verbesserung der Schreibkompetenz in der Fremdsprache Deutsch (an polnischen Oberschulen) auf den Transfer aus der Muttersprache ein (die Untersuchungen zeigen u. a., dass in die deutschen Texte fortgeschrittener Lernender polnische Ausdrucksmuster integriert wurden).

Schließlich möchte ich auf meine eigenen Erhebungen mit griechischen Germanistikstudierenden verweisen: Sowohl in Seminaren mit Studierenden ab dem 2. Studienjahr als auch mit fortgeschrittenen im 3./4. Studienjahr sowie innerhalb von Masterarbeiten konnte ich feststellen, dass es – im Vergleich zu deutschen Studierenden – Unterschiede im Bereich von Textstruktur, Argumentation, Formulierungen, Wortwahl, aber auch in Schreibstrategien und -techniken gibt und dass diese divergierenden Schreibweisen als charakteristisch für griechische DeutschlernerInnen bezeichnet werden können, also in enger Verbindung mit Kultur und Denkstrukturen stehen. Zudem werden Zielsetzungen und Erwartungshaltungen aus dem muttersprachlichen Aufsatzunterricht sowie entwickelte Strategien direkt auf den Schreibprozess in der Fremdsprache übertragen. Letzteres geht nicht nur aus verschiedenen Textanalysen hervor, sondern wurde auch in Befragungen von Deutschlernenden und -lehrenden sowie der Sichtung von Übungsmaterialien für den Aufsatzunterricht bestätigt: In einem meiner Seminare sollten die Studierenden einen Text über ihren Aufsatzunterricht schreiben, in dem sie auf (positive und negative) Charakteristika eingehen und Strategien nennen, die sie gelernt haben und heute noch anwenden.
Zu den am häufigsten genannten Charakteristika gehören, dass Aufbau und wichtigste Inhalte, z. T. Formulierungen, von Lehrenden vorgegeben werden und anschließend besonders gelungene Aufsätze als Muster auch für andere Themen auswendig gelernt werden:

> *Es wurden gelungene Aufsätze vorgegeben, die der Schüler dann auswendig lernen sollte. Das sollte ihm dann helfen, in den Prüfungen, wenn Aufsätze zum gleichen Thema verlangt wurden, einen Aufsatz zu schreiben. So konnte man ohne Schwierigkeiten eine gute Note erlangen. Auf diesem Weg wird selbstverständlich nicht beigebracht, eigenständig einen Aufsatz zu schreiben. Im Gegenteil wird die Kreativität gestoppt. Dem Schüler wird Angst gemacht davor, dass er solche Aufsätze nicht alleine schreiben könnte.*
>
> *Es gibt einen bestimmten Schreibstil, dem alle Schüler folgen müssen. So können alle Aufsätze die gleiche Form halten.*
>
> *Ein weiteres negatives Charakteristikum, was Schüler schwer belastet hat, war Texte auswendig zu lernen und die fremden Gedanken wiederzugeben. Ich kann mich erinnern, dass Texte auswendig gelernt werden mussten.*
>
> *Wir haben feste Ausdrücke gelernt, die das Schreiben erleichtern. Diese Ausdrücke sind bei jedem Aufsatz anwendbar und tragen dazu bei, möglichst fehlerfrei zu formulieren.*

Die Aussagen der Studierenden werden in Gesprächen mit Lehrenden öffentlicher Schulen bestätigt: Für Diskussionen über Themen ist wenig, wenn nicht gar keine Zeit im Unterricht (im Lyzeum nur zwei Stunden Aufsatzunterricht pro Woche). Themen werden nicht gemeinsam erarbeitet, sondern meist in Form von Stichpunkten inhaltlich vorgegeben. Es existieren Lehr- und Übungsmaterialien für den Aufsatzunterricht, in denen alle relevanten Themen des Aufsatzunterrichts einer Jahrgangsstufe oder einer ganzen Schulstufe aufgearbeitet sind. Diese Unterrichts- und Zusatzmaterialien erübrigen eine eigenständige inhaltliche Auseinandersetzung mit einem Thema – zumal die vorgegebenen Argumente und Inhalte von LehrerInnen meist als die „besseren" gewertet werden und die eigene Meinung nicht „Erfolg versprechend" ist.
Der Zusammenhang zwischen Lehr- und Lernstilen innerhalb eines Bildungssystems und deren Auswirkungen auf die Schreibdidaktik wird auch von Hornung (2002) thematisiert: Insbesondere junge Lehrende, „DebütantInnen", die sich in ihrem Lehrstil stark an dem der eigenen LehrerInnen orientieren, greifen auch im Schreibunterricht auf Schreibaufgaben, Qualitätsvorstellungen, Beurteilungskriterien und Korrekturmethoden aus ihrer eigenen Schulzeit zurück (vgl. Hornung, 2002, 48 f.). Clyne (1991) verweist in seinen vergleichenden Studien von deutsch- und englischsprachigen wissenschaftlichen Texten auf die jeweiligen bildungsspezifischen Mentalitäten und die damit verbundenen systemdifferenten Lehrstile als Ursachen für die Unterschiede im Bereich der Textproduktion.

Die Übersicht über bereits vorliegende empirische Untersuchungen zur kulturellen Geprägtheit von Schreiben ist noch lange nicht vollständig; es wäre sicher von Interesse, diese in ihrer Vollständigkeit zu betrachten, was aber hier allein schon aus Raumgründen nicht möglich ist. Ich schließe diesen Überblick daher ab, indem ich mit Krause auf einen Konsens in der Diskussion über kulturelle Prägung verweise: „Aus dem sozialen und historischen Charakter von Textsorten ergibt sich auch ihr kulturspezifischer Aspekt, der besagt, dass Textsorten über eine Kulturkomponente verfügen" (Krause, 1985, 28), „in der sich Elemente der nationalen Kultur und Psychologie, aber auch der in der jeweiligen Gesellschaft obwaltenden politischen, ideologischen und ökonomischen Verhältnisse widerspiegeln." (Krause, 2000, 50)

Da der Schwerpunkt dieser Publikation auf dem Kreativen Schreiben liegt, fasse ich in der folgenden Tabelle die Auswirkungen der kulturellen Prägung auf den Schreibprozess zusammen. Die Tabelle zeigt zunächst die vorab beschriebenen Zusammenhänge (1–3) und deren Auswirkungen auf das Schreiben in der Fremdsprache (4) auf:

Tabelle: Kulturelle Prägung des Schreibens, Auswirkungen auf Schreiben in FSU

1	2	3	4
Ursachen: Kulturelle Prägung, Einflüsse	Auswirkungen auf Schreiben in MS	Konsequenzen für Schreiben in der FS	Auswirkungen: Mögl. Abweichungen von Norm (in FS)
enger Zusammenhang zw. Denken/ Weltsicht und Schreiben soziale und historische Einflussfaktoren innerhalb einer Kultur	Ausbildung einer kulturbedingten Schreibtradition und -konvention Konkrete Vorstellungen von Textsorten Bevorzugte Textformen Bestimmte Erziehungsziele → Ausbildung von Schreibstrategien (um Ziele zu erreichen)	Eigene Schreibtradition weicht von der der FS ab Divergierende Vorstellungen von Textsorten, Textstruktur, Schreibstil Unterschiedlicher Einsatz von bestimmten Textsorten Abweichungen bei Wort für Wort Übersetzungen (Formulierungen, Metaphern ...) z. T. andere Schreibstrategien (basierend auf Erziehungs-/ Lernzielen)	Falsches Textsortenverständnis Missverständnisse Fehler im Bereich Lexik, Syntax, Schreibstil Lernziele werden nicht erreicht Unbefriedigende Texte in FS

Die unter (4) beschriebenen Auswirkungen bzw. Abweichungen von der Norm der Zielsprache sind aus dem FS-Unterricht bekannt. Die in diesem Kapitel beschriebenen Zusammenhänge zwischen kulturellem Hintergrund, Mutter- und Fremdsprache sollten im Schreibunterricht m. E. in doppelter Hinsicht berücksichtigt werden: Einmal, indem Textsorten anderer Kulturen bzw. der Zielsprachenkultur erfasst und beschrieben werden,[2] und zweitens, indem die Erfahrungen der Lernenden aus dem muttersprachlichen Schreibunterricht sowie ausgebildete Strategien und Textsortenwissen in den fremdsprachlichen Schreibunterricht mit einbezogen werden.

[2] Dies ist Aufgabe der Textlinguistik. Siehe dazu, u. a.: Fix/Habscheid/Klein (2000): Zur Kulturspezifik von Textsorten.

Auch Esser (1997, 2000, 2006) plädiert für Handlungsrichtlinien, die sowohl im universitären Schreibunterricht als auch im DaF-Unterricht beachtet werden sollten, innerhalb derer bereits vorhandene Schreiberfahrungen mit berücksichtigt werden. Um Erfahrungen, Strategien und Textsortenwissen mit einbeziehen zu können, müssen diese erst transparent gemacht werden. Wie dies geschehen kann, wird im nächsten Kapitel aufgezeigt.

1.2 Stärken und Schwächen erkennen oder: Sensibilisierung für das eigene Schreibverhalten

Kapitel 1.1 zeigt, dass die kulturelle Geprägtheit des Schreibens in der Fachdiskussion nicht mehr infrage gestellt wird. Dies bedeutet jedoch nicht, dass die Zusammenhänge zwischen der eigenen Schreibtradition und -kultur und dem Schreiben in der FS auch den Lernenden bekannt und – als mögliche Barriere auf dem Weg, in der FS erfolgreich zu schreiben – bewusst ist. Aus diesem Grund ist das Kennenlernen der Schwächen und Stärken beim Schreiben in der FS aus beiden Perspektiven sehr wichtig: Aus der Sicht der Lehrenden, um die Lernenden gezielt fördern zu können, und aus der Sicht der Lernenden, um selbst erkennen zu können, wo und warum sie Unterstützung brauchen und wie bestimmte Fehler vermieden werden können. Zudem entspricht dieses Vorgehen den Prinzipien des autonomen Lernens und der im GER vorgeschlagenen Selbsteinschätzung (anhand der Kann-Beschreibungen).
In diesem Kapitel (1.2) wird ein dreischrittiges Vorgehen zum Erkennen der Stärken und Schwächen beim Schreiben in der FS vorgestellt: Angefangen bei Fehlerstatistiken der Lehrenden über einzelne Fragen zu geschriebenen Texten hin zu umfassenden Schreibprofilen aus der Sicht der Lernenden.

1.2.1 Fehlerstatistiken und Fragen zum Text

Nach dem Korrigieren der Texte, einer Klassenarbeit, macht man sich Gedanken über die aufgetretenen Fehler, um diese anschließend mit den Lernenden zu besprechen. Ein Vorgehen, das bekannt und von vielen Lehrenden angewendet wird. Um die Progression in der eigenen Lernergruppe transparent machen zu können, bietet es sich an, **Fehlerstatistiken** zu erstellen, die dann in regelmäßigen Abständen auch mit den Lernenden besprochen werden. Diese Art der Annäherung an die Schreibcharakteristika der Lernenden, bei der letztere eher passiv bleiben, eignet sich, um eine erste Bestandsaufnahme zu machen. Ich möchte dies anhand eines Beispieles zeigen:
In meinen Seminaren zum Schriftlichen Ausdruck und zum Wissenschaftlichen Schreiben wurden Texte, die ich anschließend nach ihren Charakteristika untersuchte, zu den folgenden Themen geschrieben:

- Die politische Situation nach dem 11. September
- Zur Bedeutung von Mehrsprachigkeit (Europäisches Jahr der Sprachen)
- Formeller Brief: Anfrage in einem Studentenwohnheim in Deutschland
- Vergleichen Sie Ihr Verhalten in der Schulzeit mit dem während Ihres Studiums
- Schreiben Sie einen literarischen und einen wissenschaftlichen Text zum Thema „Großstadt“

Meine anschließende Analyse der Texte ergibt eine Hierarchie, was die Häufigkeit der aufgetretenen Charakteristika bzw. Fehler betrifft:

1. Textbausteine, allgemeingültige Formulierungen, vor allem in Einleitungen
2. Starke Emotionalität der Texte (Inhalte, Formulierungen)
3. Probleme mit Textsorten und Schreibstilen
4. Übertragungen aus der Muttersprache
5. Falscher Gebrauch von Metaphern

Zu 1.: Textbausteine, allgemeingültige Formulierungen, vor allem in Einleitungen
Dieses Charakteristikum ist in vielen Texten der fünf Schreibanregungen zu finden. Dennoch wirkt sich das Schreibthema auf die Häufigkeit der Verwendung von Textbausteinen und allgemeingültigen Formulierungen aus: Je abstrakter und unpersönlicher das Thema ist, umso häufiger werden sie in die Texte integriert.
Folglich treten sie weniger in den Briefen und der Darstellung des eigenen Verhaltens während der Schul- und Studienzeit auf. Bemerkenswert ist, dass die Texte zur politischen Situation und zur Mehrsprachigkeit trotz begrenzter Schreibzeit (auf 30 Minuten) und ohne Vorgabe der Textsorte sehr lang und reich an variabel einsetzbaren **Textbausteinen** sind, die beeindruckend klingen, aber meist ohne Aussage bleiben. Bevorzugt werden sie als „bombastische" Einleitungen eingesetzt.
Hier einige Beispiele, die unkorrigiert wiedergegeben werden:

- Die weltliche politische Situation ist ein Thema, das jeden betrifft und niemanden kalt lässt.
- Für jeden Menschen ist es wichtig, dass es viele Sprachen in der ganzen Welt existieren.

Zu 2.: Emotionalität (Inhalte, Formulierungen)
Sehr emotionale Inhalte und Formulierungen beinhalten vor allem die formellen Briefe, die häufig fließende Übergänge zu informellen aufzeigen. Interessant ist, dass die Studierenden dann, wenn sie besonders überzeugend argumentieren wollen, auf ganz private Hintergründe, auf Einsamkeit oder Armut, zurückgreifen.
Beispiele:

- Ich möchte, wenn es geht, ein Doppelzimmer, damit ich mich nicht einsam fühle. Bis jetzt hatte ich keinen Freund und dies ist eine tolle Möglichkeit für mich.
- So dass es eines Tages doch noch passiert, dass an Hasses Stelle die Liebe triumphiert.
- Auch Griechenland hat Angst und fürchtet sich vor einem Krieg.

Zu 3.: Probleme mit Textsorten und Schreibstilen
Das Schreiben in bestimmten Textsorten sowie die Verwendung eines der Textsorte entsprechenden Schreibstils bereiten sehr vielen Studierenden große Probleme.
Auch in formellen Briefen, literarischen und wissenschaftlichen Texten sind häufig Textstrukturen und Formulierungen einer Erörterung bzw. eines Schulaufsatzes zu erkennen. Im Wissenschaftlichen Schreiben fiel es den Studierenden sehr schwer, zu einem Thema (Großstadt) sowohl einen wissenschaftlichen Text (was charakterisiert eine Großstadt) als auch einen literarischen Text (über das Leben in einer Großstadt) zu schreiben. Die Unterschiede zwischen den beiden Texten waren bei ca. 70 Prozent der Studierenden minimal und die Texte weder literarisch noch wissenschaftlich.

Die formellen Briefe sind – was Inhalt und Formulierungen betrifft – eher als informelle zu charakterisieren (s. o., Emotionalität), sieht man von Layout und wenigen Ausnahmen ab.

Zu 4.: Übertragungen aus der Muttersprache und 5.: Falscher Gebrauch von Metaphern
Die Übertragungen aus der Muttersprache und der falsche Gebrauch von Metaphern können nicht unabhängig voneinander gesehen werden, weshalb ich sie hier zusammen bespreche. Zudem sind dies Schwierigkeiten, die viele Fremsprachenlernende haben. Die gebrauchten Metaphern sind meist Übertragungen aus dem Griechischen. Beispiele:

- Die Sprache ist ein Werkzeug.
- Die politische Situation steht meiner Meinung nach nicht auf beide Füße und verbringt mir ein ungeduldiges und ängstliches Gefühl.

Ansonsten werden einzelne Wörter, Begrifflichkeiten oder Syntax aus der Muttersprache übernommen oder falsch übersetzt. Beispiele:

- Ungefähr vor einem Monat passierte etwas, was die ganze Welt erfrieren machte.
- Hier herrscht die Tromokratie.

Die Ergebnisse der Textanalysen, die über einen längeren Zeitraum hinweg auch in einer Fehlerstatistik festgehalten werden könnten, beziehen sich auf das Endprodukt, den fertig geschriebenen Text. Diese Angaben sind wichtig, reichen aber nicht aus, um Angaben zur Charakteristika und Kulturgeprägtheit des Schreibstils einer bestimmten Zielgruppe machen zu können. Dazu müssen auch die Schreibgewohnheiten, -strategien und -schwierigkeiten – aus der Sicht der Schreiber selbst – berücksichtigt werden. Erste Schritte in diese Richtung können erfolgen, indem die Lernenden aufgefordert werden, direkt nach dem Schreiben eines Textes folgende beiden Fragen zu beantworten:
Welche Schwierigkeiten hatten Sie / hattest du beim Schreiben dieses Textes?
Wie viel Zeit ist verstrichen, bis Sie / du mit dem Schreiben begonnen hast?
Die zweite Frage soll in Erfahrung bringen, ob der Schreibprozess geplant wurde.

Aus den Antworten der Studierenden konnte folgende „Problemhierarchie“ erstellt werden:

1. mit dem Schreiben beginnen
2. Formulierung, Gedanken schriftlich ausdrücken
3. Wortschatz
4. Strukturierung von Ideen, des Texts
5. zu wenig Schreibzeit

Betrachtet man das am häufigsten genannte Problem, „mit dem Schreiben zu beginnen“, so überrascht die relativ kurze Zeitspanne, die bis zum Beginn des Schreibprozesses verstrichen ist: Durchschnittlich fingen die Studierenden nach 4,3 Minuten an zu schreiben, was in Anbetracht der Schreibthemen als durchaus zügig zu bezeichnen ist. Dies bedeutet, dass das Problem „mit dem Schreiben zu beginnen“ relativ ist und doch als subjektiv Empfundenes ernst zu nehmen ist. Von Schreibblockaden kann dennoch nicht gesprochen werden. Die Probleme 2, 3, 4 sind unmittelbar mit den Deutschkenntnissen der Schreibenden verbunden und deren Versuchen, muttersprachliche Formulierungen ins Deutsche zu übersetzen. Das 5. Problem, die mangelnde Schreibzeit, ist durch die Schreibbedingungen produziert worden. Die vorgegebene Zeit war für die Schreibaufgaben sicher sehr knapp. Die Beschränkung der Schreibzeit sollte jedoch zeigen, ob selbst unter Zeitmangel lange Texte mit (z. T. überflüssigen) Textbausteinen entstehen. Obwohl ich wenig von quantitativen Analysen halte, möchte ich erwähnen, dass die Texte durchschnittlich eine Länge von 178,84 Wörtern hatten, was angesichts der kurzen Schreibzeit beachtlich ist.

Diese Angaben können zu den Schreibcharakteristika, den Stärken und Schwächen einer Lernergruppe nach Textanalysen, eventuellen Fehlerstatistiken und einer kurzen Rückmeldung der Lernenden unmittelbar nach dem Schreibprozess gemacht werden. Diese Angaben sind durchaus hilfreich für die Lehrenden und richtungsweisend für die Konzeption des weiteren Schreibunterrichts. Für eine effektive Schreibförderung und für die Bewusstmachung der eigenen Stärken und Schwächen seitens der Lernenden reichen sie jedoch nicht aus.
In einem nächsten Schritt könnten die nun erhobenen Angaben zur Grundlage für die Entwicklung von Fragen für ein Schreibprofil herangezogen werden.

1.2.2 Schreibprofile

Um gezielter auf die Stärken, Schwächen, Vorerfahrungen und Schreibgewohnheiten der Lernenden eingehen zu können, aber auch um diese für ihre eigenen Stärken und Schwächen zu sensibilisieren, können Fragenkataloge zusammengestellt werden, die den Lernenden als Anleitung bzw. Leitfaden zum Erstellen des eigenen „Schreibprofils" präsentiert werden. Diese Art der schriftlichen Befragung von KursteilnehmerInnen hat sich in verschiedenen Einrichtungen zur Schreibförderung[3] als effektiv erwiesen. Exemplarisch verweise ich hier auf das Marburger Schreiblabor, das Schreibzentrum der Pädagogischen Hochschule Freiburg und die Schreibberatung im Textlabor der TU Berlin: Da das Marburger Schreiblabor eine gewisse Vorreiterrolle hat, möchte ich deren Prinzipien und Vorgehensweisen kurz vorstellen:
Reflexion über das eigene Schreibverhalten und Schreibstrategien spielen im Ansatz des Marburger Schreiblabors (vgl.: Keseling, 2003, 198–222) eine wichtige Rolle. Es wird von zwei Voraussetzungen ausgegangen: „1. Die meisten Schreibstörungen sind auf ineffektive Schreibstrategien zurückzuführen. 2. Die Störungen lassen sich beheben, wenn es gelingt, ineffektive Strategien durch effektivere zu ersetzen." (Keseling, 2003, 197 f.). Um das Ziel effektiver Schreibstrategien zu erreichen, werden die Studierenden zunächst in einem Erstgespräch beraten, in dem der jeweilige Klient seine Schwierigkeiten schildert und – durch Fragen gelenkt – auf die wichtigsten Komponenten der Textproduktion eingeht. Danach erhält er eine hypothetische Diagnose. Im Anschluss beginnt die eigentliche Beratung im Rahmen einer Schreibgruppe, die sich einmal pro Woche drei Stunden lang trifft. In der Schreibgruppe wechseln sich Schreibphasen mit anderen, in denen über die Schreibvorhaben und Schreibprozesse gesprochen wird, ab. Die Schreibsitzungen dienen sowohl der Übung als auch der Verfeinerung der Diagnose. Schreibaufgaben und Fragen zum Schreibprozess orientieren sich immer am bereits bekannten Profil des Klienten. Kann der Klient einer Schreibaufgabe nachkommen, wird dies als Bestätigung der angenommenen Störung gewertet. Bleiben Erfolge aus, wird die Diagnose revidiert und durch eine andere ersetzt, die dann wiederum eine Woche später überprüft wird. Im Marburger Schreiblabor sind

---

[3] Zum Beispiel: Schreibzentrum der Universität Köln, MentorInnenprogramm/Schreibzentrum der Ruhr-Universität Bielefeld, Projekt Kreatives Schreiben der RWTH Aachen, Projekt Schriftlichkeit an der Heinrich-Heine-Universität Düsseldorf, Akademische Schlüsselkompetenzen an der FH Erfurt, Schreibwerkstatt der Universität GSH Essen.

80 % der Beratungen gelungen. Aber auch außerhalb des Schreiblabors fordert Keseling (2003, 2004) dazu auf, anhand einer Frageliste das eigene Schreibverhalten zu erkunden und damit die Grundlage für eine vorläufige Diagnose zu legen. Im Anschluss daran wird zur Auswertung der Antworten angeleitet, und konkrete Empfehlungen werden ausgesprochen.
Der umfangreiche Fragenkatalog ist in fünf Abschnitte eingeteilt – entsprechend den fünf häufigsten Störungsformen. D. h. die Fragen des jeweiligen Abschnitts beziehen sich jeweils auf eine bestimmte Störung:

1. Konzeptbildungsprobleme bei frühzeitigem Starten
2. Probleme beim Zusammenfassen
3. Unstimmige Konzepte, verbunden mit spätem Starten
4. Probleme mit dem inneren Adressaten
5. Der nicht verfügbare Adressat

Eine etwas weniger aufwendige und dennoch effektive Schreibförderung wird z. B. im Schreiblabor der TU Berlin (www.textlabor.tu-berlin.de) angeboten: Die Mitarbeiterinnen des Textlabors, ausgebildete Schreibberaterinnen, führen Einzelgespräche mit den Studierenden, besprechen konkrete Schreibaufgaben (Bsp. Hausarbeiten), vermitteln passende Handlungskonzepte, Lösungen für Schreibprobleme, Arbeitsstrategien etc. Auch hier spielt das Gespräch zu Beginn eine wichtige Rolle, um auf der Basis der jeweiligen Schreibcharakteristika einer Person entsprechend beraten zu können.
Ähnlich beraten werden Studierende im Schreibzentrum der Pädagogischen Hochschule Freiburg. Eine Besonderheit dieses Schreibzentrums ist jedoch, dass Studierende und Berufstätige sich dort auch als Schreibberater/Schreibberaterinnen ausbilden lassen können (ausbildung@schreibzentrum-freiburg.de).

Ich möchte im Folgenden ein Vorgehen vorschlagen, welches auch in den „ganz normalen" Schulalltag bzw. Kurs- und Seminarplan ohne größeren Aufwand integriert werden kann und sich in langjähriger Praxis dennoch als effektiv erwiesen hat. Die Kursteilnehmer werden dabei zu Beginn des Kurses oder Schuljahres aufgefordert, ihr eigenes Schreibprofil in einem zusammenhängenden Text darzustellen. Als Leitfaden erhalten sie dafür einen Fragenkatalog, der für die jeweilige Zielgruppe spezifiziert wird (z. B. Erwachsene, Kinder, Studierende).

Exemplarisch und als Anregung stelle ich einen Fragebogen vor, der von mir in verschiedenen Kursen eingesetzt wurde: Er besteht aus insgesamt 20 Fragen zu Schreibgewohnheiten/-verhalten (9 Fragen), Schreibprozess sowie Stärken und Schwächen (7 Fragen), gewünschter Schreibförderung (1 Frage), zu Lesegewohnheiten (2 Fragen) und zur Erwartungshaltung zum Seminar/Kurs (1 Frage):

Mein Schreibprofil

Stellen Sie sich die folgenden Fragen und versuchen Sie, die Antworten in einer Beschreibung Ihres eigenen Schreibprofils zu formulieren:

Schreibe ich gerne?
Was habe ich bisher geschrieben?
Worüber schreibe ich?
Habe ich Lieblingstextsorten (z. B. Brief, Tagebuch, Gedichte ...)?
Wo schreibe ich gerne? Wie sieht mein bevorzugter Schreibort aus?

Wie oft schreibe ich? Schreibe ich regelmäßig?
Lese ich meine Texte jemandem vor? Wem?
Überarbeite ich meine Texte?

Meine Stärken und Schwächen beim Schreiben:
- Finde ich schnell eine Schreibidee?
- Fällt es mir leicht, mit dem Schreiben zu beginnen?
- Plane ich mein Schreiben, oder schreibe ich eher assoziativ?
- Habe ich kreative Schreibideen?
- Gefällt es mir, mit Sprache zu spielen?
- Irritieren mich manchmal Gedanken an Grammatik oder Rechtschreibung?
- Fallen mir immer die richtigen Wörter ein?

In welchen Bereichen wünsche ich mir eine gezielte „Schreibförderung"?

Lesegewohnheiten:
- Was lese ich gerne, welche Texte bevorzuge ich?
- Welche AutorInnen mag ich gerne?

Was erwarte ich von diesem Seminar?

Welche Ergebnisse mit dieser schriftlichen Befragung evoziert werden können, zeigen die ausgewerteten Schreibprofile von Studierenden des 3. Semesters:
Ca. 1/8 der Studierenden gibt an, unter bestimmten Bedingungen gern zu schreiben: Dabei wirken sich Schreibzwang (Hausaufgaben, Textproduktion im Seminar), Angst vor Fehlern, uninteressante Themen negativ und umgekehrt ansprechende Themen, vorhandene Schreiblust und -zeit, Schreiben in der Freizeit, am selbst gewählten Schreibort positiv aus. Der Zwang, in schulischen/universitären Institutionen zu schreiben, wird zudem auch von den 5 % als verantwortlich dafür gemacht, dass sie nur noch schreiben, wenn es sein muss. Keiner der Befragten gibt die Universität oder einen Seminarraum als bevorzugten Schreibort an. Die meisten Studierenden schreiben am liebsten zu Hause, in ihrem Zimmer, gefolgt vom eigenen Schreibtisch, dem eige-

nen Bett oder Sofa oder einfach einem ruhigen Ort. Auch der Balkon (bevorzugt mit Meerblick) wird als geeignet erachtet. Einzelne nennen den Strand, ein Café, auf Reisen und auf dem Land. Ein kleiner gemeinsamer Nenner der genannten Schreiborte ist, dass Ruhe und Alleinsein bevorzugt werden („Schreiben an einem Ort mit vielen Leuten irritiert mich sehr"). Die Themen, die von den Studierenden als anregend bezeichnet werden, entsprechen den Textsorten, die sie bevorzugen: Hier stehen Briefe und E-Mails (50 %) an erster Stelle, gefolgt von Tagebucheinträgen (36 %), Gedichten (24 %) und SMS (12 %). Sie schreiben über ihre eigenen Erfahrungen, Empfindungen („Gedichte schreibe ich, wenn es mir nicht gut geht oder ich sehr glücklich bin") oder nutzen das Schreiben, um Gedanken zu klären („innerer Dialog mit mir selbst", „Papier ist mein treuester Freund"). Natürlich schreiben die Studierenden auch Texte im Rahmen ihres Studiums, die jedoch nur selten genannt wurden, wahrscheinlich, weil sie zum einen obligatorisch sind und zum anderen nicht gerne geschrieben werden. Berücksichtigt werden diese Texte im Kontext auftretender Schreibprobleme: Schwierigkeiten im Ausdruck (45 %), in der Wortwahl, das Problem, „nicht die richtigen Worte zu finden" treten nicht in persönlichen Tagebucheinträgen, sondern während des Schreibens in der Fremdsprache und vor allem beim wissenschaftlichen Schreiben auf; diese Schwierigkeiten werden von den Studierenden am häufigsten genannt. Große Probleme bereitet ihnen das Finden von Schreibideen (und eines Textanfangs) (35 %), was wiederum nicht auf das wissenschaftliche Schreiben beschränkt ist. Als Hindernisse werden ebenfalls die eingangs bereits erwähnte Angst vor Fehlern beschrieben sowie Unsicherheiten im Umgang mit Grammatik und Orthografie (27 %). Letztere versuchen zwei Drittel der Studierenden dadurch zu minimieren, indem sie ihre Texte eigenständig überarbeiten: „Überarbeitung" kann dabei ein zweites Durchlesen mit Korrektur der Satzzeichen bis hin zum kompletten Neuschreiben der Texte bedeuten. In meinen Schreibseminaren konnte ich feststellen, dass um so weniger überarbeitet wird, je höher die Anzahl der formalsprachlichen Fehler im Text ist. Die Ursache dafür liegt auf der Hand: Die zu überarbeitenden Textstellen werden nicht als solche erkannt und als richtige oder gelungene in die endgültige Fassung des Textes übernommen.

Die Ergebnisse erweitern das Profil der Lerngruppe um einige Angaben, die bei der Planung des Schreibunterrichts eine Rolle spielen. So sollten die Schreibangewohnheiten stärker berücksichtigt werden; dazu gehört auch, alternative Schreiborte zu wählen (s. auch A 2.3.5), die Themenauswahl stärker an den Interessen der Lernenden zu orientieren, Schreibtechniken einzuführen, die das Finden von Schreibideen und den Einstieg in den Text erleichtern (s. A 2.3, insbesondere 2.3.1) sowie Überarbeitungstechniken (s. A 3.1) zu vermitteln, die den Lernenden helfen, ihre Texte eigenständig zu überarbeiten und somit eine weitere Instanz zum Abbau der Angst vor Fehlern zu schaffen.

Diese hier nur in Auszügen vorgestellten Ergebnisse könnten nach der Hälfte oder am Ende eines Seminars durch weitere Fragen, die in einem Text beantwortet werden, ergänzt werden. Hier einige Beispiele für Fragen:

- Schreiben Sie heute lieber – oder anders – als vor der ersten Schreib-Sitzung/Seminarsitzung? Hat sich Ihre „Schreibe" verändert? Wie?
- Ist Ihnen das Schreiben Ihrer Texte schwer gefallen?

- Bei welchen Schreibanregungen fiel Ihnen das Schreiben leicht, bei welchen schwer?
- Wo hatten Sie Schwierigkeiten (mit dem Schreiben beginnen, Ideen finden, sich auf die vorgegebene Situation einlassen ..., Formulierung, Überarbeitung ...)?
- In welchen Bereichen wünschen Sie sich eine größere Unterstützung?
- Schreiben Sie einfach weiter: ... Und ich wollte noch sagen, ...

Eine zweite Befragung nach einigen Wochen Schreibpraxis kann sich zudem als effektiver erweisen, da die Lernenden bereits „Routine" mit dem Schreiben von Texten auf der Grundlage von Fragenkatalogen haben. Dieser Faktor ist nicht zu unterschätzen und sollte bedacht werden, wenn die ersten Schreibprofile einer Lernergruppe nicht so ergiebig ausfallen. Die zweiten oder dritten sind sicher aussagekräftiger! Zudem spielt die Formulierung der Fragen eine Rolle: Ja-/Nein-Fragen eignen sich nicht, genauso wenig Fragen, die ein hohes Reflexionsvermögen voraussetzen, wie zum Beispiel „Welche Schreibstrategien benutzen Sie?"

Den wirklichen Nutzen von Schreibprofilen kann man erst dann erkennen, wenn man sich einzelne Beispiele ansieht, da die Angaben umfassender sind als die einer quantitativen Auswertung der gesamten Lernergruppe (s. o.). Aus diesem Grund werden im nächsten Kapitel vier Beispiele von Schreibprofilen vorgestellt.

1.2.3 Beispiele für Schreibprofile

Die folgenden Schreibprofile von albanischen, chinesischen, griechischen und russischen Deutschlernenden (Studierenden) sind zu Beginn meiner Schreibseminare (in Thessaloniki und in Deutschland) entstanden und werden unkorrigiert vorgestellt:

A Schreibprofil einer albanischen Germanistikstudentin
Wir haben verschiedene Schwierigkeiten erlebt und die stärksten Schwierigkeiten unseres Lebens bleiben immer in unserem Gehirn. Ich habe immer diesen Momente meines Lebens mit. Ich esse und schlaffe mit meinen Erinnerungen. Ich laufe immer mit diesen. Vielleicht ist es ein bisschen absurd zu akzeptieren, aber ich liebe meine Erinnerungen. So schreibe ich (nicht jeden Tag natürlich) über meinen Leben. Für mich ist es sehr wichtig, über meine Kindheit schreiben. Meine erste Erzählung heißt „Die weiße Sandale". Ich war 15. Ich habe über dieser Erzählung viel überlegt. (...) Es ist sehr interessant zu sagen, dass ich inspiriert bin, nur wenn ich zu Hause alleine bleibe. Ich liebe meine Einsamkeit. Manchmal brauche ich alleine bleiben und überlegen. Ich habe viele Gedanken, deswegen fühle ich mich konfuz. Ich möchte schreiben, alles was ich denke. Meine Erzählungen sind mein Geheimnis, sind meine Vergangenheit, meine Kindheit. Manchmal lese ich eine ganze Erzählung und gefällt mir nicht. Ich will es noch einmal schreiben, oder wenigstens überarbeiten. Ich fühle mich leer, ohne Lust zu schreiben, ohne Stimmung und ohne Inspiration. Meine Schwierigkeiten beim Schreiben sind meine Inspiration und meine Ideen mit Wörter sagen. Manchmal finde ich kein Wort, mein Gefühl zu beschreiben.
Meine zweite Erzählung heißt „Meine Ecke". Ich war 18. Ich bin sicher, dass ein Tag meine Erzählungen veröffentlichen werden. Ich möchte immer schreiben. Ich brauche meine Gefühle herausbringen. Alle kennen, dass ich etwas schreibe, aber niemand hat bis heute meine Erzählungen gelesen.

Meine beliebteste Autoren sind: Isabel Aliende, Gabries Garcia Markes, Erich Maria Remark, Stefan Zweig, Petro Marko, Ismail Kadare, Mimoza Ahmeti.

B Schreibprofil einer chinesischen Studentin

Ja, ich schreibe gern. Als Schulmädchen mochte ich schon immer den Aufsatzunterricht. Ich hatte eine sehr nette Lehrerin, die uns die Aufgabe gab, Seriengeschichten schreiben zu lassen. Wer gut schrieb, bekam auch die Chance, seine Geschichten vor der Klasse vorzulesen. Solche Chancen hatte ich ein paar Male.

An der Universität in Peking hatte ich als Studentin, die die Fremdsprache Deutsch lernte, immer noch den Aufsatzunterricht, den die meisten meiner Altersgenossen nicht mehr haben. Zwar fand ich solchen Unterricht ein bisschen wie für Schulkinder gedacht, aber ich habe ihn geliebt. Welche also 20jährige würde ansonsten noch Phantasiegeschichten schreiben, wenn es nicht vom Lehrer aufgefordert hätte? Dadurch habe ich entdeckt, dass die Phantasie und Neugierde immer noch in mir bleibt, die ich als Kind immer hatte. Das beruhigt mich und macht mich glücklich. (...)

Ich halte seit 13 Jahren regelmäßig Tagebuch. Meine Tagebücher sind meine besten Freunde, denen ich alles anvertraue. Häufig nehmen meine Gedanken und Ideen erst langsam Form, indem ich sie niederschreibe. Tagebuch schreiben ist vielleicht eine meiner Lieblingsbeschäftigungen in der Freizeit, weil es ein innerer Dialog ist, der mir hilft, mich selbst besser zu kennen. (Tagebuch wird natürlich niemanden vorgelesen oder überarbeitet.)

Meine Stärken liegen eher darin, dass ich sehr schnell eine Schreibidee habe und sie auch gut in Worte umsetzen vermag. Meistens. Aber ich muss gerade Interesse am Schreiben haben, sonst geht es nicht so gut. Meine Schwäche ist vielleicht, dass ich vorm Schreiben nie planen möchte, wie der Text aufgebaut werden soll. Ich pflege einfach, hinzuschreiben. Das ist eine schlechte Gewohnheit, die ich mir zwar bewusst ist, die ich mir aber schwer abgewöhnen kann.

Was meinen Lieblingsschreibort angeht... ich habe mir darüber noch keine Gedanken gemacht. Lieblingsschreibmomente habe ich doch: Immer die Momente, wenn ich mich unbedingt ausdrücken möchte. Wo es ist, darf egal sein, sei es zu Hause, sei es im Zug, im Park oder woanders. Persönlich und privat zu schreiben fehlt mir leicht, aber bei formalen Schreiben bin ich mir ein bisschen unsicher. In dieser Hinsicht würde ich mir gewisse Schreibförderung wünschen.

Weil ich gerne schreibe, ist es nicht schwer vorzustellen, dass ich auch gerne lese. (...) Ich bevorzuge Magazine, wenn ich informiert werden möchte. (...) Außerdem lese ich auch gerne Romane und Essays. Meine Lieblingsautoren sind alle Chinesen. (...) Wenn ich auf Deutsch lese, dann immer Zeitungen, Zeitschriften oder Bücher für die Uni. Sie strengen mich sehr an, deswegen möchte ich in der Freizeit nur noch etwas in meiner Muttersprache lesen.

C Schreibprofil einer griechischen Studentin

Bevor ich beginne, mein eigenes Schreibprofil vorzustellen, soll ich klarmachen, dass obwohl das Schreiben ein meiner Lieblingshobbys ist, schreibe ich nicht oft. Um zu schreiben, muss ich etwas Starkes fühlen oder wenigstens muss ich Lust darauf haben. Es ist sehr schwierig für mich etwas nach Auftrag zu schreiben.

Was ich lieber schreibe, ist kleine Texte, die meine Gedanken und meine Gefühle beschreiben – aber nicht wie ein Tagebuch, diese Texte schreibe ich nicht systematisch – oder kleine Gedichte und Verse für Lieder.

Als ich kleiner war, und zwar im Gymnasium[4], schrieb ich kleine satirische Lieder über meine Lehrer. Später begann ich mit Gedichten über meine Gefühle und mit Texten mit demselben Inhalt. Die letzten 5 oder 6 Jahre habe ich fast nichts Neues geschrieben, außer Briefe an meinen Freunden hier in Griechenland, als ich während des vorigen Sommersemesters in Deutschland war. Wenn ich schreibe, brauche ich unbedingt absolute Ruhe (ohne Fernseher oder Radio) und es ist immer besser, wenn ich ganz allein zu Hause bin. Ich bevorzuge mein Schlafzimmer und vor allem mein Bett. Es ist sehr angenehm für mich, dort fühle ich mich wohl.
Natürlich lese ich niemanden meine Geschriebenen vor. Was ich schreibe ist für mich allein. Nur selten erlaube ich jemandem meine Texte oder Gedichte zu lesen. Die einzige Ausnahme war natürlich im Gymnasium mit den Lieder über die Lehrer! Meiner Meinung nach hat mein Schreiben ein paar positive Aspekte. Es fällt mir nicht so schwierig eine Schreibidee zu finden und meistens sind diese Ideen kreativ. Je bestimmtere die Idee oder bestimmteres das Ziel ist, desto leichter ist für mich zu schreiben. Wann ich schreibe, mache ich am Anfang ein generelles Plan, und dann folge ich zwar dieses Plan, aber nicht so streng. Ich schreibe mehr assoziativ und improvisatorisch. Ich mag schöne Wörter benutzen, um meine Gedanken möglichst gut wiederzugeben. Und fast immer finde ich die richtigen, die bestpassenden Wörter dazu. Das betrifft meine griechischen Texte. Denn meine Deutschkenntnisse sind nicht so gut und mein Wortschatz ist kein echter Schatz!
(...) Normalerweise überarbeite ich meine Texte nicht. Was ich in einem Text schreibe, kommt gerade aus mich. Meine Gedichte und Lieder aber, die überarbeite ich wegen des Reimes, des Metrums, des Rhythmus usw. (...) Von diesem Seminar erwarte ich eine Schreibförderung in Bereiche wie das Wortschatz und der richtige Aufbau eines Textes.

D Schreibprofil einer russischen Studentin
Ich könnte sagen, dass ich nicht sehr gerne schreibe, besonders in der letzten Zeit. Früher als ich ein enger Kontakt zu meiner Freundin in Russland gehabt habe, habe ich oft Briefe geschrieben. Bevor ich das Studium in Deutschland angefangen habe und an keinen Zeitmangel gelitten habe, hat es mir Spaß gemacht, ein Tagebuch zu führen. In Briefen und im Tagebuch habe ich geschildert, was in meinem Leben passiert ist, was ich erlebt und gesehen habe. Ich schreibe normalerweise an meinem Schreibtisch, auf dem ganz ordentliche Stapeln von Büchern und Heften liegen. Während des Studiums muss ich ziemlich viele wissenschaftliche Texte schreiben, die ich meiner Tandempartnerin vorlese und korrigieren lasse. Danach überarbeite ich meine Texte. Wenn ich an meine Stärken und Schwächen denke, scheint es mir, dass ich mehr Schwächen habe. Eine Schreibidee finde ich nicht immer schnell und den Schreibbeginn verzögere ich. Ich schreibe eher assoziativ und habe nicht viele kreative Schreibideen, besonders dann, wenn ich zu einer Thema in der Soziologie schreiben muss. Es gefällt mir nicht, mit der Sprache zu spielen, weil ich doch mehr Fehler dann mache. Grammatik und Rechtschreibung sind oft die Quellen der Verunsicherung ich überprüfe mich oft anhand der Bücher. Die richtigen Wörter fallen mir leider nicht immer ein. (...)

[4] Gymnasium bedeutet in Griechenland die 7.–9. Jahrgangstufe.

Stellen wir uns nun vor, wir hätten alle vier Studentinnen in einem Kurs und verfolgten die Aufgabe, sie im Schreiben zu fördern. Welche Angaben sind für die Planung des Kurses von Bedeutung?

Beginnen wir mit der Schreibmotivation, welche zum Großteil vorhanden ist, nur die russische Studentin schreibt – in letzter Zeit – weniger gerne, was jedoch von ihr selbst auf Zeitmangel bzw. Überforderung durch die Studiensituation zurückgeführt wird. Alle anderen bezeichnen sich als begeisterte Schreiberinnen, jedoch – wenn auch nicht explizit erwähnt – in der Muttersprache. Erfolgserlebnisse beim Schreiben in der FS würden sich daher bei allen vier positiv auf das Schreibinteresse in der FS auswirken und im Optimalfall auch dazu führen, dass einige Texte (und sei es das Tagebuch) zukünftig nicht mehr ausschließlich in der Muttersprache geschrieben werden. Das Bewältigen von Textsorten, die allgemein als schwierig gelten (wie z. B. Gedichte) kann die Schreibhaltung in der FS stark positiv beeinflussen. Dies könnte auf spielerische Art (s. B. 1.2.1) oder auch mit literarischen Vorlagen (s. A 2.3.1/ B 1.2.4) angebahnt werden.

Eine weitere Gemeinsamkeit ist die, dass alle bevorzugen, über eigene Themen zu schreiben. Diese Art der persönlichen Schreibe könnte durch eine Versetzung mit Bildern (s. A 2.3.3, B 1.7.4) objektiviert werden, ohne dass das Interesse am Schreiben verloren geht.

Insbesondere bei der albanischen und der griechischen Studentin spielt die emotionale Komponente eine große Rolle: Sie schreiben, wenn „sie etwas Starkes fühlen“ oder in eine Geschichte emotional involviert sind. Im Kurs könnte diesem Charakteristikum oder dieser Vorliebe nachgekommen werden, indem die Studierenden zu Musik schreiben (s. A 2.3.4/ B 1.2.2), da Musik und das Schreiben mit Musik immer eng mit Gefühlen verbunden ist. Zu berücksichtigen ist dabei jedoch, dass nicht Gefühlsregungen ausgelöst werden (Vergangenheitsbewältigung, s. albanische Studentin), die evtl. im Kurs nicht aufgefangen werden können.

Von der albanischen und der russischen Studentin wird erwähnt, dass manchmal die Inspiration fehlt bzw. das Finden von Schreibideen und das Beginnen mit dem Schreiben Hindernisse im Schreibprozess darstellen. Neben Schreiben mit Musik könnte hier der Einsatz von assoziativen Schreibtechniken oder das Vorgeben von Schreibanfängen hilfreich sein (s. B 1.5).

Schwierigkeiten bei der Planung eines Textes werden explizit von der chinesischen Studentin angesprochen. Die griechische Studentin gibt an, einen Plan zu machen, wobei jedoch nicht klar ist, inwieweit diese Planung dem eines griechischen Schulaufsatzes oder dem jeweiligen Thema/Textsorte in der FS folgt. Als Unterstützung für die Planungsphase könnte das Mindmap als Schreibtechnik eingeführt werden, mit welchem die Lernenden dann zukünftig ihre Texte übersichtlich strukturieren können (s. A 2.3.1).

Was den Schreibort betrifft, so wurde von keiner Studentin der Seminarraum oder eine Institution erwähnt. Es lässt sich natürlich nicht auf Dauer organisieren, dass die Lernenden attraktivere Schreiborte angeboten bekommen, noch, dass sie alle Texte zu Hause schreiben. Man sollte das Bedürfnis nach Ruhe und Einsamkeit, Abgeschirmtheit von anderen oder auch inspirierenden Schreiborten dennoch ernst nehmen. Eine Abwechslung zwischen Schreiben im Kurs, an attraktiveren Orten (s. A 2.3.5, A 2.4) und Schreibaufgaben, die zu Hause erledigt werden, wäre sicher ein Schritt in die richtige Richtung.

Übertragungen aus der Muttersprache und formalsprachliche Fehler kommen hauptsächlich in den Texten der albanischen und der griechischen Studentin vor. Lernende mit Schwächen in diesen Bereichen können in den Phasen der kooperativen Textüberarbeitung gefördert werden (s. A 3).

Auf eine vertiefende Analyse der Schreibprofile möchte ich an dieser Stelle verzichten, auch wenn eine solche in der Praxis von Vorteil sein könnte: Insbesondere dann, wenn dieser Erstaufnahme von Informationen Gespräche mit den Lernenden über ihre Texte und ihr Schreibverhalten folgen. Oftmals fallen die ersten Schreibprofile auch nicht so ergiebig aus, wie man sich das wünscht. In diesem Fall sollte das Schreibprofil Anlass für eine Diskussion (individuell oder im Kurs) sein. Bei den vier Beispielen bleiben z. B. viele Fragen im Hinblick auf das Schreibverhalten (in der FS) der albanischen Studentin offen.
Dennoch lohnt sich die Bestandsaufnahme in Form von Befragungen und Schreibprofilen, um einen Kurs gezielter planen zu können und um auf die individuellen und die kulturspezifischen Besonderheiten einer Lernergruppe gezielt eingehen zu können.

2 Kreatives Schreiben

2.1 Kreatives Schreiben: Ein Profil

In diesem Kapitel werden die Fragen „Was ist Kreatives Schreiben, was ist das Kreative am Kreativen Schreiben?“ und schließlich „Was überhaupt wird unter Kreativität verstanden?“ beantwortet.

2.1.1 Zur Kreativität

Kreativ zu sein ist in, modern, gehört zu unserem Zeitgeist. „Kreativ“ gilt vielfach als Zauberwort oder Lösungsschlüssel in den unterschiedlichsten Lebenssituationen: In Stellenausschreibungen, Firmenkonzepten oder Werbestrategien, aber auch als Ausweg aus einer gescheiterten Beziehung, als Garantie für mehr Lustgewinn, egal, ob in Freizeit, Beruf oder während der Reise eines „kreativen“ Reiseveranstalters ... Der Gebrauch des Begriffs „Kreativität“ kann spätestens seit den 90er Jahren als inflationär bezeichnet werden und ist in seiner andauernden Aktualität dennoch ernst zu nehmen: Ist das Bedürfnis nach neuen, Erfolg versprechenden Wegen und Lösungen so groß wie in den USA zur Zeit des Sputnik-Schocks?
Zur Beantwortung dieser Frage müssten wirtschaftliche, soziale und psychologische Faktoren analysiert werden, was hier jedoch zu weit und an dem eigentlichen Ziel vorbeiführen würde: Hier geht es vielmehr darum zu klären, wann ein Produkt, ein Prozess, ein Verhalten als kreativ bezeichnet wird, um diese Voraussetzungen und Charakteristika anschließend (s. 2.1.2) auf das Kreative Schreiben übertragen zu können. Die nicht nachlassende Aktualität der Kreativitätsdebatte ist hier insofern von Bedeutung, als die damit verbundenen Kreativitätsforschungen seit den 50er Jahren Ergebnisse hervorgebracht haben, welche die Klärung des Kreativitätsverständnisses aus unterschiedlichen Perspektiven vorangetrieben haben:
Was die Definition eines kreativen Produkts betrifft, werden in verschiedenen Ansätzen drei Faktoren als obligatorisch vorausgesetzt, und zwar Neuartigkeit, Sinnhaftigkeit und Akzeptanz. Beispielsweise definieren Preiser/Buchholz (1997) Kreativität (verstanden als kreatives Produkt) folgendermaßen:

> *Eine Idee wird in einem sozialen System als kreativ akzeptiert, wenn sie in einer bestimmten Situation neu ist oder neuartige Elemente enthält und wenn ein sinnvoller Beitrag zu einer Problemlösung gesehen wird.* (Preiser, Buchholz, 1997, 12)

Auch nach Csikscentmihalyi, der sich seit dreißig Jahren aktiv an der Kreativitätsforschung in den USA beteiligt, entsteht Kreativität ...

> *... aus der Interaktion dreier Elemente, die gemeinsam ein System bilden: einer Kultur, die symbolische Regeln umfaßt, einer Einzelperson, die etwas Neues in diese symbolische Domäne einbringt, und einem Feld von Experten, die diese Innovation anerkennen und bestätigen (...).* (Csikscentmihalyi, 1997, 19)

Csikscentmihalyi unterscheidet zwischen einer kleinen und einer großen Kreativität, wobei letztere dazu führen soll, dass ein Kultur verändernder Prozess in Gang gesetzt wird, während die kleine Kreativität sich auf Neuerungen im Alltag beschränkt (vgl. Csikscentmihalyi, 1997, 17 f.). Hinsichtlich der Verwendung des Kreativitätsbegriffs beim Kreativen Schreiben erscheint mir seine Vorstellung von der kleinen Kreativität zutreffender, ohne ausschließen zu wollen, dass auch durch kreative Schreibprozesse Texte entstehen können, die von großer Aussagekraft sind (und somit wichtige Prozesse in Gang setzen können). Ohnehin verzichten andere Vertreter der Kreativitätsforschung auf diese Unterscheidung und fassen ihren Kreativitätsbegriff weiter. Beer/Erl (1986) z. B. legen den Schwerpunkt auf die Neuartigkeit:

> *Kreativ ist jeder Akt, der für ein Individuum etwas Neues darstellt oder im weiteren Sinne etwas Neues für einen Kulturkreis oder die Menschheit bedeutet.* (Beer, Erl, 1986, 9)

Brenner (1998) schwächt die hohen Ansprüche in Bezug auf das Kreative Schreiben von Lernenden folgendermaßen ab:

> *Kreativität führt zur Entwicklung neuer, experimenteller Äußerungsformen der Sprache (Kreatives Schreiben) (...). Dabei müssen die Äußerungsformen nicht grundsätzlich, sondern in Bezug auf den einzelnen Schüler / die einzelne Schülerin neu sein.*
> (Brenner, 1998, 15 f.)

Während bei den bisher genannten AutorInnen das kreative Produkt im Mittelpunkt stand, gehen andere von Kreativität als Persönlichkeitsmerkmal aus, für das nach Pommerin (1996, 50) „bei allen Menschen die Disposition vorliegt und das folglich bei jedem Menschen gefördert werden kann". Ein wichtiger Vertreter ist hier Guilford (1959), der Kreativität als einen besonderen Typus der Intelligenz versteht und zwar als Fähigkeit, divergent denken zu können. Die „Fähigkeiten", die mit divergierendem Denken in Zusammenhang gebracht werden, gelten nach Guilford (1959) auch für Aspekte der Kreativität. Diese sind: **Assoziations- und Gedankenfluss, Flexibilität** (Fähigkeit, alte und bekannte Denkmuster zu verlassen und neue, alternative zu finden), **Originalität, Redefiniton** (Fähigkeit zu improvisieren, sich von verinnerlichten Interpretationsschemata zu lösen, um sie auf andere Situationen anwenden zu können).
Pommerin (1986, 262) orientiert sich an Guilford und nennt bezüglich der Lernprozesse im Schreibunterricht die folgenden Kriterien: **Offenheit** (Bereitschaft des Individuums, aus seiner Umwelt Impulse etc. aufzunehmen), **Erfindungsgabe** (Erfinden von etwas Neuem) und **Entdeckungsgabe** (als das Finden von etwas, das schon [immer] existiert hat [z. B. die Erkenntnis, dass die Erde rund ist]).

Was bisher unberücksichtigt blieb und dennoch für das Kreative Schreiben von Relevanz ist, ist der kreative Prozess und dessen Struktur. Beim Ablauf des kreativen Prozesses werden verschiedene Phasen unterschieden[5]. Weitgehend verbreitet ist das Vierphasenmodell nach Curtis (1976, 23). Die Phasen werden als Inspirations-, Inkubations-, Illuminations- und Verifikationsphase bezeichnet (vgl. u. a. Preiser, 1976, 42 ff.) und folgendermaßen verstanden:

1. Die **Inspirationsphase** entspricht einer Vorbereitungsphase, in der eine aktive Auseinandersetzung mit der Umwelt bzw. mit bestimmten Fragestellungen stattfindet.
2. Die **Inkubationsphase** oder Reifungsphase gilt als die geheimnisvollste innerhalb des Kreativitätsprozesses. Die kreativen Ideen, die hier entstehen, ergeben sich aus dem Spannungsverhältnis zwischen dem Festhalten an vorher präsenten Gedanken und der gleichzeitigen Hinwendung zu etwas noch Unklarem, das sich in der Ferne – im Unbewussten – abzeichnet.
3. Die **Illuminationsphase** wird auch als Phase der Erleuchtung oder, Bezug nehmend auf Archimedes' Ausruf, „Heurekaphase" bezeichnet. Sie beginnt mit dem besonderen Moment, in dem man den Einfall hat, der als Lösung des vorliegenden Problems empfunden wird, und endet mit dessen Ausarbeitung.
4. In der **Verifikationsphase** wird das kreative Produkt überprüft und eventuell überarbeitet.

Beim *Kreativen Schreibprozess* werden die vier Phasen gleichermaßen durchlaufen: In der Inspirationsphase werden Schreibanregungen gegeben, die dann in der Inkubationsphase von den SchreiberInnen – z. T. gestützt durch Verfahren des freien Assoziierens, Musik etc. – umgesetzt werden. In der Illuminationsphase wird die Schreibidee „geboren" und der erste Entwurf des Textes niedergeschrieben. Das Lesen, (evtl. wiederholte) Überarbeiten und Besprechen des Textes mit anderen findet in der letzten, der Verifikationsphase statt.
Mit dem Phasenmodell wird demonstriert, dass Kreativität kein blitzartiger Einfall ist, der einigen Genies vorbehalten ist: Ein kreativer Einfall ist Teil eines kreativen Prozesses, der – je nach Zielsetzung und Produkt – Stunden, Tage oder Jahre andauern kann. Dies kann auch für Lernende, die sich unsicher beim Schreiben in der Fremdsprache fühlen, motivierend und aufmunternd sein.
Die in diesem Kapitel aufgezeigten Charakteristika und Faktoren, die Kreativität auszeichnen, werden im nächsten Kapitel dem Kreativen Schreiben zugeordnet.

2.1.2 Was ist Kreatives Schreiben?

„Kreatives Schreiben" ist poetologisches Fragen und schreibendes Antworten unter Anleitung und Regie eines Lehrers. (Ortheil, 2006, 20)

In seinem Diskurs um die Frage „Was ist Kreatives Schreiben?" geht Ortheil – um auch Herkunft und Ursprünge mit zu berücksichtigen – bis in die Antike zurück. Damit einher geht jedoch auch eine Einschränkung seines Verständnisses von Kreativem Schreiben auf eine „Spiel- und Lesart von Poetik" (auf davon divergierende Definitionen von Kreativem Schreiben gehe ich anschließend ein). Für die Geschichte der Poetik ist die Poetik des Aristoteles „ein revolutionärer und wegweisender Text: Zum ersten Mal im Abendland wird in diesem über Begriffe nachgedacht,

---

[5] Z. B. unterscheidet Csikscentmihalyi (1997, 119f) zwischen fünf Phasen, Guntern (1991, 59f) zwischen sieben.

die Dichtung beschreiben und gliedern. Dichtung ist in dieser Poetik daher nicht mehr etwas Dunkles, Magisches oder unbewusst Artikuliertes, sondern etwas fest Umrissenes, Strukturiertes, bewusst zu Gestaltendes" (Ortheil, 2006, 18). Aristoteles schreibt in seiner Poetik[6]: „Von der Dichtkunst selbst und von ihren Gattungen, welche Wirkung eine jede hat und wie man die Handlungen zusammenfügen muss, wenn die Dichtung gut sein soll, ferner aus wie vielen und was für Teilen eine Dichtung besteht, und ebenso auch von anderen Dingen, die zu dem selben Thema gehören, wollen wir hier handeln (...)." (Aristoteles in Fuhrmann, 2006, 5)

Doch wo ist der Zusammenhang zwischen Aristoteles' poetologischen Festlegungen (Hinweise zur Konstruktion von literarischen Texten unterschiedlicher Gattungen) und Kreativem Schreiben? Wirft man einen Blick auf Lehrbücher der amerikanischen „Creative Writing"-Kurse und -Schulen, so kann man direkte Zusammenhänge erkennen.[7]

An dieser Stelle möchte ich ganz knapp auf die wesentlichen Unterschiede des Verständnisses von Creative Writing und Kreativem Schreiben für angehende Schriftsteller und dem Kreativen Schreiben in der mutter-/zweit- und fremdsprachlichen Didaktik eingehen: In den USA wird Creative Writing, verstanden als Dichtungslehre – primär von etablierten Schriftstellern für „begabte Schreiber" – bereits seit Beginn des 20. Jahrhunderts unterrichtet. Die an der Columbia University in New York begonnene Tradition wurde bis in die 1970er Jahre in New York und Iowa fortgeführt (vgl. Rau 1988, Wolfrum 2001). Danach wurde Creative Writing – im Rahmen der WAC-Bewegung (Writing across the Curriculum) – als eine Art Grundstudiumsmodul in viele Studiengänge integriert, 1983 auch in die Rahmenrichtlinien der amerikanischen Schulen als obligatorischer Bestandteil (vgl. v. Werder, 1986, 1995; Wolfrum 2001, 146). Außerdem kann Creative Writing als Bachelor-, Master- oder Promotionsstudium gewählt werden. Das Angebot bzw. obligatorische Kursangebot zum Creative Writing wurde also im Hinblick auf die Zielgruppen (sowie Institutionen) ausgeweitet und auch entsprechend modifiziert, die Grundprämisse ist jedoch im Wesentlichen gleich geblieben: Das von der kognitiven Schreibtheorie geprägte Creative Writing war und ist strukturierte Schreiblehre, Dichtungsschule, mit konkreten Anleitungen – durchaus im Sinne von Aristoteles' Poetik.

Dieses Verständnis von Kreativem Schreiben ist in Deutschland zwar existent, aber unterrepräsentiert. Im Unterschied zu den USA hat die kreative Schreibbewegung in Deutschland außerhalb von Schule und Universität begonnen: Anfang der siebziger Jahre wurden in vielen Städten Schreibwerkstätten gegründet, entweder um AmateurschreiberInnen Raum und Publikum für ihre unveröffentlichten Schubladentexte zu schaffen, oder um ein entsprechendes Forum mit konstruktiver Kritik für Autoren einzurichten (vgl. Wolfrum 2001)[8]. Die „wenig professionelle Vergangenheit" der kreativen Schreibkurse in Volkshochschulen, die zudem der in Deutschland weit verbreiteten Vorstellung, Schreiben und Dichtung sei nicht erlernbar, sondern eine Frage des Talents, widerspricht, hat sich jahrzehntelang negativ auf das Image des Kreativen Schreibens und dessen Stellung im Bildungssystem ausgewirkt. Unabhängig davon haben die Ziele

[6] Die Poetik (περί ποιητικής/ „über die Dichtkunst") wurde von Aristoteles (384–322 v. Chr.) um 330 verfasst. Vgl. Kirchmann (Hrsg.) (1869): Aristoteles über die Dichtkunst. Berlin: L. Heimann Verlag. Aristoteles: Poetik. Hrsg v. Fuhrmann, Manfred. Stuttgart, 2006: Reclam.

[7] Fast alle amerikanischen Handbücher zur Dramaturgie des Films berufen sich auf die Poetik von Aristoteles. Vgl. Ortheil, 2006, 21.

[8] Die Wurzeln dieser Schreibwerkstätten werden in der „Gruppe 47", in der „Gruppe 61" und in dem daraus hervorgegangenen „Werkkreis der Literatur der Arbeitswelt" gesehen.

und Zielgruppen des Kreativen Schreibens und kreativer Schreibgruppen bis heute ein breites Spektrum erreicht[9], ist Kreatives Schreiben Gegenstand vieler, insbesondere sprachdidaktischer Untersuchungen und heute obligatorischer Bestandteil von Lehrplänen des muttersprachlichen und fremdsprachlichen Unterrichts. Im Bereich Deutsch als Fremdsprache spielt die Aufnahme des Kreativen Schreibens in den Gemeinsamen Europäischen Referenzrahmen eine entscheidende Rolle, da dadurch das Kreative Schreiben auch zum obligatorischen Bestandteil eines jeden Fremdsprachenunterrichts in Europa geworden ist (vgl. GER, 2001). Auch in neuere Lehrwerke für Deutsch als Fremdsprache ist Kreatives Schreiben integriert worden. Problematisch ist jedoch, dass erforderliche Lehrerfortbildungsveranstaltungen bisher mehr oder minder ausgeblieben sind, was dazu führt, dass Kreatives Schreiben in seiner Bedeutung entweder gänzlich unklar bleibt oder auf seine negativ behafteten Ursprünge zurückgeworfen wird.[10]

Die Merkmale einer kreativen Schreibdidaktik nach Pommerin zeigen, dass es sich dabei NICHT um eine Dichtungsschule im Sinne von Aristoteles' Poetik oder des Creative Writing in den USA handelt. Die folgenden Merkmale veranschaulichen sowohl diese Unterschiede als auch die Charakteristika des Kreativen Schreibens in der mutter-/fremdsprachlichen Schreibdidaktik[11]:

> *(7.) Kreatives Schreiben ist gekennzeichnet durch eine auffallend angstfreie Atmosphäre; dies stellt eine außerordentlich günstige Bedingung für spielerisches Erproben der eigenen sprachlichen Möglichkeiten und Grenzen dar. Eine auf Fehlervermeidung bedachte Haltung führt in der Regel zwar zu korrekterem Sprachgebrauch (...), verlangsamt aber gleichzeitig den Spracherwerb in der Fremd- und Zweitsprache.*
>
> *(10.) Kreatives Schreiben und sinnvolles Üben stellen nicht per se Gegensätze dar und führen auch nicht zwangsläufig zu sturem Auswendiglernen und zur Langeweile. (...)*
>
> *(11.) Ähnliches gilt für das Verhältnis zwischen Kreativem Schreiben und Grammatik: Beide Aktivitäten sind in Wechselwirkung aufeinander bezogen. Kreatives Schreiben (...) steht am Anfang, bedarf aber der Ergänzung und Vertiefung durch Reflexion und Systematisierung grammatischer Redemittel[12] (...)* (Pommerin, 1996, 59 f.)

Kreatives Schreiben in diesem Sinne ist nicht auf (angehende) Autoren beschränkt, sondern soll Schreibenden in der Mutter-, Zweit- und Fremdsprache ermöglichen, Texte zu produzieren. Insbe-

---

[9] Hier kann nur exemplarisch auf einige verwiesen werden: Therapeutisch ausgerichtete Kurse (vgl. Lutz von Werder, 1986; Jürgen vom Scheidt, 1993), Kreatives Schreiben in den Wissenschaften (vgl. Lutz von Werder, 1995), Kreatives Schreiben in der Deutschdidaktik (vgl. zur Aufsatzdidaktik: Fritsche, 1989; Spinner, 1990; Mattenklott, 1979; Schuster: Personal-kreatives Schreiben 1996; Spitta: Schreibkonferenzen in der Grundschule, 1992; Waldmann: Produktionsorientierter Literaturunterricht, 1994); Kreatives Schreiben in der Didaktik der Zweitsprache und der Fremdsprache (Pommerin: Handbuch des Kreativen Schreibens, 1996; Mummert: Nachwuchspoeten, 1989; Kästner: Freies Schreiben in der Fremdsprache; Hornung: Plurilinguale Schreibdidaktik, 2002).

[10] Aus persönlicher Erfahrung kann ich bestätigen, dass Kreatives Schreiben in Griechenland bei älteren LehrerInnen unbekannt ist, die jüngeren sind evtl. im Laufe ihres Studiums mit Kreativem Schreiben in Kontakt gekommen, da Kreatives Schreiben seit 2000 an der Aristoteles Universität unterrichtet wird.

[11] Es kann leider nicht auf alle 11 Merkmale eingegangen werden.

[12] Pommerin verweist hier auf Kupfer, 1994.

sondere im Zweit- und Fremdspracherwerbskontext stellt Kreatives Schreiben eine große Chance dar, da durch den Einsatz entsprechender Techniken und Methoden (s. u.) auch SchülerInnen in den Anfangsphasen ihres Schriftspracherwerbs „mit Hilfe weniger und einfacher syntaktischer Muster und mit einem geringen Wortschatz relativ schnell zu kleinen, geschlossenen und aussagekräftigen Texten gelangen (...)". (Pommerin, a. a. O.)
Genau darin liegt der Unterschied zum Creative Writing für Schriftsteller. Und dennoch können auch Gemeinsamkeiten zwischen den beiden Konzepten der beiden Ansätze festgestellt werden: Das Wechselspiel zwischen (kreativem) Schreiben und systematischen Arbeits- und Überarbeitungsphasen ist für beide Ansätze maßgebend (s. Abschnitt Überarbeitung). Verzichtet man in einer kreativen Schreibdidaktik auf systematische Überarbeitungsphasen, so bleibt das Kreative Schreiben wieder auf die „Spielstunden vor den Ferien" beschränkt.
Die Überarbeitung der kreativ geschriebenen Texte (redaktionelle Überarbeitung, Echotexte, kollektive Überarbeitung, s. A3) stellt gewissermaßen die Verbindung zum Creative Writing her: In beiden Fällen wird systematisch an einem Text gearbeitet, nur dass beim Creative Writing, wie auch schon in der Poetik von Aristoteles, bereits vor der Textproduktion zu berücksichtigende Angaben gemacht werden.
In der Überarbeitung können wir also Parallelen entdecken; in der Art der Produktion und in der Frage, ob Schreiben lern- und auch lehrbar ist, gehen die Standpunkte weit auseinander. Letztere Frage wird auch aktuell und im Hinblick auf eine Ausbildung für Schriftsteller immer wieder diskutiert (vgl. Haslinger, Treichel, 2005; Haslinger, Treichel, 2006). Es ist sicherlich berechtigt zu fragen, warum eine Akademie der bildenden Künste selbstverständlich, eine Autorenschule oder Autoren-Akademie jedoch in Deutschland und Europa lange Zeit ein Tabuthema war und auch heute noch selten ist.[13] Ob dies immer noch an einem Geniekult liegt oder eher an dem Glauben, dass man Schreiben nicht lernen muss, da man es ohnehin kann, sei hier dahingestellt.
Jørgensen, Rektor der dänischen Autorenschule, antwortet auf die Frage, ob man das professionelle Schreiben und damit den Autorenberuf lernen kann: „Die Antwort, unseres Wissens nach, lautet: ja und nein. Kann man Trompete spielen lernen? Ja und nein: Manche Schüler werden der Trompete nie mehr als ein klägliches Tuten entlocken. Andere werden lernen, eine Melodie zu spielen. Aber nur wenigen wird es gelingen, ihre Zuhörer zu verzaubern. Das hat etwas mit Talent zu tun." (Jørgensen, 2006, 67).
Im fremdsprachlichen Schreibunterricht geht es nun nicht um diese wenigen, sondern um die Lerngruppe, die es schafft, „eine Melodie zu spielen". Dieses weniger hochgesteckte Lernziel kann mit Kreativem Schreiben erreicht werden!

2.2 Warum und wie kreativ schreiben?

Diese beiden Fragen werden in diesem Kapitel beantwortet. Dabei geht es um Argumente, die im Vergleich zum herkömmlichen Schreib- und Aufsatzunterricht für die Integration kreativer Schreibphasen sprechen (Warum kreativ schreiben?) und um solche, die berücksichtigt werden müssen, damit die Ziele des Kreativen Schreibens im Unterricht de facto auch erreicht werden können (Wie kreativ schreiben?).

---

[13] Hier eine der wenigen „Autorenschulen": Literaturinstitut Leipzig, Henri-Nannen-Schule Hamburg, Dänische Akademie für Kreatives Schreiben, Autorenprogramm am Telemark College Oslo.

2.2.1 Warum kreativ schreiben?

Gründe, die für den Einsatz Kreativen Schreibens sprechen, wurden bereits in den vorausgegangenen Kapiteln angesprochen, auch was das Andersartige und Kreative an diesem Verfahren ist. Setzt man nun die einzelnen Aspekte wie Mosaiksteine zu einem Bild zusammen, so spiegelt dieses auch die Antworten auf die Frage des „Warum?". In der folgenden Tabelle sind diese in einem Überblick dargestellt. Dabei dienen die Kriterien von Kreativität (s. 2.1.1) der Charakterisierung des Kreativen Schreibens:

Übersicht: Warum kreativ schreiben?

Kriterien von Kreativität:	**Charakteristika des Kreativen Schreibens**[14]
Neuartigkeit (neu im Vergleich zum traditionellen Umgang mit der Fertigkeit Schreiben)	**Zielsetzung oder was durch Kreatives Schreiben erreicht werden kann:** Lust am Schreiben wiederentdecken Schreibängste und -blockaden abbauen Spielerischer Umgang mit Sprache Erproben der eigenen sprachlichen Mittel und Grenzen Schreibförderung im Bereich des Zweit- und Fremdsprachenlernens Staunen lernen, Assoziationsfluss zulassen, Begeisterung wecken **Rahmenbedingungen:** Angstfreier Raum, keine Vorgaben zur Textlänge, Textsorte
Sinnhaftigkeit	**Zielsetzung:** Fertigkeit Schreiben wird gefördert Binnendifferenzierung Schreibmotivation wird gefördert Entfaltung neuer Ausdrucksmöglichkeiten Schreiben kann als Mittel der Kommunikation mit anderen und sich selbst entdeckt werden Neue Formen der Selbsterkenntnis schaffen (Selbstreflexion durch Schreiben) **Rahmenbedingungen:** In Bildungseinrichtungen: Korrektiv zum traditionellen Schreib- und Aufsatzunterricht Schreibförderung in außerschulischen Bereichen: Möglichkeiten für unterschiedliche Bevölkerungsschichten
Akzeptanz	Bereicherung und Hilfe für SchreiberInnen im inner- und außerschulischen Kontext Anerkennung von Bildungsinstitutionen (verankert in Lehrplänen des Muttersprachenunterrichts und im GER, z. T. integriert in Studiengänge) Steigende Zahl von Schreibwerkstätten, Schreibkursen und Seminaren

[14] Die Charakteristika sowie die nachfolgenden Ausführungen beruhen auf eigenen Erfahrungen sowie auf: Pommerin (1996), v. Werder (1993), Liebnau (1995), Kästner (1997), Wolfrum (2001), Finke/Thums-Senft (2008).

Bevor ich auf die Neuartigkeit eingehe, verweise ich auf das Herkömmliche:

> *Schreiben, so die Meinung vieler Sprachlehrer, ist eine zeit- und kraftaufwendige Angelegenheit. Es wird daher im Unterricht oft vermieden, in die Hausaufgabe verbannt oder auf Mit- und Abschreiben reduziert ...* (Kästner, 1997, 162)

Auch wenn der Fertigkeit Schreiben im FSU heute theoretisch mehr Aufmerksamkeit geschenkt wird, sei es im Rahmen des Interkulturellen Ansatzes, in neueren Lehrwerken und im GER (s. u.), lässt die Schreibmotivation der Lernenden (in der Praxis) noch häufig zu wünschen übrig. Beim Schreiben in der Fremdsprache potenzieren sich die Unsicherheiten und Ängste des Schreibens in der Muttersprache, da Unsicherheiten im Umgang mit der Fremdsprache hinzukommen und Textsortenwissen (kulturgeprägt, s. A 1.1) oft fehlen. Durch den spielerischen Umgang mit Sprache, der durch kreative Schreibanregungen evoziert wird, verbunden mit einer gewissen Offenheit und Flexibilität in den Anforderungen und dem Umgang mit dem Produkt, der Möglichkeit, eigene Texte in Ruhe zu überarbeiten, bevor sie benotet werden (s. A 3), können Schreibängste abgebaut und die Lust am Schreiben wiederentdeckt werden. Der spielerische Umgang mit Sprache und die Offenheit der Themenstellung (s. A 2.2.2) ermöglichen das Erproben der eigenen sprachlichen Mittel und Grenzen: Die Lernenden versuchen, Texte mit den ihnen zur Verfügung stehenden sprachlichen Mitteln zu bewältigen, sie gestalten ihre Texte so, dass sie der Schreibaufgabe nachkommen, können dabei jedoch auch feststellen, wo ihre Grenzen liegen. Diese subjektive Erkenntnis kann den fremdsprachlichen Lernprozess insofern positiv beeinflussen, als die Lernenden intrinsisch motiviert sind (um sich in einem anderen Text anders, besser ausdrücken zu können).
Kreative Schreibtechniken und -anregungen zeichnen sich dadurch aus, dass sie den Schreibenden viel Freiraum zusprechen, Assoziationsfluss zulassen und jedem Einzelnen gestatten, ein Thema individuell zu entfalten. Den Lehrenden ermöglicht dies eine Binnendifferenzierung innerhalb der Lerngruppe, ohne diese explizit thematisieren zu müssen: Wenn keine festen Vorgaben zu Textlänge und Textsorte gegeben werden, können die Lernenden ihren Kenntnissen entsprechend schreiben. Wichtig ist dabei, dass diese Freiheiten und die „Spielregeln" des Kreativen Schreibens (s. A 2.2.2) auch allen bekannt sind. Diese individuelle Schreibförderung wird auch von Finke/Thums-Senft betont:

> *(...) Während die einen sich an längeren Texten versuchen, kann es für andere ratsam sein, mit kleinen Sätzen oder Satzfragmenten zu experimentieren (...). Während sich die einen in komplexen Satzgefügen „verheddern" können, besteht die Stärke anderer darin, ihre Ideen darüber wunderbar darzustellen. (...) Es geht darum, dass die Einzelnen erleben und darin gestärkt werden, sich auf die eigenen Potenziale zu beziehen und Vertrauen in die individuellen Schritte ihrer Schreibentwicklung finden.* (Finke/Thums-Senft, 2008, 16)

Viele KursteilnehmerInnen staunen über ihre Texte, die sie in kreativen Schreibphasen hervorbringen und zwar im Hinblick auf den Inhalt als auch auf die Form und die sprachliche Qualität. Nicht unbegründet werden kreativ geschriebene Texte auch als „Sprachrohr" für die eigenen Gedanken bezeichnet. Insbesondere wenn Schreibprozesse durch assoziative Verfahren, durch Musik oder visuelle Vorlagen in Gang gebracht wurden, steht das schreibende Ich im Zentrum

des Schreibprozesses und dessen persönliche Interpretation des Schreibanreizes. Dieser sehr persönliche Zugang zu einem Thema macht auch den Reiz vieler Schreibanregungen aus. In kollektiven Schreibphasen kann dieser auf mehrere Personen ausgeweitet werden.
Befürchtungen, dass durch den persönlichen Zugang zu persönliche Inhalte hervorgebracht werden oder Texte entstehen, die eine psychologische Betreuung notwendig machen, sind weitgehend unbegründet: Erstens können sehr persönliche Rohentwürfe immer von den Schreibenden in den Überarbeitungsphasen geändert werden, und zweitens unterscheiden sich Zielsetzung und Schreibanregungen des Kreativen Schreibens von denjenigen des therapeutischen Schreibens (s. dazu: v. Werder, 1993).
An dieser Stelle sollte noch eine weitere verbreitete und falsche Vorstellung von Kreativem Schreiben im FSU geklärt werden: Es geht nicht darum, den herkömmlichen Schreibunterricht durch Kreatives Schreiben abzulösen, sondern darum, ihn durch kreative Schreibphasen zu erweitern bzw. kreative mit systematischen Schreib- und Arbeitsphasen miteinander zu verzahnen (vgl. Pommerin, 1996). Dies wird auch darunter verstanden, wenn wir von Kreativem Schreiben als Korrektiv zum traditionellem Schreib- und Aufsatzunterricht sprechen.

Werfen wir einen letzten Blick auf die obige Übersicht, so bleibt das Kriterium der Akzeptanz, welches einem „kreativen Produkt" abgefordert wird: Die Tatsache, dass Kreatives Schreiben in Lehrpläne des muttersprachlichen Unterrichts vieler Bundesländer integriert sowie in den GER aufgenommen wurde, zeigt die Anerkennung des Kreativen Schreibens als obligatorischen Unterrichtsgegenstand. Auch, dass Kreatives Schreiben in verschiedene Studiengänge (Germanistik, DaF, Auslandsgermanistik) integriert wurde und immer mehr Schreibkurse im außerschulischen Bereich angeboten werden, spricht dafür. Internetrecherchen lassen außerdem erkennen, dass Kreatives Schreiben mittlerweile fächerübergreifend in anderen Fachdisziplinen seinen festen Stellenwert erhalten hat: So werden Theologen z. B. zum „kreativen Predigtschreiben" angeleitet (s. www.homilia.de).
So positiv diese Entwicklung auch ist, so bitter ist die Erkenntnis, dass zwischen dieser und der fremdsprachlichen Unterrichtspraxis oft Welten liegen: Nicht überall wird mit neueren Lehrwerken gearbeitet, in die bereits kreative Schreibanregungen integriert wurden. Ähnliches gilt für den GER: Bis auf das Verständnis der Niveaustufen ist dieser oft nur in seiner Existenz bekannt, von einer Auseinandersetzung mit Konzept oder Kann-Beschreibungen kann nur selten ausgegangen werden.
Auf der anderen Seite ergeben sich auch Schwierigkeiten im Umgang mit den Deskriptoren zur Fertigkeit Schreiben, insbesondere zum Kreativen Schreiben (vgl. GER (2001):

1. Kreatives Schreiben wird als bekanntes Phänomen vorausgesetzt. Auch in „Profile Deutsch" (2002) wird darauf nicht eingegangen. Dies ist problematisch, da Kreativem Schreiben nicht überall vorbehaltlos begegnet wird. Häufig wird es mit nicht ernst zu nehmenden Spielen oder rein personellem Schreiben in Verbindung gebracht und daher als unwichtig abgetan. In den Profilen wird im Bereich der Produktion nicht zwischen Kreativem Schreiben und Aufsatz/Berichte schreiben unterschieden. Die aufgeführten Beispiele bieten wenig kreativen Spielraum.
2. Die Kann-Beschreibungen zum Aufsatz-/Berichtschreiben sind sehr formell, nüchtern und wenig inspirierend.

3. In der Skala zur schriftlichen Produktion allgemein werden keine Angaben zu Textsorten gemacht.
4. Auch zur Interaktion liegen sehr allgemeine und dennoch stark einschränkende Deskriptoren vor.

Diese Probleme bedeuten nicht, dass der GER nicht auch im Bereich Schreiben ernst genommen werden sollte. Es ist jedoch eine aktive Auseinandersetzung mit den Deskriptoren notwendig, zu der ich nur auffordern kann: Die Autoren des GER betonen vielfach, dass sie für Rückmeldungen von BenutzerInnen dankbar sind, und wenden sich an verschiedenen Stellen direkt mit Fragen an die BenutzerInnen, deren Beantwortung der Konkretisierung und dem genauen Zuschnitt auf die jeweilige Bildungssituation dienen sollen. Auch sollen fehlende Deskriptoren ergänzt und bereits bestehende überarbeitet werden. Hier sind Rückmeldungen aus der Praxis gefordert!
Natürlich setzt eine Anwendung der Deskriptoren auch eine aktive Auseinandersetzung der Lehrenden mit dem Kreativen Schreiben voraus, sei es eigenständig oder im Rahmen von Fortbildungsveranstaltungen, da die Deskriptoren ansonsten weder richtig verstanden noch angewendet oder ergänzt werden können.

2.2.2 Wie kreativ schreiben?

... zum Schreiben anregen, in entspannter, produktiver Atmosphäre schreiben, respektvoll mit den entstandenen Texten umgehen, Raum für systematische Überarbeitung geben.

So könnte eine kurze Antwort auf die Frage, wie Kreatives Schreiben sinnvoll und effektiv gestaltet werden soll, lauten. Für den Einsatz des Kreativen Schreibens im FSU ist neben diesem „Grundsatz" auf Folgendes zu achten:
Angstfreie Atmosphäre: Eine Grundvoraussetzung, von der das Gelingen kreativer Schreibprozesse unmittelbar abhängt. Wie aber kann diese im von Prüfungen und Notendruck gezeichneten Schulunterricht erreicht werden? Diese Frage stellen sich viele Lehrende. Die Antwort liegt in dem mehrschrittigen Vorgehen von kreativen Schreibeinheiten: Der Text, zu dem kreativ angeregt wurde, darf nicht unmittelbar danach eingesammelt und benotet werden, ansonsten kann kein Raum für einen kreativen, offenen Umgang mit der Themenstellung entstehen. Das Wissen, dass der Text erst überarbeitet wird, bevor er zur Zensur freigegeben wird (s. A3), entspannt die Lernenden und nimmt ihnen die Angst vor der Benotung während des Schreibens. Zur angstfreien Atmosphäre gehört aber auch eine Schreibaufgabe, die von jedem Lernenden mit seinen sprachlichen Mitteln zu bewältigen ist und nicht aufgrund hohen Schwierigkeitsgrades zu Verkrampfungen, Ängsten oder gar Schreibblockaden führt.
Schreibanregung: Wie bereits angedeutet wurde, muss diese auf die Lerngruppe abgestimmt sein. Dazu gehört sowohl die Berücksichtigung von sprachlichem Niveau als auch der Interessen (Alter, Erfahrungen). Zudem muss die Schreibanregung so weit offen formuliert sein, dass jede/r Schreibende individuelle Entfaltungsmöglichkeiten erhält, im Sinne der Binnendifferenzierung.[15]
Hierbei ist es sehr wichtig, dass kein bestimmtes Produkt (ein Musteraufsatz) erwartet wird:

---

[15] Die Befürchtungen einiger Lehrenden, ohne genaue Vorgaben nicht zum angestrebten Ziel zu kommen, können insofern zurückgewiesen werden, als in der systematischen Überarbeitungsphase auch Formalia, Textsortenspezifika etc. behandelt werden können.

Ganz allgemein betrachtet, versteht man unter dem Kreativen Schreiben ein Schreiben, das keine vorgegebenen Muster reproduziert, sondern die eigene Gestaltungskraft des Schreibenden in Anspruch nimmt. (Spinner, 1994)

Ausgangspunkt für den kreativen Schreibprozess ist nicht das Anstreben eines bestimmten Produktes, sondern der/die Schreibende selbst. Ein Beispiel dafür ist das Schreiben mit Musik: Jeder nimmt Musik anders wahr, unterschiedliche Gefühle, Gedanken werden ausgelöst, was einen individuellen Umgang mit der Schreibanregung darstellt und gerade deswegen zum Schreiben motiviert, weil man darüber schreiben kann, was man de facto mit dem Schreibimpuls verbindet. Wenn hingegen Musik als Schreibanregung eingesetzt wird und vorab festgelegt wird, welche Form, Länge und Inhalt der Text aufweisen muss, dient der Einsatz von Musik lediglich einer Abwechslung im Unterricht oder kann sogar bei der Konzentration stören. Eine gewisse Offenheit, Spielraum in der Formulierung der Schreibanregung sind folglich eine unbedingte Voraussetzung.
Der individuell-persönliche Zugang zu einem Schreibthema wirkt sich zudem förderlich auf einen bewussten Umgang mit dem Schreiben in der Fremdsprache aus:

Auf der Grundlage der positiven Schreiberfahrung („Du hast etwas zu sagen, ich weiß was, was die anderen wissen möchten") entwickeln die Schreibenden Selbstvertrauen in die eigene fremdsprachliche Kompetenz und Schreibfähigkeit. (Kästner, 1997, 163f.)

Auf Vorgaben zur (genauen) Textlänge sollte man verzichten, ansonsten wird der kreative Schreibprozess durch die Kontrolle des Textumfanges (Wörter zählen) gestört und der individuelle Umgang mit der jeweiligen Schreibanregung nicht gewährleistet (Binnendifferenzierung). Wenn das Kreative Schreiben einer Lerngruppe unbekannt und erst eingeführt wird, muss auf diese „Spielregeln" hingewiesen werden. Die unerwarteten Freiheiten können gerade bei Lernenden, die aus dem muttersprachlichen Sprachunterricht ganz genaue Vorstellungen von einem Text (Aufsatz) mitbringen, auch verunsichern, wenn die gelernten Strategien, wie das Anwenden von „guten Satz- und Textbausteinen", die genaue Planung eines Textes mit 300 Wörtern, eigene Schreibtradition etc. plötzlich nicht mehr gefragt sind, sondern das Einlassen auf etwas Unbekanntes ansteht. Die Umstellung fällt dann leichter, wenn die Vorgaben zunächst nicht ganz eliminiert, sondern offener formuliert werden: „Schreibt ungefähr eine Seite" (Textumfang), „Es könnte ein Brief, ein Artikel in einer Zeitung oder auch ein Tagebucheintrag sein" (Textsorte).
Rolle der Lehrenden: Auch das Verhalten der Lehrenden wirkt sich unmittelbar auf den kreativen Schreibprozess aus. Sie sind für die angstfreie und produktive Atmosphäre (s. o.) verantwortlich. Neben dem bereits genannten anderen Umgang mit dem Rohentwurf des kreativ geschriebenen Textes gehört dazu auch ein respektvoller Umgang mit diesem und zwar vonseiten der Lehrenden als auch der Lernenden: Nach einer Schreibphase ist es empfehlenswert, dass die Texte laut vorgelesen werden. In dieser kleinen Autorenlesung können alle Lernenden ihre Texte präsentieren, sie bekommen erste Rückmeldungen. Eventuell können auch Fragen zu Textstellen, die nicht ganz klar sind oder besonders gelungen sind, gestellt werden. Diese Leserunde ist auch der Übergang vom Schreiben zur Überarbeitung (s. A3). Wichtig ist dabei, dass keine diskriminierenden Kommentare gegeben werden und die Lernenden dazu angeleitet werden, konstruktive Kritik zu üben.

Aufgabe der Lehrenden ist auch, die Lernenden zum Schreiben anzuregen, d. h. Verfahren, die angewendet werden (z. B. Cluster, Automatisches Schreiben), einzuführen und konkrete Schreibanregungen zu formulieren, die wiederum den Interessen und dem Horizont der Zielgruppe entsprechen.
Ansonsten sollte sich der/die KursleiterIn vielmehr als PartnerIn und Mitbeteiligte/r und nicht als autoritäre Lehrkraft verhalten. Vorbild könnten hier Schreibkurse im außerschulischen Bereich sein, in denen es u. a. üblich ist, dass auch die KursleiterInnen mitschreiben und ihre Texte in der Leserunde mit zur Diskussion stellen. Eigene Erfahrungen in Kursen mit Jugendlichen und (jungen Erwachsenen) bestätigten mir, dass mein Mitschreiben und Vorlesen von den Teilnehmenden sehr positiv empfunden wurde. Sie werteten meine Texte nicht als „Musteraufsätze", sondern sahen sie als Teil des Textespektrums innerhalb der Gruppe. Die Möglichkeit, auch an meinen Texten Kritik zu üben, wirkte sich zudem motivierend auf die Phase der Textbesprechung aus und führte zu einem selbstbewussteren Umgang mit ihren eigenen Texten.

Abschließend präsentiere ich einen Text einer Seminarteilnehmerin[16], in dem sie sich zu ihren eigenen Erfahrungen während des Schreibseminars äußert. Sie beleuchtet dabei die hier genannten „Spielregeln" aus der Perspektive der Teilnehmerin:

> *In diesem Seminar habe ich persönlich viele nützliche Sachen gewonnen. Ich entwickelte sowohl meine Phantasie als auch meine Schreibfähigkeit und Schreibfertigkeit. Ich glaube, dass ich leer von Ideen war. Es liegt wahrscheinlich daran, dass ich keine richtige Anregung oder keinen Anreiz hatte (...) Es wurde mir ganz klar, dass alle Menschen über Phantasie und Ideen verfügen. Sie können ihre Phantasie und Ideen entwickeln, vorausgesetzt, dass die geeigneten Anreize – Anregungen vorhanden sind. Nicht zu vergessen ist, dass mir dieses Seminar die Gelegenheit gegeben hat, mich ganz frei zu äußern. Man hatte das Recht, sich ehrlich zu äußern und zu schreiben, was man in Wirklichkeit glaubt und hemmungslos denkt. Es existierte nämlich die so genannte Freiheit des Ausdrucks, was für mich besonders wichtig ist. Man kann auch das Verfahren des lauten Vorlesens der Texte nicht außer Acht lassen. Dabei habe ich meine Ängste und Hemmungen überwunden, vor Leuten zu stehen und meine Gedanken laut vorzulesen. Darüber hinaus habe ich keine Angst mehr vor Fehlern und tatsächlich aus ihnen zu lernen. Um ehrlich zu sein, hatte ich immer Angst vor Fehlern, weil ich viele grammatischen Fehler mache und meine Aussprache nicht besonders gut ist. Meine Aussprache ist noch ein Bereich, den ich durch das Seminar verbessert habe. Dafür war das laute Vorlesen sehr hilfreich.*

2.3 Die wichtigsten Techniken des Kreativen Schreibens

In diesem Kapitel werden die wichtigsten Techniken des Kreativen Schreibens charakterisiert. Es handelt sich gewissermaßen um Grundsätze, die Lehrenden erklären, worauf beim Einsatz kreativer Schreibtechniken und der im praktischen Teil aufgeführten konkreten Schreibanregungen geachtet werden sollte.

---

[16] Seminar „Einführung ins Kreative Schreiben" in der Deutschen Abteilung der Aristoteles-Universität Thessaloniki.

2.3.1 Assoziative Verfahren

Der erste Gedanke, der erfahrenen Lehrenden bei „assoziativen Verfahren“ durch den Kopf fährt, ist wahrscheinlich: „Die kenne ich doch schon, die praktiziere ich seit Langem, zumindest im mündlichen Ausdruck, beim Schulen der Fertigkeit Sprechen, der Wortschatzarbeit, als Vorentlastung beim Leseverstehen.“ Man nennt dabei einen Begriff und lässt die SchülerInnen dazu ihre Gedanken frei äußern. Oft schreibt man die Äußerungen an der Tafel mit. Vielen SchülerInnen ist dieses Vorgehen auch bereits seit der ersten Grundschulklasse bekannt, sie wissen, dass sie einen Augenblick lang ihre Gedanken zu einem Thema ausdrücken können und sollen. Sie wissen aber auch, dass diese kurze Phase der freien Äußerungen einem bestimmten Ziel dient, welches sie unmittelbar danach erfahren werden und dass damit auch die Phase des persönlichen Zugangs zu diesem Thema abgeschlossen ist. Konsequenz ist, dass Lernende im fortgeschrittenen Alter weniger motiviert sind, in solchen Einstiegsphasen zu assoziieren, da ihnen dessen schnelles Ende und die Unmöglichkeit, den eigenen Zugang zu vertiefen, bewusst ist.
In dieser Kurzfristigkeit und dem beschränkten Raum für die Gedanken der Schreibenden unterscheiden sich die assoziativen Verfahren, die hier für den Schreibunterricht vorgeschlagen werden, von den obigen genannten:
Sie dienen nicht einer kurzen Einstiegsphase, sondern sind gleichermaßen Weg und Ziel der jeweiligen Schreibeinheit. Die Phase, in der die Lernenden ihren persönlichen Zugang zu einem Text oder Thema schaffen, wird ausgeweitet und schließt in manchen Fällen (Free-Writing, Automatisches Schreiben) den gesamten Schreibprozess mit ein. Genau darin liegt auch das Motivierende des assoziativen Schreibens: Im Mittelpunkt stehen die Schreibenden selbst und ihr Zugang zum jeweiligen Schreibthema oder -prozess.
Im Folgenden stelle ich fünf Verfahren des assoziativen Schreibens vor:

I Automatisches Schreiben
II Free-Writing
III Clustering
IV Mindmap
V Kritzeln

I Automatisches Schreiben

Die Wurzeln des Automatischen Schreiben oder auch „écriture automatique“ reichen zurück bis ins Jahr 1889, als der französische Psychologe Pierre Janet begann, jenes für psychotherapeutische Zwecke einzusetzen. 1920 wurde das Verfahren dann von André Breton wieder aufgegriffen und für den literarischen Surrealismus adaptiert. Kennzeichnend für das Automatische Schreiben ist, dass Gedanken, Bilder und Vorstellungen niedergeschrieben werden, ohne dabei auf Zensur, Formalia und Orthografie zu achten. Man könnte auch von einem „Gedankendiktat“ sprechen, welches von einer schreibenden Hand festgehalten wird. Im Unterschied zu anderen assoziativen Verfahren des Kreativen Schreibens (Clustering, Mindmap) regt das Automatische Schreiben also nicht zum Niederschreiben einzelner Begriffe an, sondern zu der schnellen Produktion von – meist unbewussten – Gedanken(fetzen): „... Schreiben Sie so schnell, dass Sie sich überhaupt nicht versucht fühlen, vom schon Geschriebenen etwas behalten zu wollen.“ Durch die Schnelligkeit des Schreibens – für die A. Breton in seinem „1. Manifest des Surrealismus“ plädiert – werden Unsicherheiten, die auf einem kritischen und selektierenden Verstand basieren, von vornherein ausgeschaltet. In der Zeit, in der sich ansonsten Schreibängste aufbauen oder die quälende

Suche nach einer zündenden Schreibidee hemmt, wird bereits geschrieben. Und in den Phasen der Textproduktion, in der man nicht mehr weiter weiß und den Schreibprozess abbricht, schreibt man einfach weiter, und zwar einen Buchstaben (z. B. das L), und wiederholt diesen so lange, bis man eine Idee zu diesem Buchstaben assoziiert. Somit bleibt der Schreibfluss erhalten.
Zum Vorgehen: Damit das Verfahren des Automatischen Schreibens richtig angewendet wird, sollte dieses verständlich eingeführt werden. Nach einem kleinen Exkurs zum Surrealismus (fakultativ) könnte fortgeschrittenen Lernenden die Originalanregung von Breton aus dem 1. Manifest des Surrealismus vorgelesen werden:

> *Beschaffen Sie sich Schreibzeug, setzen Sie sich an einen Platz, wo Sie sich möglichst ungestört in sich selbst versenken können, entspannen Sie sich völlig, seien Sie ganz passiv und so hinnehmend und aufnahmebereit wie möglich! Lassen Sie sich nicht durch den Gedanken an Ihre etwaige Genialität beirren! Sehen Sie von Ihren eigenen und den Talenten aller anderen Menschen ab! Sagen Sie sich eindringlich, daß die Schriftstellerei der trübseligste Weg ist, der zu allem führt! Schreiben Sie rasch nieder, was Ihnen einfällt, und besinnen Sie sich gar nicht auf ein Thema! Schreiben Sie so schnell, daß Sie sich überhaupt nicht versucht fühlen, vom schon Geschriebenen etwas behalten zu wollen, oder es noch einmal durchzulesen! Der erste Satz kommt Ihnen ganz von selbst. Wie es mit dem zweiten geht, läßt sich zwar schon schwerer sagen (...) Doch machen Sie sich darüber keine Sorgen! Schreiben Sie einfach unentwegt weiter! Verlassen Sie sich ganz auf die Unerschöpflichkeit des Wisperns, Raunens und Murmelns in Ihnen! Und wenn dies doch einmal zu verstummen droht, etwa weil Sie über einen Schreibfehler stolpern (...) oder ein Wort, das Sie schrieben, Ihnen äußerst befremdlich vorkommt, dann schreiben Sie einfach irgendeinen Anfangsbuchstaben, z. B. ein L, gerade immer nur ein L, und stellen die anfängliche Willkürlichkeit dadurch wieder her, daß Sie dieses L dem beliebigen Wort, was Ihnen sogleich in die Feder fließen wird, als Anfangsbuchstaben aufnötigen ...*
> (Breton, 1986, 28/29)

Für Lernende der Niveaustufen A2–B1 ist es sinnvoller, die Schreibanregung vereinfacht zusammen zu fassen (s. B 1.5.3, B 1.7.1).
Worin liegen nun die *Vorteile* des Automatischen Schreibens, und warum sollte es auch eingesetzt werden auf die Gefahr hin, dass Texte entstehen, die inhaltlich nicht an aktuelle Lehrwerksthemen anknüpfen, die nicht adressatenbezogen sind und auch auf formale Textproduktionskompetenzen verzichten? Neben der *Überwindung von Schreibblockaden* und von Schwierigkeiten, eine *Schreibidee* zu finden, hat sich das Automatische Schreiben insbesondere auch im Bereich des *Formulierens* als sehr förderlich herausgestellt: Durch die Freiheiten, die die Schreibanregung bietet, können sich die Schreibenden auf die *sprachliche Gestaltung* ihrer Gedanken konzentrieren, außerdem sind keine bestimmten Kenntnisse (zu einem Thema, Weltwissen) notwendig, die den Schreibprozess erschweren könnten. Gerade in der Fremdsprache bereitet die Umsetzung von Gedanken in einen schriftlichen Text der Zielsprache große Schwierigkeiten. Dieser Prozess des Umsetzens wird mit dem Automatischen Schreiben gefördert. (Vgl. dazu: Hornung 1995, 2002: 269 ff.)
Darüber hinaus kann ich bestätigen, dass Deutschlernende, -lehrende und LehrwerksautorInnen, nachdem sie ihrem Erstaunen über die außergewöhnliche Schreibanregung Ausdruck verliehen

hatten und eine innerliche Ablehnung überwunden hatten, mit Lust (surrealistische) Texte produzierten.

II Free-Writing

Die ab den 60er Jahren von Ken Macrorie in den USA eingeführte Technik, die später durch Peter Elbow („Writing with Power") weiter verbreitet wurde, ist mit dem Automatischen Schreiben verwandt: Auch beim Free-Writing steht der Schreibprozess im Vordergrund; das Aufschreiben von Ideen soll nicht durch Gedanken an Orthografie und Grammatik unterbrochen werden.
Zum Vorgehen: Der Unterschied zum Automatischen Schreiben besteht darin, dass beim Free-Writing ein Begriff, eine Überschrift oder ein Thema vorgegeben wird. Dadurch ähnelt diese Technik dem assoziativen Schreiben zu Schlüsselbegriffen oder Reizwörtern.
Für den Schreibunterricht bedeutet dies, dass zum einen *Schreibblockaden überwunden*, dass *Assoziieren und Formulieren gefördert* werden können und dass – im Unterschied zum Automatischen Schreiben – dabei auch *themenorientiert vorgegangen* werden kann. Zudem ist es für einige Schreibende eine Erleichterung, von einem Reizwort oder einem Thema inspiriert zu werden, statt ganz auf die eigene Fantasie und Gedankenwelt angewiesen zu sein (s. B 1.5.3).

III Clustering

Das Clustering wurde Anfang der 80er Jahre von Gabriele L. Rico in den USA entwickelt. Sie stützte sich dabei auf neuere Erkenntnisse der Gehirnforschung. Rico ging der Hypothese der „hemisphärischen Spezialisierung unseres Großhirns" nach, die besagt, dass jede Gehirnhälfte Informationen auf unterschiedliche Weise verarbeitet (vgl. Rico 1984, 66 ff.). Die linke Hälfte ist danach für das logische, lineare und rationale Denken verantwortlich, die rechte für bildliches Denken, Sinne, Vorstellungskraft, Emotionen und die „Denkweise, die in der Kindheit vorherrscht".
Für das kreative Schreiben, wie für alle schöpferischen Gestaltungsprozesse, ist das Zusammenspiel von beiden Hirnhemisphären notwendig: In der generativen Phase des Schreibens muss das logische, lineare und kritische Denken ausgeschaltet werden, um die bildliche Vorstellungskraft nicht durch analytische Gedanken zu stören. Sobald die Ideen niedergeschrieben sind, tritt das ordnende, begriffliche Denken in ein Wechselspiel mit dem ganzheitlich bildhaftem Modus der rechten Hemisphäre. Wenn eine Seite überbetont und dadurch eine andere zurückgedrängt wird, denken und handeln wir nur „einseitig". Als Verbindungsglied zwischen den beiden Hirnhälften entwickelt Rico das Clustering, ein „nichtlineares Brainstorming-Verfahren, das mit der freien Assoziation verwandt ist" (Rico 1984, 27). Mit dem Cluster (zu übersetzen als Büschel, Traube, Haufen) kann die Zensur zwischen linker und rechter Hemisphäre, zwischen Bewusstsein und Unbewusstsein überwunden werden. Ängste und Anspannungen, die auf der hemmenden Zensur des begrifflichen Denkens basieren, werden verringert und die Fähigkeiten des bildlichen Denkens gefördert. Das Verfahren beruht auf der Offenheit für Unbewusstes, es rührt aus der Einstellung „bin gespannt, wohin das alles führt" und lässt scheinbares Chaos zu.
Zum Vorgehen: Clustering ist ein sich selbst strukturierender Prozess: Es entfaltet sich um einen Mittelpunkt, das sogenannte *Kernwort* herum, „wie die auseinanderstrebenden Wellenringe, die die Oberfläche eines Teiches überziehen, wenn man einen Stein hineingeworfen hat" (Rico 1984, 31). Das Kernwort kann ein Wort, ein Bild, eine Idee etc. sein und wirkt als auslösender Reiz für das Niederschreiben aller Assoziationen, die sich in kürzester Zeit einstellen. Die Assoziationen

werden eingekreist, – wodurch der nichtlineare Charakter des bildlichen Denkens verstärkt wird – und durch Verbindungsstriche miteinander verbunden. Immer wenn eine neue Idee auftritt, wird wieder am Kern mit einer Assoziationskette begonnen. Man clustert so lange (wenige Minuten), bis sich im Strömen der Gedanken Muster zeigen. Dieses Umschalten vom freien Assoziieren zum Mustererkennen versteht Rico als Einschalten des begrifflichen Denkens in den Prozess. Das entdeckte Muster bezeichnet sie als Versuchsnetz, durch das der Impuls zum Schreiben geweckt wird. Beide Hemisphären sind am Schreibprozess beteiligt. Bei der Überarbeitung des Textes tritt die linke Gehirnhälfte in den Vordergrund.

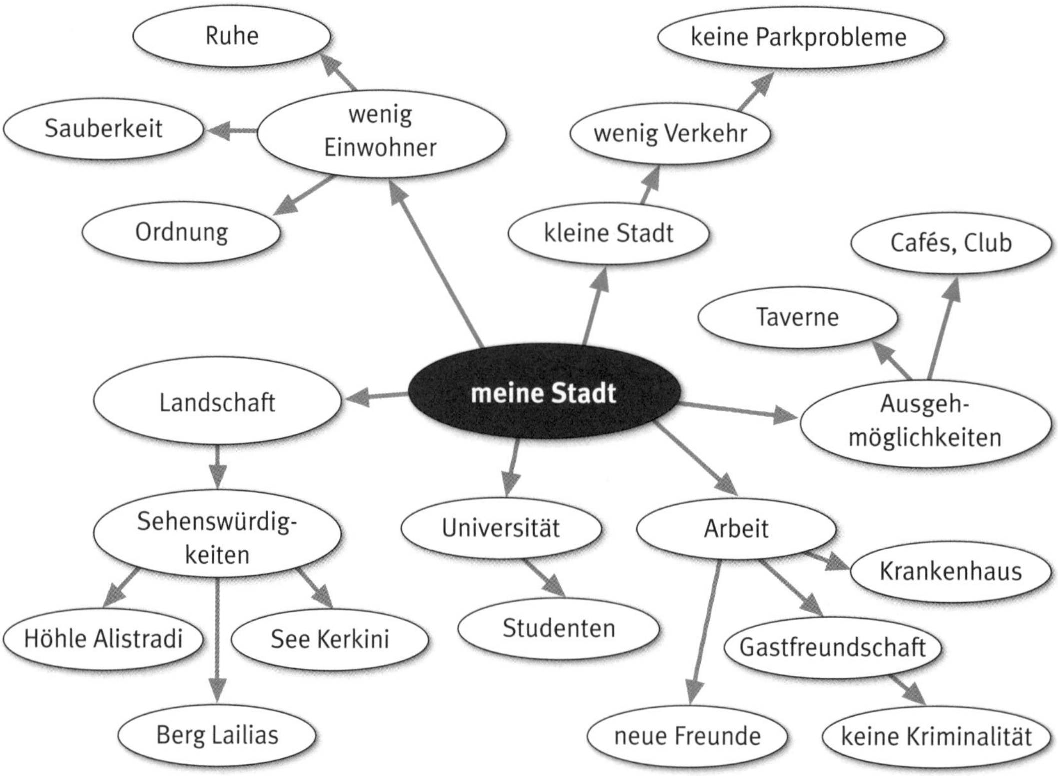

Vorteile für den Schreibunterricht: Das Clustering stellt eine große Hilfestellung in der Phase der *Textplanung*, dem Sammeln von Schreibideen bis hin zum Schreiben eines ersten Entwurfes eines Textes dar. In der Clusterphase können zudem *Schreibängste und -blockaden überwunden* werden. Die Schreibenden konzentrieren sich zunächst ganz auf ihre eigenen Ideen und schreiben sie in ihr Cluster, wobei die Struktur des Clusters dabei hilft, sich nicht durch Zweifel an den eigenen Einfällen oder Unsicherheiten ablenken zu lassen und ganz auf die eigene innere Stimme zu vertrauen. Ist die Phase des „Versuchsnetzes" erreicht, so kristallisiert sich aus den verschiedenen Assoziationen eine Schreibidee heraus, was zugleich den Übergang von Cluster zu Text und damit verbunden einen leichten Einstieg in diesen bedeutet. Während der Textproduktion kann das eigene Cluster eine *gedankliche Stütze* sein (auch wenn nach einer Clusterphase Texte erfahrungsgemäß ohne Probleme flüssig zu Ende geschrieben werden).
(Siehe auch B 1.5.3)

IV Mindmap

Die von Tony Buzan Anfang der 90er Jahre in England entwickelte Methode (vgl. Buzan 1997) basiert auf demselben Hintergrund wie das Clustering, auch hier handelt es sich um ein nichtlineares Verfahren, bei dem die Möglichkeiten beider Hirnhemisphären genutzt werden.
Zum Vorgehen: Wie beim Clustering wird mit einem Kernwort begonnen. Die damit verbundenen Assoziationen werden jedoch nicht ungeordnet in Gedankenketten geschrieben, sondern auf kleineren und größeren Ästen angeordnet. Dabei gibt es konkrete „Spielregeln", die im Nachhinein leicht erkennen lassen, welche der eingetragenen Begriffe wichtig oder sekundär für das jeweilige Thema sind (s. konkrete Anleitung in Abschnitt B 1.6.2).
Diese „Spielregeln" verweisen bereits darauf, dass bei einem Mindmap stärker geplant wird als beim Clustering.
Vorteile: Das Mindmap hat sich neben dem *Einstieg in den Text* und dem *Abbau* von *Schreibblockaden* insbesondere bei der *Strukturierung* von Texten und Schreibideen als effektiv erwiesen.

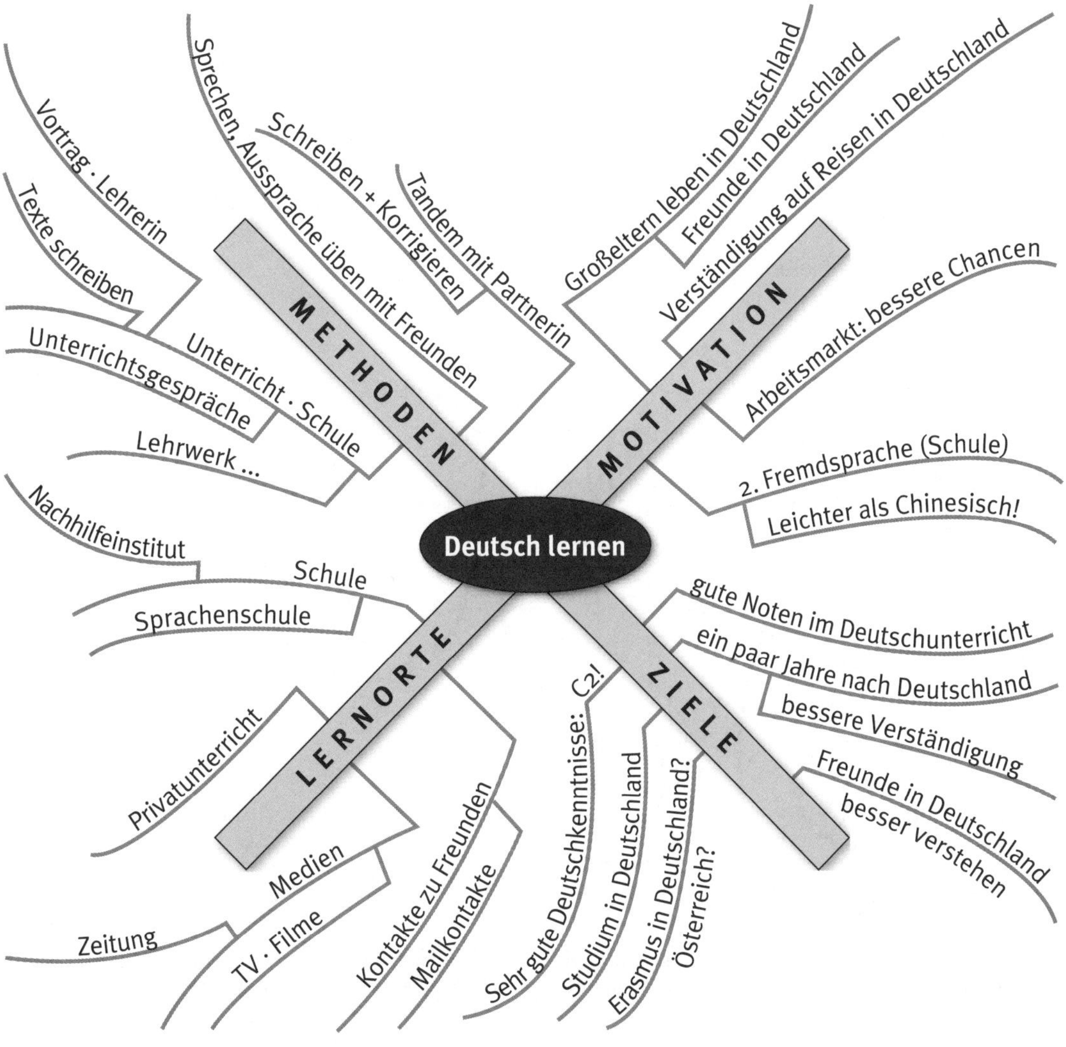

V Kritzeln

Ein weiterer nichtlinearer Einstieg stellt der des Kritzelns (s. a. Zopfi 2001) dar. Ähnlich dem unkontrollierten Zeichnen während eines Telefongesprächs oder einem langweiligen Arbeitstreffen kann auch das Kritzeln zum Einstieg in einen Text aussehen.
Gabriele Rico (1984) nennt diesen Vorgang „Framing and Naming“. Kritzeln aktiviert – wie auch das Clustern – das bildhafte Denken.
Zum Vorgehen: Unsere Hand wird beim Kritzeln vom Gehirn gesteuert, die Augen nehmen die entstandenen Linien und Muster wahr und leiten diesen Reiz an das Gehirn zurück. Dadurch werden Assoziationen, Erinnerungen, Gefühle geweckt, Ideen entstehen. Der zweite Schritt ist dann das Benennen dieser Formen und Ideen, was die Brücke zum sprachlichen – und schriftlichen – Ausdruck bildet. Und schließlich fließen die assoziierten Ideen oder Gedankenketten in einen Text ein.
Die Phase des Kritzelns kann unterstützt bzw. intensiviert werden, indem zusätzlich Musik eingesetzt wird: Rhythmus und Melodie wirken sich sowohl auf das Kritzeln als auch auf das Assoziieren aus.
Vorteile: Das Kritzeln erleichtert – wie auch die bereits aufgeführten assoziativen Verfahren – den *Einstieg in den Text* sowie dem *Finden von Schreibideen* und dem *Abbau von Schreibblockaden.* Das Besondere an diesem Verfahren ist, dass man sich mit einer verbreiteten Verhaltensweise, die zunächst nicht mit dem Schreiben in Verbindung gebracht wird, dem Schreibprozess spielerisch nähert und dadurch ein visueller Anreiz geschaffen wird, der den Assoziationsfluss zusätzlich unterstützt.
Beispiel für einen Kritzeltext[17]:

Kritzelei:

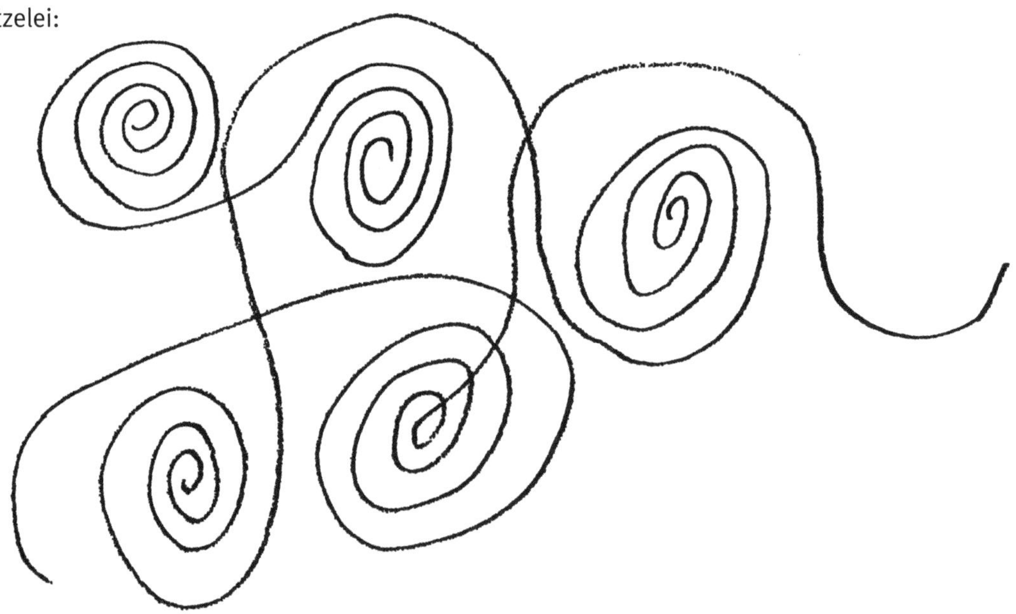

[17] Der Text stammt von einer Germanistikstudentin. Die Schreibanregung lautete, zu Musik mit einem sehr schnellen Rhythmus zu kritzeln und anschließend einen Text zu schreiben. Musik des Kapverdischen Sängers „Kino“, CD „Mudansa“.

Text:

> *Schnell, steh auf! Komm, mach schon, du bist spät dran. Heute ist der Tag, der Tag, auf den du so lange gewartet hast. Um 10 Uhr musst du da sein, das weißt du, das vergisst du nicht. Zieh dich an, nein, erst ins Bad. Dann Kleider aussuchen. Was ziehe ich an? Was kommt an mich ran? Was nicht? Oh man, wie man so was nur kombinieren kann?! Küche, schnell, mach hin, du musst noch einen Kaffee trinken und was essen, bevor du los musst. Noch 15 Minuten, noch ein wenig Zeit, nein, nur noch 10, oh man, nur noch 5. Wo ist der Autoschlüssel? Man oh man, wo hab ich den bloß wieder hin getan? Auf ins Auto. Anschnallen, Garage auf, rausfahren und abzweigen. Abbiegen. Links oder rechts? Wo muss ich hin? Oh mein Gott, wo muss ich hin?? Nein, das kann nicht sein, ich weiß es, ich muss es wissen! Verdammt, das ist mir doch bekannt. Das ist unmöglich, ich muss dorthin! Nur wohin?* (Maria B.)

Die Kreisbewegung, das Sich-im-Kreis-Drehen der Kritzelei, spiegelt sich auch in dem Text ...
Der Einsatz dieses Verfahrens im FSU dient dazu, durch die entstehenden Formen oder den kreativen Prozess selbst Ideen für einen Text zu bekommen und zugleich mögliche Schreibblockaden zu überwinden.

2.3.2 Schreiben mit Literatur-, Wort- und Textvorgaben

Imitieren, Adaptieren und Improvisieren gehören als Methoden des Überlebens zu den ältesten Inventarstücken menschlichen Bildungsgutes. (Bräuer, 1998, 51)

Imitieren, Adaptieren und Improvisieren sind keine Erfindungen der Schreibpädagogik oder des literarischen Schreibens: Auch Theater, Tanz und Musik bedienen sich dieser Arbeitsmethoden und auch das Leben selbst (vgl. Bräuer, 1998, 52). Bereits Aristoteles führte in seiner „Poetik“[18] die Entstehung von Dichtung auf den menschlichen Nachahmungstrieb, auf die Lust des Menschen nachzuahmen und zu interpretieren zurück. Dichtung ist für ihn daher auch etwas fest Umrissenes, Strukturiertes, bewusst zu Gestaltendes und wird durch seine Poetik dem Undurchschaubaren und Magischen enthoben (vgl. Ortheil, 2006, 18).
Beim Kreativen Schreiben mit Literatur geht es weniger um eine traditionelle Anwendung dieser analytischen Verfahren als vielmehr um einen produktiven Umgang mit Literatur, bei dem jedoch auch imitiert, adaptiert oder improvisiert werden kann. Das Handlungsspektrum und die Aktionsmöglichkeiten sind jedoch wesentlich größer.
Das Kreative Schreiben mit Literatur ist eng verbunden mit dem produktions- und handlungsorientierten Umgang mit Literatur, welcher in den 80er Jahren als eine Art Gegenpol zum analytisch-interpretierenden Umgang mit Literatur entwickelt wurde.
Die folgenden Charakteristika des produktions- und handlungsorientierten Ansatzes sollen zu einem besseren Verständnis des kreativen Schreibens mit Literatur beitragen:

---

[18] Die Poetik (περί ποιητικής/ „über die Dichtkunst“) wurde von Aristoteles (384–322 v. Chr.) um 330 verfasst. Vgl. Kirchmann (Hrsg.) (1869): Aristoteles über die Dichtkunst. Berlin: L. Heimann Verlag. Aristoteles: Poetik. Hrsg v. Fuhrmann, Manfred. Stuttgart, 2006: Reclam

„Handlungsorientierter Unterricht ist ein ganzheitlicher und schüleraktiver Unterricht, in dem die zwischen dem Lehrer und den Schülern vereinbarten Handlungsprodukte die Organisation des Unterrichtsprozesses leiten, sodass Kopf- und Handarbeit der Schüler in ein ausgewogenes Verhältnis zueinander gebracht werden können." (vgl. Meyer, 1987)
Als wichtigste Vertreter sind Waldmann (produktionsorientierter Umgang mit Literatur, Lyrik), Haas (handlungs- und produktionsorientierter Literaturunterricht) und Spinner (produktive Verfahren) zu nennen. Unter „handlungsorientiert" wird dabei der – alle Sinne ansprechende – aktive, selbsttätige Umgang mit Literatur verstanden, bei dem kognitive, affektive und sinnenhafte Zugänge miteinander verknüpft werden sollen, um eine ganzheitliche Auseinandersetzung mit Literatur zu ermöglichen (vgl. Haas, 1984). Die Produktionsorientierung innerhalb dieses Ansatzes soll zum Erzeugen von eigenen Texten, Textvarianten oder -teilen führen.
Durch den mehrkanaligen Zugang zur Literatur einerseits und zum Schreiben andererseits können alle Lernertypen angesprochen werden, was sich wiederum positiv auf die Lese- und Schreibmotivation auswirkt. Zudem fördert das eigenständige und individuelle Eingreifen in den Text das autonome Lernen, indem die Lernenden selbst entscheiden, wie sie den Text umgestalten oder weiterschreiben.
Die Kritik, der produktionsorientierte Ansatz würde die Ausgangsliteratur, den Originaltext nicht würdigen, kann insofern zurückgewiesen werden, als auf diese Weise eine intensive Begegnung mit dem Original stattfindet und das Ziel nicht das Imitieren oder Fälschen des Originals ist. Die Ausgangsliteratur stellt vielmehr das „Sprungbrett" in den Text der Lernenden dar, und die vorausgegangene „aktive" Auseinandersetzung mit dieser trägt zur Textanalysekompetenz bei.
Im Folgenden sind die wichtigsten Verfahren zusammengestellt, wobei ich mich auf die produktionsorientierten beschränke, da die handlungsorientierten weniger bedeutend sind im Hinblick auf das Kreative Schreiben.

I Schreiben mit literarischen Anregungen

Dazu gehört das ganze Spektrum des produktionsorientierten Umgangs mit Literatur, wobei der Eingriff in den Text auf inhaltlicher oder/und formaler Ebene erfolgen kann:

- Transformation: Veränderung von Texten oder Textstellen, Verfremden und Umschreiben eines Textes (inhaltlich: z. B. aus einer anderen Perspektive, in einer anderen Zeit etc. / formal: in einer anderen Textsorte etc. / inhaltlich und formal: Inszenierung eines Textes etc.), in die Rolle von Textfiguren schlüpfen und aus deren Perspektive agieren, Tagebucheinträge oder Briefe aus deren Perspektive schreiben
- Textfiguren einen anderen Charakter geben
- Rekonstruktion/Restauration: Wiederherstellen von Texten, die nur auszugsweise vorgegeben werden, Finden eines Anfangs, Schlusses, Mittelteils für einen vorgegebenen Textausschnitt
- Konkretisation: Ausfantasieren oder Antizipieren von Textstellen, individuelles oder kollektives Weiterschreiben, Kürzen, Umgestalten eines Textausschnittes
- Texte kritisieren, rezensieren, illustrieren

II Schreiben von Lyrik mit formalen Vorgaben

Dass man auch in der Fremdsprache Gedichte schreiben kann, halten viele Fremdsprachenlernende für ausgeschlossen: Erachten es schon viele in der Muttersprache als ein Privileg der Dichter. Umso größer ist das Erfolgserlebnis, wenn es dann trotzdem gelingt. Mit formalen Vorlagen (zur Gedichtform) ist es selbst für Lernende auf B1-Niveau möglich, ein „kleines Gedicht", wie z. B. ein Elfchen (s. B 1.2.4/ I), ein Haiku (s. B 1.2.4./ II), Akkrostichon (s. B 1.2.1./ III) etc. in der Fremdsprache zu schreiben. Lernende auf Niveau B2/C1 können anspruchsvollere und längere Gedichte produzieren, indem sie zu einer Thematik mehrere Elfchen, Haikus etc. aneinanderreihen oder schwierigere Vorlagen wählen. Bei der Besprechung der Gedichte oder nach dem Vorlesen bietet es sich an, auch auf lyrische Stilmittel wie die Verknappung, die Verwendung von Metaphern zu verweisen.
Das Schreiben von Lyrik mit Vorgaben lässt sich auch mit dem Bereich der Sprachmittlung verbinden, indem Ausgangstexte oder Vorlagen in der Muttersprache gewählt werden.

III SMS-Gedichte ... SMS-Roman

Warum sollte die „Lieblingstextsorte" vieler Jugendlicher und junger Erwachsener nicht in den Schreibunterricht integriert werden? Zumal sich sowohl in inhaltlicher als auch im Hinblick auf die Textsorte verschiedene Möglichkeiten für Lernende unterschiedlichen Sprachniveaus anbieten: Angefangen von einer kollektiven Geschichte, die mit mehreren SMS (immer beschränkt auf max. 160 Zeichen) konstruiert wird, über Lyrik (mit oder ohne thematische Vorgaben: Liebesgedichte, Naturgedichte etc.) bis hin zum gemeinsamen Schreiben von längeren Texten wie einem Drama oder einem SMS-Roman (für letztere können mehrere Zeichen zugelassen werden).

IV Schreiben mit motivierenden Schreibanfängen

Vielen Fremdsprachenlernenden fällt es sehr schwer, mit dem Schreiben zu beginnen (vgl. A 1.2). Der Einstieg in den Text kann erleichtert werden, indem Schreibanfänge oder Satzanfänge als Schreibanlass vorgegeben werden. Dabei sollten die Schreibanfänge den Interessen der Lernenden entsprechen, ansonsten können diese auch als demotivierend empfunden werden. Zum Beispiel wurde in einem meiner Schreibkurse die Anregung „Wenn ich Millionär wäre ..." von vielen jungen Männern als kapitalistisch abgelehnt. Andere – vor allem die jungen Frauen – waren hingegen begeistert von der suggerierten Vorstellung. In Lernergruppen mit unterschiedlichen Interessensgebieten ist es daher ratsam, zwei Schreibanfänge alternativ zur Auswahl zu stellen.
Hier einige Beispiele (s. a. B 1.5.2):
„Wenn ich jetzt 80 wäre ..."
„Wenn ich Pippi Langstrumpf wäre ..."
„Als Junge/Mädchen würde ich ..."

V Schreiben von Metaphern oder ungewöhnlichen Vergleichen (vgl. Pommerin, 1996)

Für einen spielerischen Umgang mit der Zielsprache, für mehr Sprachgefühl, aber auch für die Sprachvermittlung bietet sich das Finden von Metaphern oder ungewöhnlichen Vergleichen (in der Ausgangs- und Zielsprache) an.
Beim Suchen der Metaphern empfiehlt es sich, eine thematische Eingrenzung zu treffen (z. B. Befindlichkeiten, Körper), um einen überschaubaren Rahmen für die jeweilige Schreibübung vorzugeben.

Beispiele: deutsche Metaphern und deren griechische sowie spanische Entsprechungen

er wurde ins kalte Wasser geworfen	πήγε ξυπόλυτος στα αγκάθια (er ging barfuß auf Stacheln)	nicht bekannt
stark wie ein Löwe	δυνατός σαν ταύρος (stark wie ein Stier)	fuerte como un roble (stark wie eine Eiche)
weiß vor Wut werden	κοκκίνησε από τον θυμό του er wurde rot vor Wut	Se puso rojo de ira er wurde rot vor Wut

VI Ungewöhnliche Vergleiche

Zum Finden ungewöhnlicher Vergleiche kann durch Vorgaben (im Idealfall Ausschnitte eines authentischen Textes) angeregt werden (s. B 1.4.1)

Beispiele:

... so einsam wie ... (Odysseus ...)
... so laut wie ...
... so wenig erwachsen wie ...
... so verboten wie ...

2.3.3 Schreiben mit visuellen Vorlagen

Der Reiz der Bildlichkeit

Bilder fesseln, bannen unseren Blick, lösen intensive Emotionen und umfassende Gedanken aus, führen zu Ideen, Diskussionen, neuen Bildern.

Man erinnere sich z. B. exemplarisch an die provozierenden Werbeplakate von Benetton, die weltweit für Empörung und Diskussionsstoff sorgten, oder an Bilder von Kriegsschauplätzen, die sich nach Sekunden in unser Gehirn einbrennen und uns tagelang verfolgen, oder – um auch positive Bilder zu nennen – ein Original von Chagall in einer Ausstellung, welches samt ausgelöster Assoziationen unvergesslich bleibt. In allen genannten Beispielen wäre die jeweils schriftliche Form – ein Werbespruch, eine Kriegsberichterstattung, eine Bildbeschreibung – zwar genauso informativ, würde jedoch „als reine Information" weniger Sinne ansprechen und uns weniger beschäftigen.

Das Fesselnde und Inspirierende von visuellen Anreizen kann auch für den Schreibprozess fruchtbar gemacht werden: Wobei es hier nicht um die im traditionellen Schreibunterricht verbreitete Bildbeschreibung geht, sondern um kreative Wege von der Bildlichkeit zur Schriftlichkeit.

Bevor diese Wege beschritten werden können, muss geklärt werden, *welche visuellen Vorlagen sich dafür eignen:*

Auswahlkriterien[19]

Oberstes – wenn auch sehr allgemeines – Kriterium ist die Zielgruppe bzw. deren Spezifika wie Alter, Geschlecht, besondere Interessen. Pubertierende Jugendliche z. B. interessieren sich für

[19] Vgl. dazu: Pommerin 1986, 88f.; Dehn 2000, 26f. Zopfi 2001, 25f.

andere Bilder als Kinder oder Erwachsene. Die Einschätzung, ob eine Visualisierung den Vorlieben der Lernergruppe entspricht und diese anspricht, ist oft nicht leicht. Nur Erfahrung kann eine gewisse Sicherheit dabei verleihen. Ansonsten können auch die nachfolgenden Kriterien die Entscheidung für oder gegen eine Visualisierung erleichtern:
Bilder, Skulpturen (auch Gegenstände) und Fotos sollten als Schreibanregungen *aussagekräftig* sein. Dazu gehört, dass sie Gefühle und Ideen wecken und im Optimalfall noch über etwas *Ungeklärtes* verfügen, was zum Nachdenken und Schreiben motiviert. Das Ungeklärte kann auch durch etwas besonders Anziehendes oder Abstoßendes ersetzt werden (s. Benetton-Werbung).
Neben den genannten Kriterien sollte bei Fotos unbedingt das der *Offenheit* erfüllt sein: „Je offener sie in verschiedenen (räumlichen, zeitlichen, kulturellen, sozialen) Dimensionen sind, umso mehr regen sie zur sprachlichen Interpretation an." (Scherling 1992, 33)
Für bestimmte Schreibanregungen (s. u.) eignen sich *Situationsfotos*, Fotos, auf denen z. B. zwei oder drei Personen miteinander sprechen oder agieren.
Bei Bildern hat es sich zudem als positiv erwiesen, wenn diese über verschiedene *Details* verfügen, was z. B. bei vielen Chagall-Bildern der Fall ist, damit die Lernenden Auswahlmöglichkeiten haben und selbst entscheiden können, in welchen Ausschnitt des Bildes sie sich vertiefen möchten.
Bei der Auswahl von visuellen Vorlagen ist zudem zu bedenken, dass *Bildwahrnehmung* stark *kulturspezifisch geprägt* ist. Dies bedeutet, dass es zu Dekodierungsproblemen oder zu klischeehaften Interpretationen (vgl. Faistauer 1997, 28; Sturm 1990) kommen kann. Dieses „Problem" stellt andererseits eine Chance im interkulturellen Lernprozess dar und zwar dann, wenn die verschiedenen Interpretationen, Missverständnisse, Klischees aufgegriffen und diskutiert werden! Es lohnt sich daher durchaus, Abbildungen von für die Lernenden fremden Situationen auszuwählen, um sie mit der Realität der Zielsprachenländer zu konfrontieren – vorausgesetzt, es ist genügend Zeit für eine aktive Auseinandersetzung mit dem Abgebildeten und Interpretierten vorhanden.

Zum Umgang mit visuellen Vorlagen im Unterricht

Unter den verschiedenen Einsatzmöglichkeiten von visuellen Vorlagen im (kreativen) Schreibunterricht können grundsätzlich vier Vorgehensweisen unterschieden werden:

I Assoziatives Schreiben zu visuellen Vorlagen

Hier können alle Verfahren des assoziativen Schreibens (s. A 2.3.1) mit visuellen Schreibimpulsen kombiniert werden. Z. B. könnte ein Bild oder Foto das Kernwort eines Clusters sein und somit direkt zum freien Assoziieren anregen. Oder die Lernenden finden nach einer Phase der Bildbetrachtung ihr eigenes Kernwort, clustern dazu und schreiben ihren Text.
Alternativ dazu wird in Gruppen oder im Klassenverband kollektiv geclustert, als Vorbereitung eines individuellen Clusters mit anschließender Textproduktion. Dieses Vorgehen ist insbesondere für Lernende niedriger Niveaustufen von Vorteil, da in der Phase des kollektiven Clusters Wortschatz erarbeitet werden kann: Die Lernenden nennen ihre Assoziationen, wenn ihnen diese nicht in der Zielsprache bekannt sind, in der Muttersprache, andere Lernende oder der/die Lehrende übersetzen und schreiben die Assoziation in der Zielsprache in das gemeinsame Cluster (Tafel, OHP, Wandzeitung). Der neue Wortschatz kann anschließend im individuellen Cluster und Text der Lernenden direkt angewendet werden.

Weniger frei und dennoch assoziativ ausgelegt ist das Vorgehen, bei dem als Schreibanlass konkret Fragen gestellt werden, die mit dem Bild in unmittelbarer Verbindung stehen: „Wie findest du das Bild? Was fällt dir ein, wenn du dieses Bild betrachtest? Welche Stimmungen nimmst du wahr, wenn du das Bild länger anschaust?“ (Vgl. B 1.7.3).
Wesentlicher Unterschied zwischen diesem assoziativen Umgang und einer genauen Bildbeschreibung ist, dass die Schreibenden selbst auswählen, ob sie das Abgebildete, ein Detail dessen, eine Idee, die ihnen beim Betrachten des Bildes durch den Kopf schießt, oder über ein Gefühl, welches ausgelöst wird, schreiben. Die damit verbundene Freiheit ist auch das Motivierende an diesem Vorgehen.

II Ergänzen von Denk- oder Sprechabsichten – oder: „Den Abgebildeten Worte in den Mund legen ...“

Personen, die auf Bildern oder Situationsfotos abgebildet oder durch eine Skulpturengruppe dargestellt sind, können „Worte in den Mund gelegt“ werden. Dieses Verfahren kann Lernende aller Lernniveaus inspirieren: Anfänger können den Abgebildeten vorgefertigte Denk- oder Sprechblasen zuordnen, ab dem A2-Niveau können diese eigenständig gefüllt werden und fiktive Dialoge geschrieben werden. Fortgeschrittene Lernende können kollektiv ganze Geschichten um einen Dialog herum schreiben und individuell ein Streitgespräch mit einer der abgebildeten Person führen oder zum Liebesgeflüster übergehen. Motivierend ist dieses Verfahren immer, egal, wie die konkrete Schreibanregung lautet.

III Versetzung

„Ein Foto bietet die Möglichkeit zur Identifikation ...“ (Faistauer 1997, 27), abgebildete Personen eignen sich dazu, sich in sie hineinzuversetzen, um dann die jeweilige Situation, aber auch Wünsche, Träume, Vergangenheit, Zukunftspläne etc. aus dieser neuen Perspektive zu beschreiben. Diese Technik benutzen auch viele Schriftsteller: „(...) in den meisten Fällen ist die Handlung meiner Romane so, dass sie um eine einzige zentrale Gestalt rotiert. (...) Darum muss ich unbedingt in die Haut dieser Figuren schlüpfen (...).“ (G. Simenon, in: Malcolm, 1958, 175) Joyce Cary exemplifiziert ihre Arbeit mit Versetzungen am Beispiel einer Frau, die sie während einer Dampferfahrt in den USA wahrgenommen hat: Sie sah die Frau und stellte sich dann ihr alltägliches und berufliches Leben vor. Drei Wochen später tauchte diese Frau in einem neuen Text von ihr auf: „Jenes Mädchen hatte es sich in meinem Unterbewusstsein bequem gemacht, wurde wachgerüttelt und kam dann als ausgewachsene Hauptfigur wieder zum Vorschein.“ (J. Cary, in: Malcolm, 1958, 78 f.)
Die Technik der Versetzung in reale oder abgebildete Personen ermöglicht also eine Erweiterung des Ideenspektrums und kann zudem nicht nur von AutorInnen, sondern auch von Fremdsprachenlernenden unterschiedlichen Sprachniveaus angewendet werden. Dabei kann entweder direkt im Unterricht mit visuellen Vorlagen angeregt oder – im Sinne einer Arbeitsstrategie – dazu aufgefordert werden, sich auch im Alltag in ansprechende Personen zu versetzen und sich Notizen in einem Journal zu machen.
(Schreibanregungen zur Versetzung s. B 1.7.3)

IV Bildnerisches Gestalten und Schreiben

Wie beim Kritzeln kann auch bildnerisches Gestalten den Schreibprozess in Gang bringen. Das bildnerische Gestalten dient, ähnlich dem Clustering, dem Sammeln von Schreibideen und der Klärung von vagen oder widersprüchlichen Vorstellungen von einem Thema: „Die Kombination von Wort und Bild erleichtert mir das Formen und Freisetzen von Images." (Bräuer, 1998, 66). Bräuer sieht die Vorteile des Zusammenspiels von Malen und Schreiben auch darin, dass ein zusätzlicher „Trainingsort für das kreative Verweben von bildlichem und begrifflichem Denken" geschaffen wird und die Möglichkeit des Wechselns zwischen bildnerischem Gestalten und Schreiben (und auch umgekehrt) eine „Sicherheitszone" garantiert, in der man von Schreibängsten und -blockaden geschützt ist und motiviert wird, zu schreiben. (Vgl. Bräuer, a. a. O.)
Meines Erachtens bietet sich das Vorschalten einer Malphase insbesondere dann an, wenn zu Themen geschrieben werden soll, die den Lernenden selbst nicht eindeutig sind. Z. B. forderte ich in einem Kurs mit MigrantInnen dazu auf, zuerst ihre Heimat zu zeichnen und anschließend einen Text dazu zu schreiben. Die Phase des Malens, Zeichnens kann zusätzlich mit Musik unterstützt werden.
Problematisch kann sich dieses Vorgehen bei pubertierenden Lernenden herausstellen, die das Zeichnen zum einen als kindisch abtun und zum anderen befürchten, nicht zeichnen zu können.

2.3.4 Schreiben mit Musik

Musik kann starke Bilder und Gefühle auslösen und uns entsprechend in verschiedene Stimmungen versetzen. Da Musik generell als angenehm empfunden wird (vorausgesetzt, es ist die richtige) und außerdem im Unterrichtsalltag wenig Platz hat, wirkt der Einsatz von Musik im Unterricht positiv und motivierend. Musik, realisiert in Klang, Stimme, Melodie, Rhythmus, Tanz etc., spricht verschiedene Sinne an und kann auf vielfältige Weise die Emotionalität der Aktiven oder Zuhörenden stimulieren.
Die Verbindungen zwischen Musik und Schreiben sind mannigfaltig, richtungsweisend können jedoch die folgenden drei unterschieden werden:

I Musik wahrnehmen – als Impuls zum Schreiben

(Bewusst) wahrgenommene Musik wird am häufigsten als Schreibimpuls eingesetzt. Dabei kann Musik (a) rein auditiv wahrgenommen werden oder auch (b) audio-visuell, wenn zusätzlich (und unterstützend) visuelle Quellen wie Bilder oder Filmsequenzen präsentiert werden. Eine weitere Variante (c) stellt die körperliche Wahrnehmung dar, bei der Musik durch Bewegung oder Tanz aufgenommen wird.
Zum Vorgehen:
Für alle drei Varianten (a–c) empfiehlt sich, dass zunächst zu einem ungesteuerten, nicht zielgerichteten, meditativen – und bewussten – Wahrnehmen des Impulses aufgefordert wird. Diese *erste Phase* dient zum einem dem Abschalten oder Ausgrenzen der aktuellen Alltags- und Unterrichtssituation und zum anderen dem Sammeln von Ideen.
Nach einigen Minuten beginnt *Phase zwei*, in der zu einer Manifestierung der Ideen und damit zum Schreiben aufgefordert wird. Dies kann in Form eines Clusters, des Automatischen Schreibens oder des „Kritzelns" (s. A 2.3.1) erfolgen oder direkt im Erstentwurf eines Textes.
Wenn in Phase zwei ein Cluster erstellt oder automatisch geschrieben wurde, dient die unmittelbar danach beginnende *Phase drei* dem Schreiben des Textes und damit der Weiterführung des

vorab begonnenen Schreibprozesses. Wurde bereits in Phase zwei ein Erstentwurf geschrieben, kann dieser noch bearbeitet werden.
Es ist für alle Varianten (a–c) ratsam, die drei Schreibphasen mit der jeweiligen Musik (und visuellen Vorlage) zu begleiten. Hat die ausgewählte Musik eine kürzere Laufzeit, kann sie auch mehrere Male hintereinander vorgespielt werden. Bei Variante c endet mit Phase zwei die Bewegung im Raum und beginnt zugleich das Schreiben am eigenen Sitzplatz.
Wie lange die einzelnen Phasen dauern sollen, ist stark abhängig von der jeweiligen Zielgruppe und auch von dem Impuls. Als Richtwerte können die folgenden gegeben werden:
Phase eins: ca. 2–4 Minuten
Phase zwei: ca. 5 Minuten (wenn geclustert oder automatisch geschrieben wird)
ca. 10 Minuten (wenn ein Erstentwurf geschrieben wird)
Phase drei: ca. 10 Minuten
Eine weitere Möglichkeit neben dem ungesteuerten Einsatz von Musik (z. B. B 1.2.2/ I, II) ist die, zusätzlich eine Schreibanregung zu geben (z. B. B 1.2.2/ III, IV, V) oder zum Versetzen in einer bestimmte Situation (z. B. B 1.2.2/ VI) anzuregen.
Geeignete Musik:
- Meditative Musik
- (Elektronische) Musik zur Entspannung, Chill Out (Bsp. Café del Mar, Jan Garbarek)
- Klassische Musik, (Bsp: „Die vier Jahreszeiten“: Vivaldi, „Bolero“: Ravel, Sonaten für Viola und Klavier: Johannes Brahms, Kim Kashkashian: Robert Levin, Dragon Songs: Lang Lang)
- Jazz, Latinjazz (Bsp.: „The Melody at Night“: Keith Jarrett/ The Mott Latin Jazz Connection, Roberto Carcasses)
- Tanzmusik (für Variante c): Strauss-Walzer / Lateinamerikanische Musik (Salsa, Samba, Son, Tango) / Musik für traditionelle Tänze unterschiedlicher Kulturen
- Filmmusik (Bsp.: „1492“: Vangelis Papathanasiou Mystery Train, Eleni Karaindrou: Trojan Women – Music for the Stageplay by Euripides, insbesondere: Cassandras Trance, Eleni Karaindrou: Eternity And A Day: Eternity thing für Tanz-Schreiben und Schreiben, Eleni Karaindrou, Kim Kashkashian: Ulysses‘ Gaze)
- Programmmusik[20] (Bsp.: Peter und der Wolf: Prokofjew / Bilder einer Ausstellung: Mussorgski / Karneval der Tiere: Saint-Saëns)

II Musizieren (singen, ein Instrument spielen) – und Schreiben

Wie stimulierend das eigene Musizieren sein kann, zeigt allein die Erfahrung, unter der Dusche laut zu singen, abgeschirmt durch die Kulisse des um einen herumplätschernden Wassers. Dabei werden nicht nur Gefühle wie Freiheit, Grenzenlosigkeit und eine tiefe innere Freude wach, sondern entstehen auch intensive Bilder und daran anknüpfende Geschichten. Warum also diese positiv besetzte Ideenquelle nicht für das Schreiben nutzen? Die inspirierende Duschatmosphäre lässt sich schlecht im Klassenzimmer imitieren, die Wirkung des lauten Singens kann jedoch auch dort erzielt werden. Wichtig zu betonen ist hier, dass es nicht nötig ist, im Chor zu singen, da dies für Jugendliche sicher alles andere als anregend wäre. (Bei Kindern kann auch das gemeinsame Singen oder Musizieren zum Schreiben führen.)

---
[20] Programmmusik erleichtert den Schreibenden das Gliedern ihres Textes.

Zum Vorgehen:
Als eine Möglichkeit, die bereits Variationsmöglichkeiten in sich trägt, möchte ich mit Bräuer (1998) die folgende vorschlagen:
In der *ersten Phase* werden die Lernenden aufgefordert, sich frei im Raum zu bewegen und nach kurzer Zeit ein Lied oder eine Melodie anzustimmen. Die Auswahl dafür trifft jede/r Lernende selbst. Es ist nicht wichtig, dass er/sie den gesamten Text kennt, die entstehenden Leerstellen sollen zum Improvisieren einladen. Text und Melodie können von den Agierenden verändert werden. Zusätzlich kann vorab dazu motiviert werden, beim Singen die Augen zu schließen, in sich hineinzuhören, das Vibrieren der Stimmbänder wahrzunehmen.
Nach ein paar Minuten sollte der Übergang zu *Phase zwei* stattfinden, in der einzelne Gedanken, die durch das Singen, die Melodie, den Text oder die Improvisationen ausgelöst wurden, in einem Cluster festgehalten werden. Zusätzlich kann hier angeregt werden, auf Farben oder Bilder zu achten, die durch das Musizieren evoziert wurden.
In der direkt daran anschließenden *Phase drei* werden die Assoziationen der Phase zwei in einem Text, einer kurzen Geschichte verarbeitet. Abschließend kann notiert werden, welchen Einfluss das Singen auf den entstandenen Text hatte.
Eine andere Variante ist, in *Phase drei* wieder einen Text entstehen zu lassen, der danach individuell oder kollektiv vertont wird.
Optimal gestalten lassen sich diese Schreibphasen, wenn zusätzlich Instrumente zur Verfügung stehen und/oder der Unterricht im Musiksaal stattfinden kann. Wenn Lernende selbst Instrumente spielen, könnten sie aufgefordert werden, diese in den Unterricht mitzubringen.

III Musikalische Fantasiereise[21]
Die musikalische Fantasiereise, deren Wurzeln in der Gestalttherapie, dem autogenen Training und der Meditation zu finden sind, wird – vor allem im Unterricht der Primarstufe – auch ohne (anschließende) Schreibphase eingesetzt. Das Gleiche gilt für das autogene Training oder den meditativen Einsatz. Die positive Wirkung einer musikalischen Fantasiereise kann jedoch auch für den Schreibprozess genutzt werden: „Kognitive und kreative Prozesse werden gleichzeitig stimuliert und erhöhen den Anreiz zum Schreiben und gleichzeitig den Lerneffekt." (Böttcher 1999, 55) In der Literatur zu musikalischen Fantasiereisen (vgl. Böttcher 1999, Murdock 1989, Loska/Bleckwenn 1988) wird eine Strukturierung in vier bis fünf Phasen vorgeschlagen. Ich plädiere für folgende fünf Phasen:

1. *Entspannung:* In dieser Phase wird eine entspannte Haltung angestrebt. Die Lernenden werden aufgefordert, sich in eine bequeme Sitz- (oder Liege-)position zu bringen, tief ein- und auszuatmen und den Alltag, Stress, den sie mit in den Raum gebracht haben, langsam loszulassen. Die Musik kann während oder vor Beginn dieser Phase eingeschaltet werden (ca. 3–5 Minuten).
2. *Einstimmung/Loslösung:* In dieser Phase wird auf die Fantasiereise eingestimmt. Die Reise, die unmittelbar nach dieser Phase beginnt, wird angekündigt (ca. 2 Minuten).
3. *Durchführung/Imaginationsphase:* Jetzt beginnt die eigentliche Fantasiereise, die mit den Worten „Stell dir vor ..." eingeleitet werden kann oder direkt mit der Annahme, dass die

[21] (Siehe B 1.7.3)

Lernenden sich an einem anderen Ort befinden: „Der Zug ist abfahrtbereit, in einer Minute beginnt unsere Reise ...". Es ist sinnvoll, während dieser Phase keine Bezüge zur aktuellen Situation, z. B. durch Rückfragen, herzustellen, sondern mit einer ruhigen Stimme und kurzen Sätzen in eine andere „Welt" zu entführen. (10–20 Minuten)

4. Die *Rückkehrphase* dient, wie der Name schon sagt, dem Zurückkehren in die „wahre Welt". Um einen sanften Übergang vom Traum in die Realität zu ermöglichen – und um die Schreibmotivation nicht im Keim zu ersticken –, sollte man sich auch für diese Phase einige Sätze überlegen, z. B.: „Unsere Reise geht bald zu Ende. Es ist an der Zeit, sich von den Mitreisenden zu verabschieden. An welche wirst du noch lange denken? Was hat dich am meisten beeindruckt auf deiner Reise?" (ca. 2–4 Minuten)
5. *Schreibphase:* Auch hier ist der Übergang von Phase 4 fließend. Die Schreibphase kann z. B. wie folgt eingeleitet werden: „Behalte die Eindrücke, die Bilder von deiner Reise, öffne jetzt deine Augen und beginne, deine Erinnerungen aufzuschreiben." (Schreibzeit ca. 15 Minuten). Nach der Schreibphase sollte den Lernenden noch die Möglichkeit gegeben werden, sich über die Fantasiereise auszutauschen; dies könnte auch im Zusammenhang mit dem Lesen der Texte geschehen.

Geeignete Musik: Musik für Fantasiereisen wird als solche im Handel angeboten, z. B.: Klaus Müller: Waters of Life / Al Gromer Khan: Music from an Eastern Rosegarden / Roland Sante: Music from Heaven, Revelation. Außerdem eignet sich Filmmusik und generell ruhige oder meditative Musik.

Grundsätze beim Schreiben mit Musik (im Unterricht)
Abschließend möchte ich einige Hinweise geben, die beim Einsatz von Musik zum Schreiben berücksichtigt werden sollten:
Die Auswahl der Musikstücke sollte sich an den Vorlieben der Zielgruppe orientieren oder sich durch eine besonders geeignete Koordination mit einem Schreibanlass oder einer situativen Einbettung auszeichnen.
Die Titel der Musikstücke sollten frühestens nach Abschluss der Schreibphase genannt werden, um eine inhaltliche Steuerung zu vermeiden.
Musikstücke ohne Text sind zu bevorzugen, Ausnahmen stellen Texte in Sprachen dar, denen die Lernenden nicht mächtig sind.
Da Musik sehr persönlich Texte evozieren kann, sollte m. E. das Vorlesen der Texte hier freigestellt werden. Kein Vorlesezwang!
Je größer die meditative Prägung von Musik und Schreibanlass ist, umso mehr sollte darauf geachtet werden, dass das „Zurückkehren" in die Realität ermöglicht wird.

2.3.5 Situatives Schreiben

J. K. Rowling schrieb ihren ersten Harry-Potter-Band in einem Café in Edinburgh (vgl. Anderson 2006, 21), Peter Bichsel schreibt bevorzugt im Zug und fährt mit seiner Netzkarte durch die Schweiz („... Ich mag Geräusche, es ist mir völlig unmöglich, in der Ruhe zu arbeiten. Mir fällt in der Ruhe nichts ein. (...) Wenn ich arbeite, will ich Leben um mich haben." Bichsel in: Koelbl, 2007, 45 f.) und auch Thomas Bernhard entfloh dem ruhigen Schreibkämmerlein, wenn er mit dem Schreiben begann:

> *Anfangen kann ich eher nicht, wo es ruhig ist und nichts vor sich geht, weil ich nicht einsteigen kann. Ich brauch zuerst einmal Anregungen und irgend einen chaotischen Zwischenfall oder irgendsowas. (...) Wenn ich schreib, schreib ich überall, ganz wurscht, wo. Ich kann in einem Gasthaus schreiben (...), ich kann in Paris im Verkehr schreiben, das ist ganz wurscht. Das Chaos beruhigt ja. Mich halt.* (Thomas Berhard, in: Hofmann, 1991, 30f.).

Andere SchriftstellerInnen brauchen einen Ort des Rückzugs, der Ruhe. Klassen- oder Seminarräume werden weder von professionellen Schreibenden noch von Deutschlernenden als inspirierend oder förderlich für den Schreibprozess bezeichnet (vgl. A 1.2.2).
Das situative Schreiben oder auch Schreiben in einer besonderen Situation, an einem bestimmten Ort, soll der Routine des Schreibens im Klassenraum entgegenwirken und zur Schreibmotivation wie Inspiration beitragen.
Ich lagerte zum Beispiel ein Seminar zum Kreativen Schreiben von den wenig inspirierenden Räumlichkeiten der Universität aus und zog mit den Studierenden um in ein ruhiges Café. Der neue Schreibort wirkte sich trotz Hintergrundmusik und Kaffeehausssstimmung sehr positiv auf das Schreiben der Teilnehmenden aus.

Situatives Schreiben meint jedoch eigentlich noch mehr: Nicht nur das dauerhafte Verlagern des Schreibortes, sondern das Aufsuchen ansprechender Orte, die direkt mit einer Schreibanregung verbunden werden. Böttcher spricht daher auch vom sogenannten „Schreiben zu Stimuli". Der Schreibanlass des situativen Schreibens ist das, was aus der situativen Umgebung auf das Individuum einwirkt und dieses stimuliert (vgl. Schuster 1995). Dabei können natürliche Situationen zum Schreiben anregen (z. B. der Aufenthalt am Bahnhof, Flughafen, das Lehrerzimmer) oder auch zusätzlich künstlich geschaffene Situationen (Versetzen der Schreibenden in eine besondere Situation, z. B.: Sie befinden sich am Hafen und sollen sich vorstellen, dass Sie so schnell wie möglich mit einem der Segelschiffe fliehen sollten, da Ihre Stadt nach einem Erdbeben zerstört ist ... Vor Ihrer Abreise schauen Sie nochmals zurück auf das Leben in Ihrer Stadt und verabschieden sich von dieser in einem Text ...)

Vorteile:
Das situative Schreiben (s. B 1.8.1) stellte sich auch bei weniger inspirierten SchreiberInnen als Quelle diverser *Schreibideen* heraus. Die *Motivation*, vor Ort zu schreiben, ist erfahrungsgemäß auch bei denjenigen größer, die sich eigentlich lieber in ihr stilles Kämmerchen zurückziehen. Diese Erfahrung konnte ich, zusammen mit Gabriele Pommerin auch im Rahmen des Projektes „Stadtprofile – interkulturell" machen, welches wir gemeinsam von 2001 bis 2005, sie in Nürnberg und ich in Thessaloniki, durchgeführt haben. Ein wesentlicher Bestandteil des Schreibprojekts war das Situative Schreiben, in diesem Fall das Schreiben an verschiedenen Plätzen der Städte. So schrieben die Studierenden in Thessaloniki beispielsweise am Eptapyrgio (dem früheren Gefängnis) über die Zeitzeugen, die ihre Spuren in der Mauer hinterlassen haben, führten am Aristoteles Platz einen Dialog über die Zeiten hinweg mit Aristoteles in Form von japanischen Utakis und warfen am Hafen ihre Flaschenpost ins Meer. Der achtstündige Schreibmarathon durch die Stadt war für alle Teilnehmenden sehr motivierend und anregend. Die Texte wurden anschließend in einem Café mit Meerblick überarbeitet, wiederum acht Stunden lang. Auch hier trug mit Sicherheit der Arbeitsort zur Motivation bei. Von dieser Aufteilung in zwei Phasen wird

in Publikationen zum Schreiben vor Ort (Biederbick; Brenner, 1996) grundsätzlich ausgegangen. Dabei kann variiert werden, ob Phase eins stärker der *Schreibinspiration* und dem Schreiben von Notaten[22] gewidmet wird und aus diesem „Rohmaterial" in Phase zwei ein (längerer) Text entsteht, der dann überarbeitet wird oder direkt in Phase eins Texte geschrieben, die anschließend (in Phase zwei) überarbeitet werden.

Wie motivierend das situative Schreiben sein kann, wird von einer Studierenden hier zum Ausdruck gebracht:

> *Das situative Schreiben an der Marina, die Umgebung, der Himmel, das Meer, die Boote und überhaupt das Wetter haben einen guten „Anlauf" gegeben, um einen kreativen Text zu produzieren. Es könnte meine Lieblingsanregung sein, über Orte [an Orten] zu schreiben. Ich sehe sie als Anlass zu einer kleinen Reise, entweder geschichtlich oder fantastisch, wie man in einigen meiner Texte gut erkennen kann.*

2.3.6 Schreibspiele

Spielen macht Spaß, ansonsten würden wir es lassen. Kinder spielen, weil sie Lust dabei empfinden, nicht, weil sie dadurch ein bestimmtes Ziel erreichen. Was also in der Natur des Spielens liegt, finden wir auch beim Einsatz von Schreibspielen: Es soll die Lust am Schreiben steigern, zum Schreiben motivieren und dazu beitragen, dass das Schreiben – auch in der Fremdsprache – als angenehme Aktivität empfunden wird.
Blickt man zurück auf die Geschichte der Schreibspiele (vgl. Mosler, Herholz, 2003, 14 f.), so stellt man fest, dass dem Reiz, mit Sprache schreibend zu spielen, schon sehr lange nachgegangen wird: Im Barock griff man bereits auf Sprachspiele der antiken Rhetorik und die mittelalterliche Wechseldichtung zurück, in den literarischen Salons der deutschen Romantik wurden Brief- und Gruppenromane geschrieben, die Surrealisten und Dadaisten nutzten das Automatische Schreiben und die Sprachcollagen, im Werkkreis Literatur der Arbeitswelt entstanden Kollektivromane. Ab den 60er Jahren wurden unter der Prämisse „Spracherweiterung durch formale Zwänge" vom Arbeitskreis für Potentielle Literatur (OULIPO) Sprachspiele, die bis zur Mathematisierung der Literatur führten, hervorgebracht. Die zum Teil sehr ungewöhnlichen Schreibanlässe, die auch heute durchaus noch zum Schreiben motivieren können, haben ihren Niederschlag in den OULIPO-Manifesten gefunden (vgl. Boehncke, Kuhne, 1993; http://de.wikipedia.org/wiki/Oulipo, 01.03.2009).
In den USA kann man sich bereits seit den 30er Jahren mit sogenannten „plot-machines" vergnügen:
„Es gab die verschiedensten solcher Apparaturen, an denen ein Möchtegernschriftsteller Szenen, Charaktere und Farbelemente in beliebiger Kombination durch Kurbeln ausprobieren konnte." (Sprague de Camp, 1989, 270, in Mosler, Herholz, 2003, 15).
Gerade in dem Bereich, „einzelne Elemente des literarischen Produktionsprozesses zu operationalisieren", sind die Möglichkeiten durch den technischen Fortschritt immens gestiegen (Mosler,

[22] Z. B. das Treiben auf einem Platz stenografisch beobachten, stichpunktartig notieren, was gerochen und gehört wird, bei einem Lesegang alles aufschreiben, was man lesen kann – Reklame, Straßennamen etc., sich in eine andere Person versetzen und ein Gedankendiktat anfertigen etc.

Herholz, a. a. O.). Sowohl im Bereich des individuellen Schreibens (Montage, Weiterschreiben, Vertauschungen, Hyper-Cards etc.) als auch in dem des kollektiven Schreibens (Vielautorenschaft, gemeinsam geschriebene SMS-Romane, Endlos-Geschichten etc). können Textvarianten schnell und leicht entworfen, verworfen, rückgängig gemacht und vor allem mit denen anderer kombiniert werden.

Für den Schreibunterricht liegen einige und auch gut didaktisierte Sammlungen von Schreibspielen vor: Die im Moment wohl ausführlichste ist die „Musenkussmaschine“ von Mosler/Herholz (2003), in der 128 Schreibspiele für Schreibwerkstätten und Schulen vorgestellt werden.
Für den muttersprachlichen Schreibunterricht nenne ich exemplarisch Liebnau (1995) mit seinen konkreten Anleitungen zu Schreibspielen (und zum Kreativen Schreiben), Mattenklott (1991) und Waldmann (1987) zum spielerischen Umgang mit Lyrik.
Für den außerschulischen Bereich und den Einsatz in Schreibwerkstätten geben das Lehrbuch für Kreatives Schreiben (v. Werder, 1993), Schalk, Rolfes (1986), Zopfli (2001) oder Finke, Thums-Senft (2008) gute Anregungen.
Für den fremdsprachlichen Schreibunterricht können viele dieser Anregungen adaptiert werden. Konkrete Beispiele dazu befinden sich in B 1.4.2.

Grundsätze beim Einsatz von Schreibspielen im Unterricht
Die *Spielregeln* müssen dezidiert erklärt werden: Es hat sich herausgestellt, dass es insbesondere Fremdsprachenlernern leichter fällt, mit sehr strikten Vorgaben umzugehen als mit zu viel Freiraum, da letzterer zu Unsicherheiten führen kann. Es ist also durchaus möglich, dass sehr genaue Anleitungen auch das Schreiben von Lyrik ermöglichen (z. B. Haiku, Elfchen, Utaki), während sehr offene Anleitungen das Schreiben eines kurzen Textes (ohne Vorgabe der Textsorte) zu Blockaden führen können.
Eine *entspannte Schreibatmosphäre* muss geschaffen werden: Schreibspiele evozieren Texte und Inhalte, die nicht immer planbar sind. Diese Offenheit und auch das Spektrum von möglichen Endprodukten muss Lehrenden und Lernenden bewusst sein. D. h. auch, dass eventuell Texte entstehen, die die Lernenden nicht vorlesen wollen, weil sie zu persönlich sind, oder dass es sehr große Unterschiede (Niveau, Inhalt) gibt. Für beide Fälle ist es gut, die Schreibenden selbst entscheiden zu lassen, ob sie ihren Text vorlesen wollen oder nicht, und sie nicht dazu zu zwingen.
Themen können nicht immer vorgegeben werden: Es gibt Schreibspiele (z. B. Spiele, bei denen Inhalte oder Stilvorgaben verlost oder aus einem Lexikon „gestochen“ werden), bei denen man nicht absehen kann, welchen Inhalt oder welche Form das Endprodukt haben wird. Die Klassifizierung „Themaverfehlung“ kann es dabei nicht geben!
Spiele sollten ihren *Platz im Unterricht* haben: Es macht wenig Sinn, für Schreibspiele nur die letzten 10 Minuten vor Ferienbeginn zu reservieren. Selbst wenn es sich „nur“ um ein Spiel handelt, muss diesem mit einem gewissen Respekt und einer Ernsthaftigkeit begegnet werden, da es sonst nur halbherzig gespielt wird. Konkret bedeutet dies, dass genügend Zeit für das Schreibspiel eingeplant werden muss und dass auch die Möglichkeit, an den entstandenen Texten weiterzuarbeiten, nicht ausgeschlossen wird (Überarbeitung, Ausstellen der entstandenen Texte, Kommunikation über Texte mit Partnergruppen via Internet etc.).
Die *Zielsetzung* muss den Lehrenden bewusst sein: Darüber, dass es sich bei Schreibspielen nicht um die Vermittlung einer bestimmten Textsortenspezifik oder um die Schulung eines gram-

matischen Phänomens handeln muss, sondern primär um die Motivation zum Schreiben, um den Abbau von Schreibhemmungen und Blockaden oder um das Sammeln von Schreibideen, müssen sich Lehrende im Klaren sein. Ansonsten kommt es zu falschen Erwartungshaltungen!

2.3.7 Kooperatives Schreiben

Die Antworten auf die Frage, warum kooperatives Schreiben oder mit anderen Worten das Schreiben in Gruppen sinnvoll ist, zeigen Parallelen auf zu denen auf die Frage, warum Gruppenarbeitsphasen in den (fremdsprachlichen) Unterricht integriert werden sollen: Auch beim kooperativen Schreiben ergeben sich Vorteile sowohl im Hinblick auf das sprachliche Lernen, den Lernprozess als auch im Bereich des sozialen Lernens. Sprachliches Lernen wird durch die Geborgenheit der Kleingruppe und der Kooperation untereinander insofern begünstigt, als dass unterschiedliche Zugänge zu Aufgabenstellungen durch die Anwesenheit unterschiedlicher Lerntypen erleichtert werden. Dabei können sich schwächere Lernende, die im Frontalunterricht vor einer aktiven Mitarbeit eher zurückschrecken würden, genauso einbringen wie die stärkeren, deren Beiträge und Ideen im Frontalunterricht oft untergehen. Für alle Lernertypen ist es also einfacher sich einzubringen, da die Lernergruppe kleiner ist und einen „Schutzraum" für das Erproben der eigenen sprachlichen Mittel darstellt sowie ein gemeinsames Ziel verfolgt wird, welches wiederum das Gemeinsame über das Individuelle stellt (vgl. Schwerdtfeger, 1989, 171; Faistauer, 1997, 22 f.). Zu dem gemeinsamen Erreichen eines Zieles gehören auch das Überlegen, Diskutieren und Aushandeln von möglichen Lösungswegen, was die Kommunikation der Lernenden (im Optimalfall in der Fremdsprache) fördert. Hier findet zugleich ein fließender Übergang zu den Zielen und zugleich Vorteilen von Gruppenarbeit im Bereich des sozialen Lernens statt: Die Lernenden merken schnell, dass nicht Konkurrenzdenken, sondern Offenheit gegenüber und Solidarität mit den anderen helfen, das angestrebte Ziel zu erreichen. Dazu gehören auch die Erkenntnis, dass sie voneinander lernen können, und die Erfahrung, dass die Angst vor einer Aufgabe dem Mut, diese gemeinsam zu bewältigen, weicht. Die Tatsache, dass auch schwächere Lernende gute Einfälle einbringen können, steigert deren Selbstbewusstsein sowie deren Ansehen in den Augen der Stärkeren.

Die verschiedenartigen Vorteile der Gruppenarbeit sollten m. E. das Zeitargument, das viele Unterrichtende gegen diese vorbringen, entkräftigen (vgl. Piepho, 1989). Wenn kooperatives Arbeiten als Unterrichtsform eingeführt ist und die „Spielregeln" bekannt sind, geht mit Sicherheit nur so wenig Zeit mit Gruppenarbeit „verloren", dass sie durch die Intensivierung des Lernprozesses mindestens wieder wettgemacht wird.

Diese „Gewinnchancen" muss man sich als Lehrende im Schreibunterricht bewusst machen, zumal dort die Ausrichtung auf das benotbare individuelle Schreibprodukt das Integrieren von Gruppenarbeits-/-schreibphasen stark in den Hintergrund gedrängt hat. Untersuchungen, die in diesem Bereich durchgeführt werden, bestätigen jedoch die Effizienz von kooperativen Schreibphasen:

Vorteile des kooperativen Schreibens im Hinblick auf sprachliches Lernen und Schreibfertigkeit:

- Das *Spektrum* von *sprachlichen Mitteln und Schreibideen* wird erweitert, da Redemittel gemeinsam hervorgebracht werden sowie kollektiv assoziiert und diskutiert wird. Zudem werden Themen von der Gruppe ausgewählt oder Schwerpunkte gesetzt, was *Zielgruppenorientierung* garantiert und die *Motivation* steigert. (Vgl. a. Eismann, 1980)

- *Schreibängste, Unsicherheiten* beim Schreiben und *Schreibblockaden* können durch Gruppenarbeit in der Planungsphase einer Textproduktion *abgebaut* werden. Börner vertritt hier den Standpunkt, dass „bis auf die Phase der Formulierung (...) alle Schreibtätigkeiten problemlos in Partner- und Kleingruppenarbeit durchgeführt werden [können]".
(Börner, 1992b, 305)
- Faistauer (1997, 25) stellte in ihrer Untersuchung fest, dass kooperatives Schreiben nicht auf die Planungsphasen (s. Börner) beschränkt bleiben muss, sondern sich über *alle Phasen der Textproduktion* erstrecken und diese *positiv beeinflussen* kann: Das gemeinsame Aushandeln von Formulierungen, das Ändern, Verwerfen, Neuschreiben, Überarbeiten intensiviert den Lernprozess und erleichtert das Schreiben (in der Fremdsprache).
- „Durch die gemeinsame Formulierungsarbeit werden (...) die *sprachlichen Lernprozesse* des Einzelnen *gefördert.*" (Faistauer, 1997, 170). Dies ist darauf zurückzuführen, dass die einzelnen Phasen des Schreibens (Planen, Formulieren, Überarbeiten) gemeinsam geleistet werden und Vorschläge der Gruppenmitglieder sofort in der Gruppe besprochen, bewertet und korrigiert werden. *Die Lernenden unterstützen sich gegenseitig*, was nicht nur den Lernprozess intensiviert, sondern auch für die Lernenden selbst eine wichtige Erfahrung darstellt. Auch Schwächere, Schüchterne oder eher *passive Lernende profitieren* von dieser Vorgehensweise, da ihnen durch das Aushandeln von Lösungsmöglichkeiten der Textentstehungsprozess bewusster wird und sie von der Diskussion der anderen lernen können.
- Augst (1988, 55 f.) sieht die *Vorteile* kooperativen Schreibens insbesondere *in* der *Phase der Überarbeitung*, wenn Änderungs- und Verbesserungsvorschläge von den Lernenden selbst bewertet, kritisiert und ausgewählt werden. Außerdem schulen die Besprechung und Bearbeitung des Textes (wenn diese in der Zielsprache stattfinden) zusätzlich den *mündlichen Ausdruck* der SchülerInnen. Auch ich konnte den Wert des kooperativen Schreibens in der Überarbeitungsphase immer wieder feststellen, weshalb ich ausschließlich für kollektive Überarbeitung von Texten plädiere (s. A 3.1).

Vorteile des kooperativen Schreibens im Hinblick auf das soziale Lernen:
- Da kooperatives Handeln nicht der Regelfall im schulischen Unterricht ist, werden Gruppenarbeitsphasen, so auch des kooperativen Schreibens, positiv gewertet. Die *Begeisterung* für das gemeinsame Handeln und das Schaffen eines gemeinsamen Produkts *fördert* einerseits die *Motivation*, andererseits aber auch *gegenseitige Rücksichtnahme* und Toleranz. (Vgl. a. Baurmann, 1990, 109 ff.)
- Ein Nebeneffekt ist, dass die *Lernenden sich besser kennenlernen*, was zur Verbesserung der Klassenatmosphäre beitragen kann.
- Die *Rolle der Lehrenden* verändert sich: Da die Lernenden versuchen, bestimmte Ziele in und mit der Gruppe zu erreichen, tritt der/die Lehrende automatisch in den Hintergrund und wird von seiner/ihrer dominanten Rolle „befreit". (Vgl. Faistauer, 1997, 177).

Zur Gruppenbildung:
Bei der Gruppenbildung sollte darauf geachtet werden, dass nicht immer die gleichen SchülerInnen zusammenarbeiten: Eine eingespielte Gruppe ist zwar motiviert und leistungsstark, die Gefahr, dass aber Lernende mit ähnlichen Stärken und Schwächen zusammenarbeiten und sich daher nur wenig gegenseitig unterstützen können, ist sehr groß. Eine immer wieder wechselnde

Zusammensetzung von Gruppen erhöht die Wahrscheinlichkeit, dass sich Mitglieder finden, die sich gegenseitig gut ergänzen. Wenn Lehrende die Lernenden und deren Kompetenzen kennen, sollten sie m. E. die Gruppen gezielt zusammensetzen, sodass Stärkere und Schwächere, Kreative und „Grammatiksichere" ... effektiv kooperieren können. Auch Schwerdtfeger (1989, 173) plädiert für Gruppenzusammensetzungen mit Lernenden unterschiedlicher Stärken im fremdsprachlichen Lernprozess, da Differenzierungen zwischen Stärkeren und Schwächeren Probleme mit sich bringen können.
Insbesondere beim kollektiven Überarbeiten (s. Kapitel 3) sollte die Zusammensetzung gut organisiert werden: Arbeiten nur Leistungsschwache zusammen, können Fehler nicht erkannt und entsprechend keine adäquaten Verbesserungsvorschläge gemacht werden.

Zum Vorgehen:
Wie bereits ausgeführt wurde, kann in allen Phasen des Schreibprozesses kooperativ gearbeitet werden. Wie sich kooperatives Schreiben in den einzelnen Phasen des Schreibprozesses gestalten kann, zeige ich im Folgenden exemplarisch auf:
In der Planungsphase können Assoziationen zu einem Thema, Schreibideen, aber auch Redemittel gemeinsam gesammelt werden. Dabei bieten sich verschiedene Vorgehensweisen an:
Ein kollektives Cluster oder Mindmap, ein Gespräch in der Gruppe oder auch das individuelle, Automatische Schreiben eines Textes, welcher anschließend als Grundlage der Gruppendiskussion dient. Werden Schreibimpulse wie z. B. ein Bild vorgegeben, könnte zu diesem gemeinsam geclustert werden oder über die Eindrücke von dem Bild gesprochen werden.
In der Phase der Verschriftlichung und des Formulierens gibt es grundsätzlich zwei Möglichkeiten: Entweder schreiben alle Gruppenmitglieder und diskutieren danach ihre Entwürfe, oder es wird eine SchreiberIn ausgewählt, die die bereits diskutierten Inhalte und Formulierungen niederschreibt. Schreibt eine Person, kann diese entweder laut aussprechen, was sie schreibt, sodass die anderen Gruppenmitglieder noch eingreifen und alternative Vorschläge machen können, oder sie schreibt leise und präsentiert erst nach einem Satz oder Absatz ihr Geschriebenes. Beim surrealistischen Klatschtext schreiben z. B. alle Teilnehmenden zur gleichen Zeit und tauschen ihre Texte anschließend aus (s. B 1.7.2), beim Schreiben mit visuellen Vorlagen bietet es sich an, nach einer kollektiven Assoziationsphase (Cluster), individuell zu schreiben und anschließend den entstandenen Text kollektiv zu überarbeiten (s. B 1.7.4).
In der Phase der Überarbeitung bietet sich Gruppenarbeit an, da die Schreibenden selbst vielleicht noch erkennen können, dass das Geschriebene verbessert werden muss, aber nicht wie und in welcher Form. Diese sprachlichen Grenzen können in der Gruppe unter Einbeziehung der Kompetenzen aller überwunden werden. Ob dies nun in Form von einer Besprechung des Textes in der Gruppe, durch Echo-Texte oder Autoreninterviews etc. (s. A 3.1) geschieht, ist dem Lehrenden überlassen. In all diesen Überarbeitungstechniken wird jedoch eine kooperative Phase der Bewertung durch den Lehrenden vorgeschoben.

2.4 Schreibreisen

Schreibreisen sind Abenteuer mit Stift und Papier.[23]

Dieses Abenteuer zu finden, ist heute nicht mehr schwer. Gibt man den Begriffe „Schreibreisen" in eine Suchmaschine im Internet ein, erhält man eine breite Palette von Angeboten, die sich sowohl an Schreiberfahrene als auch an Interessierte, die etwas Neues ausprobieren möchten, richten: „Schriftstellerische Erfahrungen braucht dazu niemand. Wichtig sind allein Neugierde und die Lust, sich auf Neues einzulassen. Schreibend beschäftigen Sie sich mit den Orten und Landschaften, verarbeiten Eindrücke und machen sich so Ihre Reiseziele auf ganz besondere Art zu eigen." (www.schreibreisen.de)
Schreibreise-Interessierte können wählen zwischen eintägigen Stadterkundungen (mit Stift und Papier) oder Stadterkundungen speziell für Deutsch-Lernende, über mehrtägige Schreibworkshops an einem besonderen Ort bis hin zu Kreativurlaub mit Schreibexperimenten oder Bildungsreisen.
Hier einige Beispiele:
Bei einem Schreibcamp auf Rügen wird z. B. Kreativität freigesetzt, indem Schreiben mit Tanzen, Tai Chi, Qi Gong, Meditationen und Singen auf einem naturbelassenen Grundstück verbunden wird. Oder das Herbstschreiben auf Sylt, welches sich an Menschen richtet, die längere Texte (Roman/Drehbuch) in Angriff nehmen wollen: Die Teilnehmenden lernen dabei ein Gerüst kennen, das ihnen einen effektiven, leicht anwendbaren und äußerst variablen Aufbau ihrer Geschichte ermöglicht. Es wird vermittelt, wie man den Stoff strukturiert, Spannungsbögen zieht und interessante „Konflikte" schafft, durch die ein Text erst richtig Neugier bei den Lesern weckt. Ein Basisseminar für literarisches Erzählen und Schreiben wird in einem ehemaligen Kloster in Ahrweiler angeboten: Die Veranstalter wollen dort das Handwerkszeug zum Verfassen unterhaltsamer, spannender und origineller Geschichten vermitteln.

Neben dem Programm (und den Inhalten) der Schreibreise spielt der Ort eine besondere Rolle:

> *Das Hotel Rodderhof, ein ehemaliges Kloster, liegt in Ahrweiler direkt an einem der Stadttore aus dem Mittelalter. Für Sie sind komfortable Einzelzimmer reserviert. Entspannung bietet eine Sauna. (...) In den Seminarpausen bietet sich ein Bummel durch das Rotweinstädtchen Ahrweiler an. Vergnüglich ist es auch, am Ufer der Ahr entlangzuwandern oder in die Weinberge zu steigen und die Aussicht über das enge Tal zu genießen ...*

Bei dieser Schreibreise stellt der Schreibort eher eine Rückzugsmöglichkeit dar, der es ermöglicht, sich ganz auf das literarische Schreiben zu konzentrieren. Bei anderen, z. B. bei einer „Schreibreise nach Strasbourg", werden verschiedene Orte direkt in den Schreibprozess mit einbezogen:

[23] Vgl.: www.schreibreisen.de

Wir werden die alten wie einige neue Teile der Stadt kennenlernen und – je nach Wetter – die zahllosen wunderbaren und interessanten Plätze innerhalb und außerhalb der Stadt aufsuchen und als Inspiration für eigene Texte nutzen.

Die genannten Beispiele skizzieren, worum es sich bei einer Schreibreise handelt: Die Reise an einen anderen Ort und die Spezifika dieses Ortes werden für den Schreibprozess fruchtbar gemacht. Schreiborte zeichnen sich dabei entweder durch eine schreibfördernde oder/und inspirierende Atmosphäre aus. Man könnte auch von einer Potenzierung des situativen Schreibens (s. A 2.3.5) sprechen: Die *Vorteile*, die das situative Schreiben mit sich bringt (*Schreibmotivation, Inspiration, Schreibideen*), sind bei einer Schreibreise und dem damit verbundenen längeren Verlassen der alltäglichen Umgebung in umfassenderem Ausmaß vorhanden.

Für Lehrende drängt sich hier sicher unmittelbar die Frage auf, wie eine Schreibreise in das ohnehin sehr knapp kalkulierte Stundendeputat des Fremdsprachenunterrichts integriert werden kann: Mit Sicherheit ist es schwierig, eine mehrtägige Schreibreise in eine anregende Gegend (eines deutschsprachigen Landes) in den Schulalltag zu integrieren (Finanzen, Administration, Zeit ...). Man sollte sich aber dennoch nicht entmutigen lassen, da auch ein- oder zweitägige Exkursionen im eigenen Land sehr gut und effektiv als Schreibreise (oder -exkursion) konzipiert werden können. Landschaften, Orte, Situationen im Herkunftsland können – unabhängig von der Entfernung zu den deutschsprachigen Ländern – durchaus mit deutschen (literarischen) Schreibanregungen verbunden werden (s. B 1.8.2).
Exemplarisch verweise ich hier auf eine Schreibreise, die ich mit griechischen Germanistikstudierenden auf die Insel Thassos durchgeführt habe. Während der Zugfahrt versetzten sich die Teilnehmenden in andere Fahrgäste und schrieben aus deren Perspektive einen Text über ihre augenblickliche Situation. Auf Thassos besuchten wir unter anderem die antike Agora, wo in Zweiergruppen Dialoge zwischen VerkäuferInnen aus der Antike und EinkäuferInnen der „Moderne“ entstanden; und vor dem Schlafengehen gestalteten die Studierenden mit Blickkontakt zum Vollmond Goethes „An den Mond“ auf ihre Weise um ...

Zum Vorgehen:
Dass einer Schreibreise abgesehen von Fahrkarten und Unterkünften eine intensive Vorbereitungsphase vorausgeht, sollte im Hinblick auf die in Aussicht gestellte Schreibfreude und -motivation der Teilnehmenden in Kauf genommen werden.
Zur Vorbereitung gehört zunächst, sich sehr gute Kenntnisse über den Reiseweg (Züge eignen sich besser als Busse zum Schreiben) sowie das Reiseziel anzueignen – um anschließend passende und inspirierende Schreibanregungen vorzubereiten. Dabei sollten die Besonderheiten des Ortes berücksichtigt werden (s. o., antikes Theater oder auch Museen, Theater, Kirchen, ein großer Baum, Hafen, Bahnhof).
Wichtig ist auch, dass es einen Ort gibt, an dem bei jedem Wetter Leserunden und Textbesprechungen stattfinden können, damit die Schreibreise nicht in einer pausenlosen Verkettung von Schreibphasen ausartet. Bei der Schreibreise nach Thassos wurden z. T. auch die Schreiborte für das Rezitieren der Texte ausgewählt (antikes Theater, Agora), was sich sehr motivierend auf die Teilnehmenden auswirkte.

Wenn es möglich ist, wenigstens zwei Tage zu reisen, bietet es sich an, auch Textüberarbeitungsphasen mit einzuplanen. Ansonsten können diese auch anschließend in den Unterricht integriert und zusätzlich überlegt werden, ob aus den Texten der Gruppe ein gemeinsames Produkt (Zeitung, Reader ...) entstehen soll.
Unabhängig davon werden die Teilnehmenden mit Sicherheit – wenn auch ein wenig erschöpft – so doch beeindruckt, motiviert und stolz auf ihre kleine Textmappe von ihrer Schreibreise zurückkehren ... oder wie der Anbieter einer Schreibreise sagt:
„Individuellere Souvenirs hat noch niemand mit nach Hause gebracht!" (www.schreibreisen.de)

3. Überarbeitung von kreativ geschriebenen Texten / Benotung

Was passiert mit kreativ geschriebenen Texten? Wie wird mit dem kreativen Erstentwurf umgegangen? Können kreativ geschriebene Texte überhaupt benotet werden und wenn ja, dann wie? Diese Fragen stellen sich viele PraktikerInnen, noch bevor sie Kreatives Schreiben überhaupt in ihren Unterricht integrieren. Oft führen die geringe Wochenstundenanzahl und die gleichzeitige Notwendigkeit, Zensuren vorzulegen, zu einer starken Ausrichtung des fremdsprachlichen Unterrichts an der Leistungsmessung. In Sprachschulen kommen die jeweils angestrebten Zertifikate hinzu, was zu einer starken Prüfungsorientierung führt.
Aus diesen Gründen kann Kreatives Schreiben nur dann im fremdsprachlichen Unterricht ernst genommen werden, wenn es Möglichkeiten gibt, die produzierten Texte mit in den Kanon der „Benotbaren" zu integrieren. Andererseits darf die in Aussicht gestellte Benotung nicht die Kreativität der Lernenden ersticken.
Wenn wir weder auf die Vorzüge des Kreativen Schreibens (Lust am Schreiben wecken, Schreibängste und -blockaden abbauen, spielerischer Umgang mit Sprache, Assoziationsfluss zulassen, angstfreier Raum) noch auf die Benotung der Texte verzichten wollen, muss der Schreibprozess in zwei bzw. drei klar voneinander getrennte Phasen untergliedert werden:

1. Phase der Textplanung und des Erstentwurfes
2. Phase der Überarbeitung
3. Benotung und eventuell erneute Überarbeitung

Zwischen Erstentwurf und Benotung muss also eine Phase der Überarbeitung (s. 3.1) liegen, in der die Schreibenden ihren kreativ geschriebenen Text bearbeiten, um ihn anschließend zur Benotung freizugeben. Das Bewusstsein dieser Überarbeitungsphase ermöglicht es den Lernenden, sich in der ersten Phase ganz auf ihre Assoziationen und den kreativen Schreibprozess einzulassen und nicht durch Gedanken an Orthografie, Grammatik, Kommasetzung, Kohärenz etc. abgelenkt zu werden. Zugleich kann sich das Wissen um die nachfolgende Benotung und die damit verbundene „Ernsthaftigkeit" des zu schreibenden Textes positiv auf die Motivation der Schreibenden auswirken (s. 3.2).

3.1 Überarbeitung von kreativ geschriebenen Texten – kollektive Überarbeitung

Die Überarbeitungsphase wird nicht nur in der Schreibdidaktik, sondern auch von vielen (professionellen) AutorInnen als zweite Phase innerhalb des Schreibprozesses beschrieben:

> *Er (der Schreibprozess) gliedert sich in zwei Phasen. Die erste hat mit nichts als Spontaneität zu tun, indem ich die Welt ganz schnell mitnehme, in winzigen, blitzartigen Notizen auf kleinen Zetteln (...) Dann sitze ich vor einem riesigen Haufen von Quanten, Scherben, Fragmenten (...) etwa wie ein Archäologe, dem sich ein neues Trümmerfeld aufgetan hat und der nun alles zu Vasen und Krügen und Plastiken zusammenfügen soll. Und da setzt die zweite Phase des Schreibens ein, die eigentliche Arbeit, die richtige Arbeits-Arbeit.* (Peter Rühmkorf, in: Koelbl, 2007, 127 ff)

> *Wenn man schreibt, dann ist ein Teil geschenkt. Man fragt sich nicht, ob es einem leicht- oder schwerfällt, sondern man schreibt. Das kommt. Wie mit Blaulicht. Und erst hinterher kommt die Arbeit. Ich bin ein Mensch, der sehr viel streicht.* (Hilde Domin, in: Koelbl, 2007, 81)

Die erste Phase, die durch Spontaneität, unkontrolliertes und assoziatives Schreiben gekennzeichnet ist, wird also durch die Arbeit am Text abgelöst. Auch wenn die (2.) Phase der Überarbeitung häufig als anstrengend und mühsam empfunden wird und nichts von der Leichtigkeit der ersten Schreibphase aufweist, wird sie dennoch von keinem Schriftsteller infrage gestellt: Sie gehört zum Schreibprozess dazu.
Im FSU ist es wichtig, diese auch bei professionellen Schreibenden vorhandene Notwendigkeit und Selbstverständlichkeit, Texte zu überarbeiten, zu vermitteln: „Mit hundert Seiten Vorlauf pro Gedichtseite muss ich durchaus rechnen. Das ist Arbeits-Arbeit, und die hat nur einen Sinn: Jeden Anschein von Arbeit aus dem Stück zu vertreiben." (Rühmkorf, a. a. O.)
Die Arbeit von Schriftstellern zeigt zudem, dass es verschiedene Möglichkeiten gibt, Texte zu überarbeiten, Peter Härtling verfasst seine drei bis vier Fassungen eines Textes folgendermaßen:

> *Ich schreibe in erster Linie mit einer kleinen Reiseschreibmaschine, einer Hermes Baby (...) Ich schreibe aber allerdings auch vieles mit Hand. Häufig schreibe ich das Getippte mit Hand ab und diktiere es dann wieder auf Band und lasse es danach von meiner Frau auf Computer abschreiben. (...) Diese Fassung korrigiere ich dann wieder mit Hand, und so ist es dann für mich endgültig.* (Härtling, in: Koelbl, 2007, 103)

Auch Truman Capote fertigte mehrere Fassungen an („Mein Papierkorb kann sich nicht über schlechte Verpflegung beklagen", a. a. O.), las die einzelnen Fassungen Besuchern vor und ließ Zeit zwischen den Fassungen verstreichen. Elfriede Jelinek und Ingo Schulze überarbeiten ihre Texte am Computer und sehen darin eine erhebliche Erleichterung: „Der Computer kommt mir da sehr entgegen, weil er mich sozusagen, wie ein Tier zum Spielen, zum Spielen mit Sprache, auffordert – er ist wirklich für mich erfunden." (Jelinek, in: Koelbl, 2007, 50)

Die verschiedenen Modelle, die in der Schreibdidaktik für die Überarbeitung von kreativ geschriebenen Texten entwickelt wurden, weisen insofern Parallelen zu den Arbeitsschritten der „Professionellen" auf, als der Erstentwurf nicht als Endprodukt – welches der Lehrkraft zu Korrektur und Benotung gegeben wird – betrachtet wird: Entstandene Texte fungieren vielmehr als „Gelenkstellen im Unterricht" (Hegele/Pommerin, 1983; Pommerin 1996; Pommerin 1999), die Anlass zu Gesprächen über und zur Arbeit an diesen bieten oder zu weiteren Textproduktionen führen. Dieser Perspektivenwechsel geht einher mit einer Prozessorientierung in der Schreibdidaktik:

> *Die Schreibprozessforschung hat die Aufmerksamkeit darauf gelenkt, dass man Schreiben nicht nur hinsichtlich der Produkte thematisieren sollte, sondern dass der Prozess des Problemlösens eine entscheidende Rolle für den Schreiberfolg spielt. Der Begriff der traditionellen Verbesserung wurde durch den Begriff des Überarbeitens abgelöst.* (Fix 2004, 52)

Diese Prozessorientierung ist für alle vorliegenden Konzepte zur Überarbeitung von authentischen Texten charakteristisch: Ich verweise exemplarisch auf die „Schreibkonferenzen" (Spitta, 1992), bei denen folgende Arbeitsschritte obligatorisch sind:
1. Der/die Autorin liest den eigenen Text laut in einer Kleingruppe vor. Die Gruppenmitglieder stellen spontan Fragen zum Verständnis und weisen auf Textstellen hin, die weniger gut gelungen sind.
2. Die Mitglieder der Gruppe gehen den Text Satz für Satz durch und achten auf inhaltliche und sprachliche Aspekte. Die Lehrkraft fungiert als Ratgeberin.
3. Den dritten Schritt bewältigt der/die AutorIn alleine oder auch mit der Gruppe, indem der Text mithilfe eines Wörterbuches nach Rechtschreibfehlern durchsucht und verbessert wird.
4. Der verbesserte Entwurf wird der/dem Lehrenden zur „Endredaktion" übergeben.
5. Nachdem der Text „veröffentlichungsreif" ist, wird er in der einmal wöchentlich stattfindenden Veröffentlichungsstunde dem kritischen Publikum von MitschülerInnen vorgetragen und anschließend erneut kritisiert und überarbeitet.

Auch wenn die Schreibkonferenzen ursprünglich für Lernende im Primarschulbereich (Muttersprache, Zweitsprache) konzipiert wurden, kann das fünfschrittige Verfahren auch für ältere Zielgruppen und für den FSU übernommen werden.

Eine andere Möglichkeit der Textbearbeitung ist die der Autoreninterviews in Verbindung mit einer „Redaktionellen Überarbeitung" (Hegele/Pommerin, 1983; Pommerin, 1996): Hier werden (kreativ geschriebene) Texte, die von Lernenden freiwillig zur Verfügung gestellt werden, gemeinsam in der Klasse besprochen. Unklare Textstellen werden durch Fragen an den Autor / die Autorin geklärt (Autoreninterview). Anschließend werden die Texte redaktionell überarbeitet, wozu „Operationale Verfahren"[24] (z. B. Umstell-, Klang-, Weglassprobe etc., s. u.) angewendet werden. Letztere sind „besonders geeignet, ausländische Schüler aus einem eingeschränkten Sprachgebrauch und aus bereits verfestigten Formen sprachlicher Abweichung herauszuführen".

[24] Liebnau (1995, 70) bezeichnet diese „Operationalen Verfahren" als „linguistische Operationen".

(Hegele/Pommerin, 1983, 80). Nach dem gemeinsamen Erproben verschiedener Operationaler Verfahren können die Texte individuell von den AutorInnen überarbeitet werden.

In meinen Schreibseminaren mit DaF-Lernenden hat sich eine Orientierung an Liebnaus Verbesserungszirkel (vgl. Liebnau, 1995, 69) als sehr effektiv erwiesen. Aus diesem Grund empfehle ich dieses Vorgehen. Die Lernenden arbeiten dabei zu dritt oder viert in Kleingruppen zusammen. Diese Form einer *kollektiven Überarbeitung* folgt einem „starren" Ablaufschema:

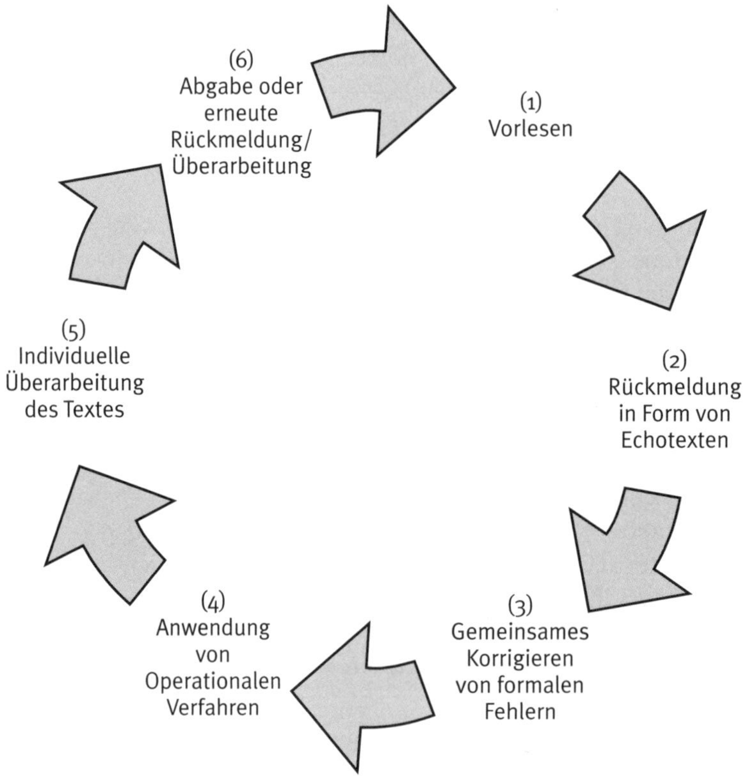

Nachdem die Kleingruppen eingeteilt sind (s. u.), beginnt ein Gruppenmitglied, seinen Text vorzulesen (Schritt 1), danach wird nicht über den Text diskutiert, sondern die ersten Eindrücke sowie konstruktive Kritik in Form von Echotexten (Schritt 2) festgehalten. Auch der/die Autorin selbst schreibt einen Echotext. Nachdem alle ihre Echotexte geschrieben haben, werden diese in der Gruppe vorgelesen und sind Grundlage für die anschließende Überarbeitung des Textes. Fehler in Wortschatz, Grammatik, Orthografie, Zeichensetzung werden gemeinsam am Erstentwurf korrigiert (Schritt 3). Danach wird in der Gruppe überlegt, welche der Operationalen Verfahren an welchen Textstellen angewendet werden sollten (Schritt 4). Nun ist der/die AutorIn mit genügend Anregungen und Korrekturvorschlägen „ausgestattet", um den Text alleine (zu Hause) überarbeiten zu können (Schritt 5). Der nächste Schritt (6) besteht entweder darin, dass der überarbeitete Text zur Benotung abgegeben wird – oder dass vor diesem noch eine weitere Rückmelde- und Überarbeitungsphase eingeschoben wird (wie Phase 1 und 2).

Bevor Texte einer Klasse zum ersten Mal nach diesem Verfahren überarbeitet werden, sollte dieses genau erklärt werden (s.u.). Bei der Zusammensetzung der Kleingruppen sollte unbedingt darauf geachtet werden, dass unterschiedliche Kompetenzen (kreative, formalsprachliche, grammatikalische, orthografische ...) vertreten sind, da ansonsten die Formulierung von konstruktiver Kritik schwierig bis unmöglich ist.
In den einzelnen Phasen ist auf Folgendes zu achten:

Phase 1: Damit die Lernenden nicht ihre Zeit mit dem Ausdiskutieren darüber, wessen Text als erster vorgelesen und besprochen wird, verlieren, empfiehlt es sich, dies vorzugeben: Z. B. könnte die Person den Anfang machen, deren Vorname im Alphabet ganz vorne/hinten ist ...
Wenn es möglich ist, sollten die zu bearbeitenden Texte allen Gruppenmitgliedern (als Kopie) vorliegen, sodass direkt in die Texte hineinkorrigiert werden kann.
Das Vorlesen sollte in einer Lautstärke erfolgen, dass alle Mitglieder den Text gut wahrnehmen können und insbesondere bei Gedichten auch auf den Klang geachtet werden kann.

Phase 2: Das Schreiben der Echotexte muss in doppelter Hinsicht gut vorbereitet werden. Zum einen ist es wichtig, die Lernenden für die aktive Auseinandersetzung mit dem Text zu sensibilisieren, sodass sie wissen, worauf sie im Text achten sollen. Zum anderen muss genau erklärt werden, worum es sich bei einem Echotext handelt und dass alle davon profitieren, wenn dieser gewissenhaft geschrieben wird.
Für die Sensibilisierung bietet es sich an, einen Fragenkatalog vor Beginn der Überarbeitung auszuteilen und diesen gemeinsam mit den Lernenden zu besprechen. Die Auswahl der Fragen richtet sich nach Alter und Sprachkenntnissen und Zielsetzung des Kurses (der Klasse). Für erwachsene Lernende auf dem B1 (bis C2-Niveau) könnte ein Fragenkatalog so aussehen:

Textüberarbeitung – Fragenkatalog

Inhalt:

- ✔ Ist der Text interessant, sind die Inhalte relevant?
- ✔ Möchte ich ihn zu Ende lesen?
- ✔ Ist der Text ansprechend, spannend?
- ✔ Gibt es Textstellen, die überflüssig sind, soll der Text gekürzt werden?
- ✔ Was will uns der/die AutorIn sagen?

Formulierungen:

- ✔ Finden Sie die Formulierungen gelungen?
- ✔ Gibt es „fertige Textbausteine“ (Einleitung ...), die verändert, ersetzt oder weggelassen werden sollten?
- ✔ Wie ist die Wortwahl?
  - ❍ abwechslungsreich
  - ❍ einfallsreich
  - ❍ eintönig, langweilig
  - ❍ Kommen manche Wörter sehr oft vor?
  - ❍ Könnte man für häufig auftretende Wörter andere finden – passen andere besser oder treffen den Sachverhalt genauer?

✔ Gibt es Rechtschreibfehler, grammatikalische Fehler?
✔ Was möchte man noch gerne an dem Text ändern?
✔ Korrespondieren Textsorte, Thema und Inhalte miteinander?
✔ Weitere Vorschläge für die Überarbeitung?

Für das Schreiben der Echotexte ist es auch wichtig, genaue Anweisungen zu geben. Dies kann mündlich oder schriftlich erfolgen. Damit zum einen informative und respektvolle Echotexte entstehen und zum anderen die konstruktive Kritik auch von den AutorInnen angenommen werden kann, sollten sich die Hinweise sowohl an die KritikerInnen als auch an die AutorInnen wenden:

Die KritikerInnen sollten folgende Regeln berücksichtigen:
- Schreiben Sie konstruktive Kritiken und sagen Sie, warum Sie etwas schlecht oder gut finden. Nur damit kann eine AutorIn etwas anfangen. Reine Beifalls- oder Unmutsäußerungen helfen nicht, Texte zu verbessern.
- Lassen Sie den Respekt walten, den Sie sich gegenüber auch wünschen.
- Wenn ein Text wirklich „grottenschlecht" ist, sagen Sie es ruhig. Sagen Sie aber auch, wenn er ausgezeichnet ist.
- Machen Sie Vorschläge, wie bestimmte Textstellen überarbeitet oder besser formuliert werden könnten.

Die SchreiberInnen der „kritisierten Texte" sollten bedenken:
- Beifall tut gut, aber man lernt am schnellsten aus ehrlicher Kritik.
- Wenn Sie davon überzeugt sind, dass die Kritik aus Ihrer Arbeitsgruppe ungerechtfertigt ist, verteidigen Sie Ihren Text und argumentieren Sie entsprechend!

Auch ist es sinnvoll, ein Beispiel[25] für einen (ausführlichen) Echotext vorzustellen:
Den Inhalt des Textes finde ich sehr gut. Mit der Heldin der Geschichte können sich leicht die meisten Frauen identifizieren. Außer wenigen Textstellen, die ich nicht ganz verstanden habe, denke ich, ist die Geschichte interessant und keineswegs langweilig. Man möchte sie zu Ende lesen.
- *Seite 1: Textstelle 1: Diesen Satz habe ich nicht ganz verstanden.*
- *Seite 4: Textstelle 2: Das Gespräch mit dem Arbeitgeber: Den Zusammenhang zum übrigen Text habe ich nicht verstehen können. Man könnte diesen Satz weglassen oder mehr in Einzelheiten gehen.*
- *Seite 4: Textstelle 3: Vielleicht könntest du diesen Satz anders formulieren, sodass er leichter zu verstehen ist.*

Die Wortwahl ist im Großen und Ganzen abwechslungs- und einfallsreich. Aufgefallen ist mir nur auf der ersten Seite im ersten und vierten Absatz, dass gleiche Wörter in einem Satz öfters auftreten. Außerdem bin ich der Meinung, es ist besser, wenn ein Satz nicht mit „denn" und „und" beginnt, das kommt oft vor in der Geschichte.

---

[25] Der Echotext entstand im Rahmen eines Seminars zum Kreativen Schreiben an der Aristoteles-Universität Thessaloniki.

Überlege, ob du nicht vielleicht etwas mehr Dialog in die Geschichte einbringen möchtest, dafür hast du genügend Personen.
Am Ende solltest du vielleicht erwähnen, was Christina versteht. (Ihre Eltern?)
Den Namen Grigoriou Lambraki würde ich nicht so stehen lassen. Ich glaube, er ist nicht für jeden als Straßennamen verständlich. Schreibe besser einfach Hauptstraße.

Meine langjährige Erfahrung mit dem Schreiben von Echotexten in Seminaren mit Deutschlernenden (DaZ/DaF) und nichtdeutschen GermanistikstudentInnen hat mich auch zur Einsicht gebracht, dass das Schreiben von Echotexten einen wesentlichen Beitrag zur Sensibilisierung für Stärken und Schwächen in geschriebenen Texten leistet. Sie demonstriert mir jedoch auch, dass das Schreiben von Echotexten geübt werden muss und meist erst der vierte oder fünfte Echotext einer Studierenden de facto zur Überarbeitung eines Textes anregt. Noch schwieriger ist das Schreiben eines Echotextes über den eigenen Text, was jedoch verständlich ist, da die Kritik am eigenen Text sowohl das Bewusstsein für seine Fehler als auch eine gewisse Distanz zum Text erfordert, um ihn überhaupt infrage stellen zu können. Manchmal werden die Echotexte auch sehr schnell und nicht ausführlich genug geschrieben, sodass sich Fehler einschleichen, wie z. B.: „Maria ist sehr gut nach Modell 2 aufgebaut", d. h. Marias Text (Vergleich) ist sehr gut nach dem Vergleichsmodell 2 aufgebaut.

Phase 3: Hier soll versucht werden, gemeinsam sprachliche Abweichungen, Fehler (Orthografie, Grammatik, Zeichensetzung, Ausdruck) zu erkennen und zu verbessern.

Phase 4: Insbesondere bei Textstellen, die bereits als problematisch gekennzeichnet wurden, werden hier die sogenannten „Operationalen Verfahren" angewendet. Die fünf am häufigsten gebrauchten sind folgende[26]:
Ersatzprobe: Unpassende, ungenaue und wiederholt verwendete Wörter, Wendungen oder Sätze werden durch treffendere (sinnverwandte) ersetzt. Ersetzt werden kann auch das gewählte Tempus oder die Erzählperspektive.
Kürzen: Überflüssige Wörter, Sätze, Absätze werden gestrichen.
Erweitern: Unklare Textstellen werden erweitert, Aussagen werden konkretisiert.
Umstellprobe: Die Reihenfolge der Satzglieder wird geändert. Ziel ist dabei, die Reihenfolge herauszufinden, die am besten dem entspricht, was die AutorIn zum Ausdruck bringen wollte.
Klangprobe: Durch lautes Vorlesen wird überprüft, ob der Text so geschrieben ist, dass die Schreibintention zum Ausdruck kommt. Die Klangprobe ist insbesondere bei Gedichten wichtig.

Phase 5: Für die individuelle Überarbeitung sollte genügend Zeit zur Verfügung stehen, weshalb diese meist zu Hause stattfindet. Ein Tipp an die Lernenden ist, den Text am Computer zu schreiben, da sie so auch Rechtschreib- und Grammatikkontrolle für ihren bearbeiteten Text in Anspruch nehmen können.

[26] Vgl. dazu Hegele, Pommerin 1983; Liebnau 1995.

Phase 6: Entweder wird der Text nun abgegeben und damit auch zur Benotung freigegeben oder, wenn genügend Zeit vorhanden ist, er wird erneut in einer Kleingruppe überarbeitet (Wiederholung der Phasen 1–5).

Die *Schwierigkeiten bei der Überarbeitung* und insbesondere beim Schreiben von Echotexten hängen sicher auch damit zusammen, dass Lernende nur wenig Erfahrung mit der Überarbeitung von Texten im Unterricht haben, auch nicht aus dem Muttersprachenunterricht. Dies wurde u. a. von Fix (2004) in seiner Revisionsstudie mit 63 SchülerInnen der 8. Klasse in Hauptschule, Realschule und Gymnasium festgestellt. Laut seiner Fragebogenerhebung wird von den SchülerInnen unter Revision meist nur eine Oberflächenrevision (Orthografie ...) verstanden. Von den Befragten geben nur 32 % an, dass sie Texte schon mehrmals überarbeitet haben, 57 % „schon einmal" und 90 % „sporadisch" (vgl. Fix, 2004, 90).
Steiner (2007) stellte ein ähnlich oberflächliches Revisionsverhalten bei Jugendlichen und deren gegenseitiger Korrektur von Free-Writing-Texten fest: Es wurden nur wenig konkrete Überarbeitungshinweise gegeben, was nach Steiner den im Aufsatzunterricht erlernten Muster entspreche. Gemäß dieser werden Texte in der Revisionsphase meist nur rechtschriftlich korrigiert und bleiben sprachlich sowie inhaltlich unangetastet. Es fehlt an Erfahrung, Übung und an metasprachlichem Vokabular, weil im schulischen Aufsatzunterricht nicht oft über das Schreiben gesprochen werde. „Zudem scheinen Hinweise im Unterricht auf das, was einen Text zu einem gelungenen Text macht, nicht dazu zu führen, dass alle Lernenden klare, handlungsleitende Vorstellungen ausbilden und nützliche, wiederholbare Revisionsroutinen entwickeln können."
(Steiner, 2007, 156 f.)
Es kann also nicht davon ausgegangen werden, dass das umfassende Überarbeiten, wie es hier mit der kollektiven Überarbeitung angestrebt wird, zu den voraussetzenden Arbeitstechniken der Lernenden gehört. Entsprechend muss etwas Zeit in das Vermitteln dieses Vorgehens investiert werden.

Ich möchte die Überarbeitung in Gruppen abschließen, indem ich auf die Beurteilung dieser durch Studierende des 6. Semesters (nach zweisemestriger Erfahrung mit Kreativem und Wissenschaftlichem Schreiben) hinweise (Angaben aus schriftlicher Evaluation):
Alle erachten diese Form der Überarbeitung aus verschiedenen Gründen als effektiv, wichtig oder nützlich.
Die Echotexte wurden von 25 % der Befragten erwähnt und werden als Hilfe beim Schreiben, beim Erkennen von Fehlern, zur Selbstkontrolle, beim eigenständigen Überarbeiten empfunden.
Nun der Wermutstropfen: Nur ein Drittel der Befragten fühlt sich nach zwei Semestern – ohne Einschränkung – imstande, eigene Texte (alleine) zu überarbeiten. Die Unsicherheiten treten insbesondere im Wissenschaftlichen Schreiben auf und sind auf die damit verbundenen hohen sprachlichen Anforderungen zurückzuführen.
Beruhigend ist sicherlich, dass sich nur ein Neuntel der Befragten absolut nicht in der Lage fühlt, eigenständig zu überarbeiten, und etwa ein Drittel immerhin glaubt, das Überarbeiten gelernt zu haben, ohne sich dabei jedoch bisher 100 % sicher zu fühlen. Doch wer ist das überhaupt?

3.2 Benotung

Die Benotung wurde in der Einleitung zum 3. Kapitel der 3. Phase des Schreibprozesses zugeordnet. Ich möchte hier betonen, dass diese Phase nicht obligatorisch zum Schreibprozess im fremdsprachlichen Unterricht gehören muss und im außerschulischen Kontext maximal in Form von Rückmeldungen oder Rezensionen geschieht. Im Sprachunterricht hat sie dennoch ihre Berechtigung, da sie einen gewissen Garant für das Ernstnehmen des Kreativen Schreibens sowohl von Lehrenden als auch von Lernenden darstellt:
Würde das Kreative Schreiben ausschließlich im zensurfreien Raum angesiedelt werden, so wäre auch nach Merkelbach (1993, 106 f.) mit fatalen Folgen zu rechnen: Die für den (muttersprachlichen) Aufsatzunterricht sehr knapp bemessene Zeit reiche gerade für die vorgeschriebenen Aufsätze sowie deren Vor- und Nachbereitung und mit Sicherheit nicht für Schreiben im zensurfreien Raum. Der Zeitmangel im Muttersprachenunterricht potenziert sich angesichts der noch knapperen Wochenstundenzahl im Fremdsprachenunterricht. Auch das Image von Kreativem Schreiben und kreativ produzierten Texten müsste stark unter einer Zensurfreiheit leiden: „Eine Leistung gelte vor allem in den Augen der Bildungsadministration eben nur dann als anerkannt (...), wenn sie durch numerisches feedback ernstgenommen wird.“ (Bräuer, 1998, 122). Auf der Seite der Lernende könnte die Ausgrenzung der kreativ geschriebenen Texte von den „Benotbaren“ zu ähnlichen Reaktionen führen: Arbeiten im zensurfreien Raum werden aufgrund der vorherrschenden Leistungsorientierung im Schulsystem nicht ernst genommen (vgl. Merkelbach, 1993, 107). Darunter kann auch die Motivation der Lernenden leiden: Warum sollten sie sich in der Phase der Überarbeitung anstrengen, wenn die Texte danach ohnehin nur abgeheftet oder bestenfalls in einer Klassenzeitung verewigt werden?
Auch wenn Zensur Kreativität auf den ersten Blick im Keime zu ersticken droht, stellte sich also heraus, dass im Unterrichtskontext das Zusammenspiel dieser beiden „Gegensätze“ durchaus möglich und sogar inspirierend sein kann.[27]

Allerdings müssen auf dem Weg zur Zensur einige Hürden genommen werden. Wie bereits erwähnt (Einleitung zu Kapitel 3), ist der Zwischenschritt der Überarbeitung notwendig, um den kreativen Schreibprozess (Inspiration, Planung, Formulierung und Bearbeitung) nicht zu stören und um den Schreibenden genügend Raum für die Fertigstellung ihres kreativen Produkts zu gewähren. Die kreative Leistung darf erst dann bewertet werden, wenn diese abgeschlossen ist (vgl. Merkelbach, 1993, 107). Geben die Lernenden ihre überarbeiteten Texte für die Benotung frei, stellt sich die große Frage nach dem WIE?
Dass Textbeurteilungen problematisch sind bzw. sein können ist unumstritten: Bereits seit den 70er Jahren weisen frappierende Untersuchungsergebnisse[28] und heftige Debatten darauf hin und führten zu der Erkenntnis, dass derselbe Aufsatz von mehreren Beurteilern mit gleichen fachlichen Voraussetzungen unterschiedlich benotet wird (vgl. Söllinger, 1991, 242 f.). Söllinger sieht die Ursachen für die Subjektivität und die unterschiedliche Aufsatzbeurteilung in den Vorstellungen und Voraussetzungen der jeweiligen fachdidaktischen Position des Beurteilers

[27] Dies bedeutet jedoch nicht, dass die Bewertung des kreativen Produkts in der Fachdiskussion nicht unumstritten ist.

[28] Z. B. Schröter, 1971: Die ungerechte Aufsatzzensur; Baurmann, 1976: Der Einfluss von Auswertungsbedingungen, Vorinformationen und Persönlichkeitsmerkmalen auf die Benotung von Deutschaufsätzen.

begründet: Vorstellungen von Sprache, Stil, Zielsetzung des Deutschunterrichts, dem Verhältnis von kreativem und pragmatischem Schreiben, von Fantasie und Korrektheit etc. (Söllinger, 1991, 243) fließen in die Zensur mit ein.
Auf den ersten Blick ist dies entmutigend. Hinzu kommt die Tatsache, dass das weniger subjektive Kriterium der Aufgabenerfüllung, d. h. inwieweit entspricht der Text der Schreibaufgabe, bei kreativ geschriebenen Texten wenig brauchbar ist, da die Anregungen so formuliert werden, dass sich die Schreibenden entsprechend ihrer Fähig- und Fertigkeiten entfalten können. Mit herkömmlichen Verfahren ist es folglich fast unmöglich, kreative Schreibleistungen halbwegs objektiv in ein Notensystem (von 1 bis 6) einzuordnen.

Aus diesem Grund wurden verschiedene, von herkömmlichem Korrekturverhalten differierende Verfahren entwickelt, welche den kreativen Produkten gerecht werden können: Innerhalb dieser verschiedenen Verfahren (vgl. Liebnau, 1995; Bräuer, 1998; Kuhl, 1988; Merkelbach, 1993; Söllinger, 1991) zur Bewertung kreativ geschriebener Texte lässt sich eine Gemeinsamkeit entdecken: Leitende Kriterien stellen nicht normative Stilvorstellungen – wie die Klarheit des Ausdrucks –, sondern die Besonderheiten des Textes dar.
Ein weiterer Unterschied zur traditionellen Korrektur ist, dass die Lehrenden den Text (meist) aus der Perspektive eines interessierten Lesers und nicht aus der des Korrektors begutachten. Schülertexte werden daher nicht automatisch als defizitäre oder fehlerhafte Klassenarbeiten wahrgenommen, sondern eher als journalistische oder literarische Texte, die in einer bestimmten Form gewisse Inhalte vermitteln. Nicht Auslese und Prüfen leiten den Prozess, sondern „direktes Leseinteresse“ (Merkelbach, 1993, 108). Die Anmerkungen und Korrekturen dienen der Förderung und Beratung, sind hinterfragend, sollen helfen und nicht urteilen (vgl. Liebnau, 1995, 132). Charakteristisch für diese **dialogische Korrektur** ist also, dass die Lehrenden in die Rolle eines Lesers schlüpfen und als solche nicht normative Ansprüche verteidigen, sondern die „unabweichbaren Geltungsansprüche eines lebendigen, interessierten Kommunikationspartners“ (Kuhl, 1988, 150).

Für die Lehrenden bringt die dialogische Korrektur gewisse **Veränderungen im Korrekturverhalten** mit sich:
Die Anmerkungen der Lehrenden beschränken sich nicht auf Orthografie, Grammatik, Stil und Logik, sondern Kriterien wie Verständlichkeit, Glaubwürdigkeit und Wirksamkeit stehen im Vordergrund (vgl. Kuhl, a. a. O.). Die Anmerkungen sollen den Lernenden helfen, ihre Schriftsprachkompetenzen zu verbessern, ihren eigenen Stil zu entwickeln, themen-, situations- und adressatenspezifisch zu schreiben und auch – im Vergleich mit Texten von MitschülerInnen und auf der Basis der Anmerkungen – Qualitätsunterschiede zu erkennen, was letztendlich eine Benotung nachvollziehbar macht.
Wichtig ist, dass die Einschätzungen und Bemerkungen der Lehrenden konkret sind, große Fragezeichen oder Pauschalurteile (Themaverfehlung!) können die Schreibkompetenz der Lernenden nicht fördern. Bräuer (1998, 127) plädiert dafür, „am Text zu zeigen, was besonders gut oder weniger gut für den bewertenden Leser funktioniert hat“. Dabei erachtet er „Ich-Botschaften“ als effektiv und moralisch unterstützend, z. B.: „Ich würde dieses oder jenes verändern, würde das so und so formulieren ...“.

Allein dieses Beispiel zeigt, dass die Kommentare der Lehrenden wesentlich genauer sein müssen als herkömmliche Fehlermarkierungen (vgl. auch Kuhl, 1988, 152).
Um die Lernenden nicht mit zu vielen Anmerkungen und ausführlichen Vorschlägen zu verwirren, schlägt Kuhl (1988, 152 f.) vor, mit einem Korrekturschlüssel zu arbeiten. Dies bedeutet, dass die Lernenden zu Beginn des Schuljahres eine Liste mit Anmerkungen erhalten und diese mit ihnen besprochen wird. Jeder Anmerkung ist eine Zahl zugeordnet, welche den Code für die Begutachtung der Texte darstellt. Die Lernenden finden so in ihren Texten konkrete Kommentare und Vorschläge vonseiten der Lehrenden in einer übersichtlichen Form (Beispiel s. u.) vor.
Kuhl (1988) stellte fest, dass das Vorgehen mit Korrekturschlüssel wesentlich effektiver und dennoch nicht zeitaufwendiger ist als herkömmliche Korrekturmethoden.

Die *Vorteile* dialogischer Korrekturen (ob mit oder ohne Korrekturschlüssel) liegen in erster Linie darin, dass sie zu einer aktiven Auseinandersetzung mit dem Text führen und dazu motivieren, die Texte zu überarbeiten, was wiederum durch die konkreten Anmerkungen erleichtert wird. Diese Überarbeitungsphasen tragen erheblich zur Verbesserung schriftsprachlicher Kompetenzen bei!
Die Lernenden fühlen sich außerdem ernst genommen, da ihre Texte wie die von Autoren und nicht als „obligatorische Grundlagen zur Notengebung" behandelt werden.

Auch wenn das Vorgehen nun grundsätzlich klar ist, werden sich einige Lehrende die Frage stellen, welche *Kriterien* definitiv für die Benotung herangezogen werden sollen. Letztendlich muss diese Entscheidung – unter Berücksichtigung der Zielgruppe, Lern- und Lehrzielen sowie dem sprachlichen Niveau der Lernenden – von den Lehrenden alleine getroffen werden. Um die Auswahl der jeweiligen Kriterien zu erleichtern, schlage ich jedoch im Folgenden einige vor, die als richtungweisend gelten können:

1. Unabhängig davon, wie die einzelnen Kriterien konkret formuliert werden, sollten sich diese – auch im Hinblick auf mehr Objektivität und Vergleichbarkeit – an den Kannbeschreibungen (Deskriptoren) des Gemeinsamen Europäischen Referenzrahmens orientieren. Zur Fertigkeit „Schreiben" stehen im Referenzrahmen Skalen im Bereich der Produktion und der Interaktion zur Verfügung. Für das Ziel einer gezielten Schreibförderung sind insbesondere die Kannbeschreibungen zur Produktion von Interesse:

- Schriftliche Produktion allgemein
- Kreatives Schreiben
- Berichte und Aufsätze schreiben

Im Hinblick auf bestimmte Textsorten können jedoch auch die Deskriptoren zur Interaktion herangezogen werden:

- Schriftliche Interaktion allgemein
- Korrespondenz
- Notizen, Mitteilungen und Formulare

Auch wenn die Deskriptoren, wie in A 2.2.1 beschrieben, zum Teil einer Aktualisierung und aktiver Auseinandersetzung bedürfen, sollen diese unbedingt berücksichtigt und deren Bedeutung als übergeordnete Rahmenrichtlinien nicht geschmälert werden.

2. Unterhalb der Prämisse des GER müssen konkrete Kriterien formuliert werden. Eine Möglichkeit ist, den Fragenkatalog, der den Lernenden zur Überarbeitung ausgeteilt wird (s. A 3.1), auch als Kriterienliste zu benutzen. Dies hat den Vorteil, dass die Lernenden schon beim Überarbeiten wissen, worauf sie einerseits achten sollen und andererseits wonach ihre Texte beurteilt werden.

3. Eine andere Möglichkeit ist der Einsatz eines Korrekturschlüssels, welcher viele detaillierte Fragen an die Schreibenden beinhaltet. Exemplarisch stelle ich einige Fragen aus dem Korrekturschlüssel von Kuhl (1988, 160 f.) vor:

   6. *Mit dem Bindewort (Konjunktion) stimmt etwas nicht. Deine beiden Aussagen lassen sich so nicht miteinander verbinden. Prüfe bitte nach:*
   a) Genügt es hier, die Aussagen einfach aneinanderzureihen?
   b) Wird hier deine erste Aussage wirklich genauer erläutert, begründet, eingeschränkt, zu Ende gedacht?
   c) Wird deiner ersten Aussage wirklich etwas entgegengesetzt? Wird hier etwas ganz anderes gesagt?

   19. *Bist du sicher, dass das so stimmt?*

   20. *Ist das das Wesentliche?*
   a) Ist das nicht ziemlich nebensächlich?
   b) Gehört das überhaupt hierher?

   25. *Hier solltest du dich genauer ausdrücken. (Mir ist nicht klar, was das heißt + ich kann es mir nicht richtig vorstellen /ich weiß nicht, wie du darauf kommst.)*

   40. *Das hast du oben schon gesagt, die Wiederholung bringt hier nichts.*

Kuhl formulierte insgesamt 43 Kriterien für seinen Korrekturschlüssel, mit dem Texte sehr analytisch begutachtet werden können. Leider kommen inhaltliche Aspekte und Lob etwas zu kurz, was auch von ihm selbst kritisiert wird und bei der Zusammenstellung einer eigenen Kriterienliste mit Korrekturschlüssel berücksichtigt werden sollte.

4. Liebnau (1995, 133 f.) unterscheidet bei seinen Beurteilungskriterien zunächst je nach Aufgabenstellung:

Typ A: Aufgaben mit verbindlichen inhaltlichen und/oder formalen Anregungen
(Aufgaben, die häufig in Klausuren, Klassenarbeiten gestellt werden)
Typ B: sehr offene Aufgabenstellung, die Lernende selbst entscheiden lassen, worüber und wie sie schreiben (Aufgaben, die wie bei den meisten kreativen Schreibverfahren Spielraum und Entfaltungsmöglichkeiten für Lernende geben).

Für die Beurteilung von Texten zu Aufgabenstellungen Typ A werden folgende Kriterien formuliert:

a) Sind die gestellten Forderungen erfüllt? (... Sind die inhaltlichen Bausteine aufgegriffen und richtig verarbeitet? Ist die Perspektive richtig erfasst? ...)

b) Wie wird der vorgesehene Rahmen genutzt? (... selbstständig, ideenreich, originell? ...)

c) Gibt es qualitätsmindernde Faktoren? (Denkfehler, z. B. Widersprüche, ungewollte Abweichungen im Ausdruck, Satzbau? ...)

Für die Beurteilung von Texten der Kategorie B wird empfohlen, Kriterien gemeinsam mit den Lernenden zu entwickeln, wobei induktiv von einzelnen Schülertexten ausgegangen werden kann. Als Beispiele für mit SchülerInnen erarbeitete Kriterien stellt Liebnau (a. a. O.) folgende vor:

a) Wie wirkt der Text auf Leser/innen? (Interessiert der Text, macht es Spaß ihn zu lesen oder langweilt er? Erzeugt der Text anschauliche Vorstellungen? ...)

b) Was bestimmt den Text inhaltlich? (Hat er Substanz oder ist er belanglos? Bezieht sich der Text auf ein interessantes Thema? ...)

c) Wie ist der Text gemacht? (Hat sich der/die Schreiber/in Mühe gegeben, bewusst zu gestalten? Wird verdichtet geschrieben, oder stören langatmige Erklärungen, unnötige Wiederholungen? Werden die Besonderheiten der gewählten Textsorte (z. B. Erzählung, Gedicht, Dialog...) genutzt? ...)

Betrachtet man die Kriterien der Kategorie B, so kann die Perspektive der dialogischen Korrektur (aus der Sicht einer interessierten LeserIn) sowie auch Parallelen zu dem Fragenkatalog aus A 3.1 und dem Kriterienkatalog von Kuhl (s. o.) erkannt werden.
Wir können also doch eine gewisse Kontinuität innerhalb der Vorgaben und Richtlinien zur Korrektur von kreativ geschriebenen Texten erkennen. Diese Erkenntnis sollte beruhigen und dazu anspornen, einen eigenen Kriterienkatalog zu entwickeln!

Ein letzter Aspekt, der im Hinblick auf die Benotung bedacht werden sollte, ist, inwiefern alle Texte dazu herangezogen werden sollten oder alternativ dazu Textmappen, Portfolios oder nur ausgewählte Texte. Innerhalb der Fachdiskussion geht die Tendenz immer weiter weg von der obligatorischen Beurteilung aller entstandener Einzeltexte. Gerade bei kreativ geschriebenen Texten ist dies sinnvoll, da ansonsten auch Produkte von Schreibspielen oder mit sehr persönlichen Inhalten zur Benotung freigegeben werden müssten. Eine Alternative dazu ist, dass – wie im Rahmen der Schreibkonferenzen (Spitta) – die Lernenden vor Schulhalbjahresende zwei bzw. drei Texte auswählen, die benotet werden sollen (die Anzahl richtet sich nach der im Curriculum vorgeschriebenen Anzahl schriftlicher Arbeiten).
Eine andere Möglichkeit stellt eine Textmappe dar, in der die während eines Kurses oder Schulhalbjahres verfassten Texte gesammelt und gemeinsam abgegeben werden. Dabei werden nicht nur die einzelnen Texte, sondern auch die Entwicklung der Schreibenden und der Schreibprozess mitberücksichtigt (z. B. wurden Korrekturvorschläge aus Echotexten ernst genommen, wurden sinnvolle Echotexte geschrieben, wurden Schwächen erkannt und anschließend überwunden etc.).
In diesem Sinne ist auch das Portfolio – als weitere Möglichkeit – zu verstehen: Neben den Texten setzen sich diese aus Reflexionen über den Schreibprozess oder den gesamten Schreibkurs sowie dem Lernzuwachs im Bereich des Schreibens zusammen (vgl. auch Bräuer, 1998, 127).

B PRAXIS

... Jetzt kann's los gehen...

„Rein theoretisch“ ist jetzt alles klar: Wir wissen, wie wir die Schreibstärken und -schwächen unserer Lernenden erkennen können, sind sensibilisiert für die kulturelle Geprägtheit des Schreibverhaltens, verbinden Kreativität und Kreatives Schreiben mit genauen Vorstellungen, kennen die wichtigsten kreativen Schreibtechniken und haben sogar eine Vorstellung davon, wie wir mit den geschriebenen Texten umgehen und sie benoten können.
Es ist also an der Zeit, die Theorie in die Praxis umzusetzen. Im Sinne der angestrebten Schreibförderung werden nun konkrete Schreibanregungen für häufig auftretende Schreibschwierigkeiten vorgestellt.

1 Gezielte Schreibförderung

Die in diesem Kapitel aufgeführten kreativen Schreibanregungen können als Grundlage für einen kreativen Schreibkurs oder zur gezielten Schreibförderung im Unterricht DaF herangezogen werden. In beiden Fällen sollte eine Analyse der Schreibgruppe (s. A 1.2.2) der konkreten Planung des Kursplanes vorausgehen.
Damit die Auswahl der hier vorgeschlagenen Schreibanregungen erleichtert wird, sind alle mit Angaben zum sprachlichen Niveau und zum Teil auch zum Alter (Jugendliche oder Erwachsene) versehen. Wenn eine Schreibanregung für „alle Niveaustufen“ empfohlen wird, so bedeutet dies mit Sicherheit A2–B2, in den meisten Fällen werden diese Anregungen aber auch für Lernende auf C-Niveau nicht langweilig. Bei der Zuweisung der Anregungen zu Niveaustufen orientierte ich mich am Gemeinsamen Europäischen Referenzrahmen.
Werden keine Angaben zum Alter gemacht, so spielt dieses keine Rolle. Um beiden Altersgruppen gerecht zu werden, formulierte ich diese altersunabhängigen Anregungen abwechselnd für Jugendliche (du) oder Erwachsene (Sie).

1.1. „Jedem Problem seine Lösung“: Konkrete Förderungsmaßnahmen

Bei den konkreten Förderungsmaßnahmen und Schreibanregungen werden keine weiterführenden Angaben zu den jeweiligen Techniken, deren Besonderheiten und Vorteilen gemacht. Ebenso wird auf die Spielregeln des Kreativen Schreibens verzichtet. Wenn Fragen in diesen Bereichen auftreten, bitte ich darum, im Theoretischen Teil (A 2.3: Techniken; A 2.2.2: Wie kreativ schreiben?) nachzuschlagen.
Die nachfolgende Synopse dient dazu, Förderungsmaßnahmen für die in der Gruppe der Lernenden vorliegenden Schreibschwierigkeiten zu finden. Z. T. können die genannten Schreibanregungen auch bei verschiedenen Schreibproblemen eingesetzt werden. Z. B. kann mit visuellem Schreiben (1.7.4) dem Schreiben von Textbausteinen und allgemeingültigen Floskeln entgegengewirkt werden, der Einsatz von visuellen Vorlagen trägt aber mit Sicherheit auch zur Steigerung

der Schreibmotivation (1.2) bei. Die Zuordnung basiert auf Erfahrungen aus Schreibkursen und dem Kriterium der größtmöglichen Effektivität.

Synopse: Häufig auftretende Schreibschwierigkeiten – gezielte Förderungsmaßnahmen

Kap.	Schreibschwierigkeiten	Kap.	Gezielte Förderungsmaßnahmen
1.2	Fehlende Schreiblust Mangelnde Motivation	1.2.1 1.2.2 1.2.3 1.2.4	Schreibspiele Schreiben mit Musik Kooperatives Schreiben Schreiben mit literarischen Vorlagen (Lyrik)
1.3	Schwierigkeiten im Umgang mit bestimmten Textsorten/ Schreibstil	1.3.1	Schreiben mit Textvorlagen (Verbinden von Lese- und Schreibphasen)
1.4	Übertragungen aus der Mutterspra-che, Schwierigkeiten mit Wortschatz, Formulierungen Probleme bei der Verschriftlichung von Gedanken, falscher Gebrauch von Metaphern	1.4.1 1.4.2 1.4.3	Kollektive Überarbeitung Sprachspiele Finden von Metaphern und ungewöhn-lichen Vergleichen
1.5	Mit dem Schreiben beginnen Fehlende Schreibideen	1.5.1 1.5.2 1.5.3	Suchen und Finden von Schreibideen: Ideenpool Schreiben mit Schreib-/ Satzanfängen Assoziative Schreibtechniken
1.6	Strukturierung von Texten	1.6.1 1.6.2	Cluster Mindmap
1.7	Textbausteine Allgemeingültige, unpassende Formulierungen	1.7.1 1.7.2 1.7.3 1.7.4	Assoziatives Schreiben Kooperatives Schreiben Schreiben mit Musik: Traumreisen, Tanzschreiben Visuelles Schreiben, Versetzung
1.8	Schreibort – wenig inspirierend (mit Zwang verbunden)	1.8.1 1.8.2	Situatives Schreiben Schreibexkursion

1.2 Fehlende Schreiblust – mangelnde Motivation

Immer wenn man schreibt, braucht man ein Mittel, damit man schreiben kann. Ob das die Einsamkeit ist, ein Baum oder ein Misthaufen oder ein Mensch, auf irgendetwas ist man fixiert ... (Thomas Bernhard. In: Hofmann, 1991, 25f.)

Wenn selbst Thomas Bernhard „ein Mittel" zum Schreiben braucht, ist dieses für Fremdsprachenlerner wohl unumgänglich. Dieses Etwas, das den Schreibprozess in Gang bringen soll, ist im Unterricht leider häufig die Angst, bei der nächsten Prüfung, im schriftlichen Ausdruck zu versagen, weshalb man dann die eine oder andere Übung über sich ergehen lässt. Hinzukommt die starke Orientierung vieler Schreibaufgaben an Prüfungsvorgaben und die Beschränkung auf prüfungsrelevante Textsorten. Dass dabei nur sehr bedingt Schreibmotivation aufkommen kann, ist nahe liegend, von Schreiblust ganz zu schweigen.
In diesem Kapitel werden einige Schreibanregungen vorgestellt, die (erneut) zum Schreiben in der Fremdsprache motivieren sollen. Der Schwerpunkt liegt dabei im Bereich der Schreibspiele, aber auch das Schreiben mit Musik, das kollektive Schreiben und das Produzieren von Lyrik auf der Basis von literarischen Vorlagen wirken sich positiv auf die Schreibhaltung der Lernenden aus.

1.2.1 Schreibspiele

I 10 Dinge, die ich einmal im Leben getan haben muss ...

(alle Niveaustufen)

Erwachsene
Schreibanregung: „Schreiben Sie über zehn Dinge, die man einmal im Leben getan haben muss."
Beispiele:
- Mit der großen Liebe in Champagner baden.
- Mit der besten Freundin Brautkleider anprobieren, auch wenn weit und breit kein Bräutigam in Sicht ist.
- Einen Sommer lang ein Cabrio fahren.
- Einfach für eine Woche verreisen, ohne jemanden zu informieren.
- Chef/Chefin in der eigenen Firma sein, auch wenn es nur für kurze Zeit ist.
- In einer lauen Sommernacht im Vollmondschein baden gehen.

Jugendliche
Schreibanregung: „Schreibe über zehn Dinge, die du unbedingt einmal machen möchtest."
Beispiele:
- Ein Konzert von Shakira (oder einem anderen Star) besuchen.
- Der Torwart meiner Lieblingsmannschaft sein.
- 3 Kilo Eis ganz alleine essen.
- Einmal um die ganze Welt reisen.
- Mit meinen besten Freunden alleine und ohne Eltern auf eine Insel fahren.

Schreibzeit: ca. 15 Minuten.
Nach dem Vorlesen der Texte könnte eine Statistik über „die zehn Wünsche" der ganzen Klasse erstellt werden, die wiederum als – wenn auch weniger kreative – Anregung zum Weiterschreiben dienen könnte.

II „Magisches Schreiben" als Talisman oder Glücksbringer

(alle Niveaustufen)

Die SchülerInnen werden in der vorhergehenden Unterrichtsstunde aufgefordert, einen Talisman (Glücksbringer) von zu Hause mitzubringen. Damit verbunden könnte angekündigt werden, dass in der nächsten Unterrichtsstunde etwas Außerordentliches, Magisches stattfindet.
Zu Beginn der Unterrichtsstunde wird besprochen, dass Talismane etwas ganz Besonderes sind, Glück bringen und manchmal sogar Wünsche erfüllen können ...
Anschließend werden die SchülerInnen gebeten, ihre Talismane auf einen Tisch zu legen. Eine Unterrichtsstunde lang sollen die Talismane ihre BesitzerInnen wechseln. Die SchülerInnen wählen sodann einen neuen Talisman aus und gehen damit zurück an ihren Platz. Danach wird die Schreibanregung gegeben:
„Schaut euch den vor euch liegenden Talisman genau an. Überlegt dann, was man als dieser Talisman seiner Besitzerin / seinem Besitzer wünschen könnte.
Schreibt jetzt sieben Wünsche [sieben als magische Zahl] von dem Talisman an seine Besitzerin / seinen Besitzer."
Nach der Schreibphase lesen alle Schüler die Wünsche vor, zeigen dazu den Talisman, fragen anschließend, wem dieser gehört, und überreichen der Besitzerin / dem Besitzer „offiziell" die sieben Wünsche und den Talisman.
Schreibzeit: 15–20 Minuten.

Beispieltext:
Wünsche an eine Muschel bzw. deren Besitzerin
... dass du Zeit deines Lebens Möglichkeiten hast, am Meer spazieren zu können.
... dass du eingehüllt wirst, wenn du frierst oder Schutz brauchst.
... dass du die Perle in dir bewahren kannst.
... dass du dir deine Schönheit und Vielfarbigkeit erhältst.
... dass du nie getrennt wirst von dem, was unmittelbar zu dir gehört.
... dass du andere an deinem schillernden Kern teilhaben lässt.
... dass du dich zum rechten Zeitpunkt öffnest.

III Buchstabenspiel: Akrostichon

(alle Niveaustufen)

Bei einem Akrostichon „bilden die Anfangsbuchstaben aufeinanderfolgender Verse aneinandergereiht ein Wort, einen Namen oder einen Satz“ (Werder, 1993, 221).
Z. B. können die Buchstaben des eigenen Namens (Vornamens) senkrecht untereinander geschrieben werden und im Anschluss daran zu jedem Buchstaben ein Wort assoziiert werden. Die Wörter könnten direkt einen oder zwei Sätze bilden oder in einer weiteren Phase in einen Satz oder Text integriert werden.
Schreibanregungen:
Schritt 1:
„Schreibt die Buchstaben eures Vornamens senkrecht untereinander auf ein Blatt.“
Schritt 2:
„Überlegt euch zu jedem Buchstaben ein Wort / etwas, was ihr gut findet / mögt / unmöglich findet/ liebt / hasst/ ... und schreibt dieses direkt zu dem jeweiligen Buchstaben.“
Schritt 3:
(alle Niveaustufen:)

- „Schreibt mit euren Wörtern einen kleinen Text über euch selbst.“
- „Schreibt mit den Wörtern einen kleinen Text, in dem ihr euch vorstellt.“
- „Schreibt mit den Wörtern einen kleinen Text über Dinge, die ihr gerne mögt / nicht mögt.“ (je nach Schreibaufgabe in Schritt 2!)

(B1/B2:)

- „Schreiben Sie mit den assoziierten Wörtern einen Werbetext / eine Lobeshymne / eine Schimpftirade / ein Märchen / einen Steckbrief über eine Person, die von er Polizei gesucht wird ...“

Schreibzeit (für alle Schritte zusammen): 15–20 Minuten
Tipp: Dieses Schreibspiel eignet sich auch sehr gut zum gegenseitigen Kennenlernen in der 1. Unterrichtsstunde.

IV Lieblingswörter, klingende Wörter[29]

(alle Niveaustufen, besser jedoch für B1/B2)

Es gibt Wörter, die wir bevorzugen, andere, die wir unbewusst oder auch unkontrolliert gebrauchen, wieder andere, die wir ablehnen oder vielleicht schon gänzlich vergessen haben, und es gibt Wörter, die wir sehr gerne hören oder aussprechen, Wörter, deren Klang uns gefällt und von denen einige vielleicht auch unsere Lieblingswörter sind. Pablo Neruda liebte z. B. Wörter, die wie farbige Steine glitzern, wie silberne Fische springen etc. (s. Zopfi, 2001, 63).

[29] Interessant in diesem Zusammenhang ist auch der von Goethe-Institut und Deutschem Sprachrat durchgeführte Wettbewerb „Das schönste deutsche Wort“ (Limbach, 2005). S. Anhang Nr. 1.

Auch in der Fremdsprache können wir diese Vorlieben beobachten. Da es Spaß macht, seine Lieblingswörter oder klingende Wörter anderen vorzustellen oder sie zu gebrauchen, motiviert folgende Schreibanregung auch diejenigen, die wenig Lust zum Schreiben haben:
Schreibanregung: „Sammelt in eurem Schreibheft (oder Journal) eine Woche lang Wörter, die ihr gerne hört, aussprecht oder schreibt. Bringt sie in einer Woche in den Unterricht mit.“
Nach einer Woche werden die Schüler im Unterricht aufgefordert, sieben Wörter aus ihrer Liste auszuwählen und um diese herum ein Gedicht (B1–B2) oder eine kurze Geschichte (A2–B2) zu schreiben. In der Vorleserunde werden zunächst die sieben Wörter vorgestellt und anschließend der daraus entstandene Text.
Schreibzeit: 15–20 Minuten.
Kollektive Alternative: Die SchülerInnen bilden Paargruppen. Die Schreibhefte mit den gesammelten Wörtern werden ausgetauscht; die PartnerInnen wählen aus diesen je sieben Wörter aus und geben das Heft zurück an die BesitzerIn. Danach werden Texte mit den sieben – von den PartnerInnen ausgesuchten – Wörtern produziert.
Schreibzeit: 20 Minuten.

V Assoziative Schreibspiele

(alle Niveaustufen)

A Die Geschichte eines Gegenstands
Schreibanregung: „Suche in deiner Tasche (Büchertasche, Handtasche, Hosentasche) nach einem Gegenstand, der dich jetzt gerade anspricht oder den du besonders gern magst (zum Beispiel dein Handy, Feuerzeug, Lippenstift etc.).
Lege den Gegenstand vor dich auf den Tisch, sodass du ihn gut betrachten kannst. Schreibe nun die Geschichte dieses Gegenstands – von seinem ersten Augenblick bis heute. (Wenn du willst, erstelle zuerst ein Cluster. Das Kernwort ist dein Gegenstand.)“
Schreibzeit: 15 Minuten

B Das Gegenteil ...
(B1/B2)
Schreibanregung: „Finden Sie das Gegenteil!“[30] [Text wird auf Folie gezeigt oder als Kopie verteilt]:
- Was ist das Gegenteil von einem Kuss?
- Was ist das Gegenteil von grün?
- Was ist das Gegenteil von einem Zug?
- Was ist das Gegenteil von einem Kuchen?
- Was ist das Gegenteil von einem Zaun?

„Schreiben Sie jetzt einen Text, in dem alle zehn Begriffe vorkommen.“
Tipp: Die hier genannten Begriffe können natürlich beliebig ersetzt werden.
Schreibzeit: 20 Minuten

---

[30] Schreibanregung in Anlehnung an Wood (2001).

VI Perspektivenwechsel

(alle Niveaustufen)

Wir alle können viel über uns selbst oder auch über andere, uns umgebende oder nahe stehende Menschen erzählen. Bei diesem Schreibspiel sollen diese beiden Perspektiven miteinander verbunden werden. Indem wir über uns selbst aus einer anderen Perspektive sprechen, haben wir zum einen den Vorteil, dass wir genügend Kenntnisse von „dem Thema" haben, zum anderen schlüpfen wir in die Rolle eines von uns häufig gebrauchten Gegenstandes, der wiederum „uns sehr gut kennt" und sich nicht schämen muss, wenn Positives oder Negatives über uns erzählt wird. Somit kombinieren wir Motivation mit der Aufhebung einer Blockade.
Konkret kann folgende *Schreibanregung* gegeben werden:
„Versetze dich in einen Gegenstand, der dich täglich begleitet (Handy, Feuerzeug, Gesichtscreme, Bleistift, Lieblingshose, Armbanduhr etc.). Beschreibe ein Ereignis des Tages (oder den gesamten Tagesverlauf) aus der Perspektive des Gegenstands."
Schreibzeit: 15 Minuten

VII Zahlenspiele: „Die M8 des Kla4s"[31]

(alle Niveaustufen)

In vielen Wörtern können wir Zahlen (Zahlenwörter) wieder erkennen, z. B. M8, ent2, 1händig, 2beinig, bed8 etc.
Schreibanregung: „Wir wollen versuchen, einen Text mit möglichst vielen Zahlenwörtern zu schreiben. Überlege zunächst mit deiner Nachbarin, welche Wörter infrage kommen.
Wenn ihr eine Liste mit mind. 5/10 Wörtern habt, beginnt ihr – alleine – einen Text mit möglichst vielen Zahlenwörtern zu schreiben."
Zusätzliche Motivation: Es wird eine bestimmte Schreibzeit vorgegeben. Danach sollen alle SchreiberInnen die Zahlen in ihren Texten addieren, wer insgesamt die höchste Zahl erreicht, hat gewonnen.
Schreibzeit: 20–25 Minuten
Variante Werbetext (B2): Die assoziierten Wörter sollen in einen Werbetext integriert werden.

1.2.2 Schreiben mit Musik

Um Lernende zum Schreiben zu motivieren, schlage ich im Folgenden Schreibanregungen mit Musik vor, die entweder einen spielerischen Charakter haben oder/und mit einer Versetzung in eine andere Situation und damit verbunden mit einem Ausbrechen aus der eigentlichen Unterrichtssituation zu tun haben. Außerdem handelt es sich um einzelne Musikstücke und nicht um längere Fantasiereisen mit Musik, damit diese häufiger eingesetzt werden können.
Der Katalog der Musikstücke kann unendlich erweitert werden, die hier präsentierten Titel gelten als inspirierende Beispiele und sind zudem in verschiedenen Schreibgruppen erprobt worden.

---

[31] S. dazu: Zopfli, 2001, 47.

I Lieblingsmusik

(alle Niveaustufen)

[Musik entweder in Verbindung mit einem Discman / Walkman / i-pod mitbringen lassen oder Schreibanregung als Hausaufgabe zu Hause schreiben lassen.]
Schreibanregung: „Höre deine Lieblingsmusik.
Notiere während des Hörens – in Stichpunkten – alles, was dir einfällt, was dir durch den Kopf geht. Unterstreiche danach die Wörter, die dich besonders ansprechen, und integriere diese in den Text, den du unmittelbar danach schreibst."
Variante: „Erstelle während des Hörens ein Cluster und beginne danach sofort mit dem Schreiben."
Schreibzeit: 10–15 Minuten

II „Reflections of Passions": Yannis

(alle Niveaustufen)

Aufforderung: „Schließe deine Augen und konzentriere dich ganz auf die Musik." [Musikstück ganz vorspielen.]
Anschließend *Schreibanregung:* „Wir hören die Musik noch einmal. Mit der Musik beginnen wir auch zu schreiben und halten unsere Gedanken und Gefühle fest ..."
Schreibzeit: 10–15 Minuten

III „Santiago": Loreena Mc Kennitt

(B1/B2)

Schreibanregung: „Die Musik, die wir jetzt hören werden, entführt uns ins Mittelalter. Heute ist Jahrmarkt. Stürzen Sie sich in den Rummel des Jahrmarkts und beobachten Sie genau, was Sie erleben, schnuppern Sie, dass Sie die vielen Gerüche der angebotenen Waren wahrnehmen können und nicht vergessen.
Wenn Sie genug von dem wilden Treiben haben, schreiben Sie schnell auf, was Sie alles erlebt haben."
Schreibzeit: 10–15 Minuten

IV Bauchtanzmusik

(alle Niveaustufen)

Einführung: „Sie sind für einige Tage in ein arabisches Land gereist. Bei Ihrem abendlichen Spaziergang hören Sie auf einmal Musik" [Musik einschalten].

Schreibanregung: „Sie folgen der Musik und verbringen eine sagenhafte Nacht ..."
Schreibanregung: „Lassen Sie sich von der Musik entführen und halten Sie fest, was Sie alles erleben."
Schreibzeit: 10–15 Minuten

V Musik in Verbindung mit visuellem Schreibanreiz: Jazzmusik und Bild

„Stadtnacht" (1950) von Beckmann[32]
(B1/B2 – Erwachsene)

Einführung: „Setzen Sie sich bequem hin, entspannen Sie sich. Schließen Sie die Augen. Stellen Sie sich vor, es ist sehr spät, Sie sind seit vielen Stunden in einer großen, Ihnen unbekannten Stadt unterwegs, Sie wollen ausgehen, sich amüsieren, doch überall herrscht Stille, Ruhe, Menschen unterhalten sich, aber Sie kennen diese Menschen nicht, Sie wollen Musik hören und werden auf einmal aus Ihren Gedanken gerissen, Sie hören Musik, Jazz, ja, sogar live ..."
[Musik einschalten]
„Die Musik kommt aus einer Bar. Wie magisch angezogen, treten Sie ein. Sie wissen nicht, um welche Bar es sich handelt, aber Sie sind sehr froh, in dieser warmen entspannten Atmosphäre angekommen zu sein, Sie lassen sich nieder, bestellen einen Drink und lassen sich von der Stimmung treiben.
Bitte öffnen Sie Ihre Augen. [Bild wird an die Wand projiziert.]
Sie nehmen vieles wahr, Gedankenblitze schießen Ihnen durch den Kopf.
Wo sind Sie eigentlich, wer ist noch da?
Was sind das für Leute?
Was hören und sehen Sie?"
Schreibanregung: „Lassen Sie Ihre Gedanken nicht entfliehen, halten Sie Ihre Gedanken fest, schreiben Sie alle auf ..."
Schreibzeit: 20 Minuten

1.2.3 Kooperatives Schreiben

I Dialoge

Egal ob mit der Banknachbarin, dem besten Freund oder sogar der Lehrerin: Unterhalten, quatschen, erzählen gehören bei den meisten Lernenden (und nicht nur bei ihnen) zur Lieblingsbeschäftigung. Warum also sollte man diese „Motivationsquelle" nicht – kooperativ schreibend – nutzen? Zudem ist das individuelle Bearbeiten von Schreibaufgaben für viele SchülerInnen so zur Routine geworden, dass man sie damit nur noch bedingt reizen kann.
Damit der Schritt von der Mündlichkeit hin zur Schriftlichkeit in einer Anregung zum Dialogschreiben nicht künstlich und überflüssig[33] wirkt, müssen bestimmte Gesprächssituationen geschaffen werden. Im Folgenden stelle ich zwei Möglichkeiten vor:

---

[32] Bild befindet sich als Folie im Anhang (Nr. 2).
[33] Warum sollte man sich z. B. über die Ereignisse des letzten Abends **schriftlich** austauschen, obwohl man sich gerade gegenübersitzt?

A Dialog zwischen ungleichen Partnern[34]
(alle Niveaustufen)
Um über den Austausch von Alltäglichkeiten hinauszukommen, können die Gesprächspartner aufgefordert werden, in gänzlich andere Rollen zu springen. Natürlich könnten diese einfach die anderer Personen sein, was aber dennoch nah an der realen Situation der SchreiberInnen ist. Alternativ dazu bietet es sich an, die Lernenden in die Rolle von (nicht menschlichen) ungleichen Paaren schlüpfen zu lassen und sie zu einem Dialog zwischen diesen anzuregen: Z. B. zu Dialogen zwischen einer Schraube und einem Schraubenzieher, einem Baum und der Erde, einem Schlüssel und einem Schloss, zwischen Himmel und Hölle, zwischen Sonne und Schnee etc.
Die ungleichen Paare können entweder vorgegeben werden oder in der Klasse gesammelt werden. Anschließend (und nachdem Paargruppen gebildet wurden) wird folgende *Schreibanregung* gegeben:
„Versetzt euch in die Rollen des ungleichen Paares, einigt euch, wer welche Rolle übernimmt. Führt danach einen schriftlichen Dialog in euren neuen Rollen durch. Jede/r beginnt die erste Aussage auf ein Blatt zu schreiben, dann werden die Blätter ausgetauscht und vom Partner, der Partnerin beantwortet bzw. weitergeschrieben. Danach tauscht ihr die Blätter wieder aus ... usw."
Schreibzeit: 20–25 Minuten.

B Surrealistischer Dialog
(alle Niveaustufen)

> *Der poetische Surrealismus (...) hat sich bisher bemüht, den Dialog in seiner absoluten Wahrheit wiederherzustellen, indem er beide Gesprächspartner von ihren Höflichkeitspflichten befreite. Jeder der beiden verfolgt ganz einfach sein Selbstgespräch, ohne daraus ein besonderes dialogisches Vergnügen gewinnen und sich seinem Partner im geringsten aufdrängen zu wollen. Die jeweiligen Aussagen zielen nicht, wie üblich, darauf, eine wenn auch noch so unwichtige These zu entwickeln – sie sind so unbeteiligt wie nur möglich. Was die Antwort, die sie auslösen, betrifft, so lässt sie im Allgemeinen die Eigenliebe des Gesprächspartners völlig kalt. Die Worte, die Bilder bieten sich dem, der zuhört, lediglich als Sprungbrett des Geistes an.* (Breton, 1986, 34)

Wie die Erläuterungen Bretons erahnen lassen, gelten bei diesem surrealistischen Schreibspiel die Regeln der „ecriture automatique" (s. A 2.3.1). Die Schreibgeschwindigkeit spielt dabei eine wichtige Rolle. Die schnelle Textproduktion soll bewirken, dass Kontrollinstanzen ausgeschaltet werden. Da außerdem die Höflichkeits- und Kommunikationspflichten, die einem Dialog normalerweise als „Spielregeln" zugewiesen sind, aufgehoben werden, stehen die Selbstgespräche der beiden Gesprächspartner im Mittelpunkt. Die Dialogsituation und die damit verbundene Anwesenheit von zwei Menschen dienen der gegenseitigen Inspiration. Als Beispiel ist die erste authentische surrealistische Schöpfung zu nennen: „Die magnetischen Felder" sind das Produkt eines surrealistischen Dialogs zwischen André Breton und Philipp Soupault.[35]

---

[34] S. a. Zopfi 2001, 51
[35] Breton, A.; Soupault, P.: „Die magnetischen Felder", „Les Champs Magnétique". München 1981.

Die beiden Autoren haben ihr Werk in weniger als acht Tagen „nach Diktat des Unbewussten“[36] geschrieben. Ein weiteres Beispiel ist das Drehbuch zu Luis Buñuels surrealistischem Film *„Der andalusische Hund“*, das aus einer Begegnung Buñuels mit Dalí bzw. aus ihren Träumen heraus entstanden ist:

> *Dalí hatte mich eingeladen, ein paar Tage bei ihm in Figueras zu verbringen, und als ich dort ankam, erzählte ich ihm, daß ich kurz vorher geträumt hatte, wie eine langgezogene Wolke den Mond durchschnitt und wie eine Rasierklinge ein Auge aufschlitzte. Er erzählte mir seinerseits, daß er in der voraufgehenden Nacht im Traum eine Hand voller Ameisen gesehen habe, und fügte hinzu: „Und wenn wir daraus einen Film machen?“*[37]

Die Vorteile des surrealistischen Dialogs liegen in der kooperativen Textproduktion: Obwohl die DialogpartnerInnen ihren eigenen Gedanken nachgehen, werden sie dennoch von außen durch die Aussagen des Gegenübers inspiriert.
Schreibanregung: „Bildet Paargruppen. Einigt euch mündlich, wer beginnen soll. Dann spricht PartnerIn (1) den ersten Satz aus, z. B.: ‚Die Berge münden in den gestreiften Fluss.‘ Die DialogpartnerIn stimmt diesem Satz entweder mit ‚ja‘ zu oder lehnt ihn mit ‚nein‘ ab. Findet der Satz Zustimmung, so wird er von beiden niedergeschrieben. Wird er abgelehnt, muss DialogpartnerIn (1) einen anderen Satz äußern. Wenn dieser akzeptiert wird, kommt DialogpartnerIn (2) an die Reihe usw.“

Beispiel: (1): Die Berge münden in einen gestreiften Fluss.
(2): „nein“
(1): „Von da an sah ich nur noch das schillernde Blau.“
(2): „ja“
Satz wird aufgeschrieben
(2): „Meine Sehnsucht trieb mich in den Wahnsinn.“ usw.

II Pingpong

(alle Niveaustufen)

„Statt des kleinen Balls, der beim Pingpong zwischen zwei Partnern hin und her springt, sind es bei diesem Spiel Sätze, die sich zwei Schreibende bei jedem Pass zuschieben, bis zwei Geschichten entstanden sind.“ (Zopfi, 2001, 49)
Schreibanregung: „Bildet Paargruppen. Ihr werdet jetzt Pingpong spielen. Da wir weder Bälle noch Schläger haben, spielen wir mit Sätzen. Ihr fangt zur gleichen Zeit zu spielen an – und schreibt einen Satz einer Geschichte auf ein Blatt Papier. Dann tauscht ihr die Blätter aus, lest den Satz eurer PartnerIn und schreibt dazu einen passenden zweiten Satz. Ihr spielt – wiederholt das Austauschen und Weiterschreiben – so lange, bis die beiden Geschichten fertig sind.“
Schreibzeit: 20–25 Minuten

---

[36] Werder; Mischon; Schulte-Steinicke, 1992, 274.
[37] Buñuel, Luis: Mein letzter Seufzer. Königstein/Ts. 1983, 91 ff.

Alternative: Dieses Schreibspiel könnte auch per Chat – oder Mail – durchgeführt werden.
Hier ein bearbeiteter *Beispieltext*[38]:

Du hast kurze Beine, eigentlich hasse ich das!
Hast du an allem 'was auszusetzen?
Ich hab' es satt, meinen Mund halten zu müssen.
Eigentlich dachte ich, wir seien füreinander geschaffen!
Das war 'mal!
Ich hab' dir mein Herz zu Füßen gelegt, aber du trampelst nur darauf 'rum!
Mach dir keine Sorgen, ich habe neue Schuhe an, die du übrigens bezahlt hast!
Also hast du mich nur des Geldes wegen geheiratet, du Miststück!
Bingo!

III Geschichtenlotterie

(alle Niveaustufen)

Am besten funktioniert dieses kollektive Schreibspiel in Vierergruppen.
Zunächst erhalten alle Lernenden vier Zettelchen, die als „Geschichtenlose" gestaltet werden sollen: Es werden dazu genaue Angaben vorgegeben, was auf die Lose geschrieben werden muss.
1. Los: ein Ort (z. B. Strand, Bar, Elternhaus, Schule etc.)
2. Los: eine Zeit (z. B. Mitternacht, Weihnachten, Frühsommer, 1. Ferientag etc.)
3. und 4. Los: eine Person bzw. Figur (z. B. betrunkener Mann, müde Großmutter, unwiderstehlicher Tangotänzer, entlaufener Sträfling)
Die beschriebenen Lose werden gefaltet und in drei Gefäßen (getrennt) gesammelt.
Im Anschluss daran ziehen alle Gruppenmitglieder je ein Orts- und Zeitlos sowie zwei Personenlose.
Schreibanregung: „Überlegen Sie sich eine Geschichte oder erstellen Sie ein Cluster für Ihre Geschichte. Nach max. 10 Minuten stellen Sie Ihre Geschichte mündlich in der Kleingruppe vor. Die Kursteilnehmer kommentieren die Geschichte und geben Tipps. Danach schreiben alle individuell Ihre Geschichte."
Schreibzeit: 25–30 Minuten

IV Anfang und Ende

(B1/B2)

Dieses kollektive Schreibspiel kann in Paargruppen oder reihum (indem das Spiel x-beliebig oft wiederholt wird) gespielt werden.
Schreibanregung: „Schreibt auf ein Blatt Papier den ersten und den letzten Satz einer Geschichte. Lasst zwischen den beiden Sätzen drei Zeilen frei. Gebt euer Blatt jetzt [nach max. 10 Minuten]

[38] Der Text entstand innerhalb eines Schreibseminares in Thessaloniki.

eurem Partner / eurer Partnerin (oder nach rechts weiter). Auf dem erhaltenen Blatt schreibt ihr jetzt zwei Sätze, die den Anfang und das Ende der Geschichte miteinander verbinden."
Schreibzeit (für einen Durchgang): 10–20 Minuten.

V Reimlawine

(B1/B2)

Die Lernenden sollen gemeinsam eine Reimlawine ins Rollen bringen.
Schreibanregung: „Schreibt auf ein Blatt Papier die erste Zeile eines Gedichts, z. B. ‚Und dann sah man nur noch das Blau', gebt das Blatt nach links weiter und reimt weitere vier Zeilen hinzu (jede Zeile endet auf –au)."
Schreibzeit: 10–15 Minuten

1.2.4 Schreiben mit literarischen Vorlagen (Lyrik)

(Spiele mit literarischen Vorlagen)
Das Produzieren von Lyrik gilt gemeinhin als sehr schwierig und für die meisten Fremdsprachenlerner als schier unmöglich. Entsprechend groß und motivierend ist das Erfolgserlebnis, wenn ein Gedicht – ohne große Mühe – in der Fremdsprache geschrieben wurde. Aus diesem Grund werden hier vier Anregungen zum Schreiben von Gedichten gegeben.

I Elfchen[39]

(alle Niveaustufen)

Am leichtesten ist es sicherlich, ein Elfchen zu schreiben. Die Vorgaben sind sehr klar, und die Inhalte können je nach Alter, Interesse und Sprachkenntnissen variiert werden.
Ein Elfchen ist ein Gedicht, welches – wie der Name schon sagt – aus elf Wörtern besteht: In der ersten Zeile befindet sich ein Wort, welches eine Farbe oder eine Form sein sollte. In der zweiten Zeile stehen zwei Wörter, die etwas beschreiben, was die Farbe/Form (aus der 1. Zeile) hat. Die dritte Zeile besteht aus drei Wörtern mit Angaben, wo sich das in der 2. Zeile Beschriebene befindet. In der 4. Zeile wird in vier Wörtern etwas zu dem bisher Geschriebenen ergänzt und in der 5., der letzten Zeile erfolgt die Pointe in Form eines Wortes.
Als Varianten des Elfchens können die Inhalte verändert werden, z. B:
1. Zeile: ein Name, ein Traum, ein Wunsch ...
2. Zeile: eine Eigenschaft, ein Gefühl, ein Ort ...
3. Zeile: je nach Inhalt, evtl. eine Kritik, eine konkrete Beschreibung, Skizzierung
4. Zeile: eine Aussage, ein Erzählen (ich-/er-/du-Perspektive)
5. Zeile: Schluss (wie im Original)

Die Kopiervorlage im Anhang stellt Struktur und Inhalt des Elfchens leicht nachvollziehbar dar (s. Kopiervorlage Nr. 3)

---

[39] S. u. a. Zopfi, 2001, 67.

II Haiku

(alle Niveaustufen)

Der Haiku ist eine alte japanische Gedichtform, die im Zen-Buddhismus an Bedeutung gewann (s. Zopfi, 2001, 67). Die Haiku-Tradition wird in Japan seit über 1000 Jahren gepflegt. Der erste große Schreiber von Haikus, Matsuo Basho (1644–1694), „geht in seinen Haikus immer von einer einzelnen, konkreten Naturerscheinung des Augenblicks aus, die ohne subjektive Beimengung durch den Autor, etwas vom Wesen der ganzen Natur vermittelt" (Werder, 1993, 184).
„Nach zen-buddhistischem Verständnis fällt dem Haiku die Aufgabe zu, ein flüchtiges Naturerlebnis [...] so zu gestalten, dass etwas vom Geheimnis des Banalen deutlich wird." (Werder, 1993, 184 f.).
Ein Haiku besteht aus 17 Silben, die auf drei Zeilen verteilt sind: Die erste Zeile besteht aus fünf Silben, die zweite aus sieben und die dritte wiederum aus fünf Silben.[40]
Diese drei Zeilen können beliebig oft wiederholt werden, d. h. es können auch mehrere Haikus hintereinander geschrieben werden.
Da Haikus einen Naturbezug haben sollten, bietet es sich an, vor Schreibbeginn einen kleinen Spaziergang in der nahen Umgebung der Schule zu machen und bei diesem zum genauen Beobachten dieser aufzufordern. Danach sollen die Eindrücke in ein Haiku einfließen (oder auch in mehrere).
Die Struktur des Haiku und einige Beispiele befinden sich im Anhang (s. Kopiervorlage Nr. 4).

III Utaki

(alle Niveaustufen)

Ein Utaki ist ein im 14. Jahrhundert verbreitetes (Liebes-)Gedichtspiel, in dem Liebende ihre zarten Gefühle einander mitteilen. Ein Utaki besteht – wie auch ein Haiku – aus drei Zeilen:
1. Zeile: 5 Silben
2. Zeile: 7 Silben
3. Zeile: 5 Silben
Im Unterschied zum Haiku wird beim Utaki jedoch dialogisch vorgegangen, d. h. zwei PartnerInnen schreiben sich gegenseitig Utakis, tauschen diese dann aus und schreiben danach ihr zweites Utaki, gewissermaßen als Antwort auf das erste der PartnerIn. Dieser Dialog kann entweder zwischen zwei realen Personen (SchülerInnen) geführt werden oder auch zwischen fiktiven Partnern.
Ein Beispiel für letztere ist ein Dialog zwischen Aristoteles in seiner Zeit und einer jungen Frau in unserer Zeit.
Schreibanregung: „Wählen Sie einen Partner, eine Partnerin. Schreiben Sie beide aus der Sicht Aristoteles' ein Utaki, indem Sie mit seinen Augen in die heutige Welt schauen. Tauschen Sie Ihre

---

[40] Für Lernende auf dem Niveau A2 könnte die strukturelle Vorgabe erleichtert werden, indem freigestellt wird, ob der Haiku aus 17 Silben oder 17 Wörtern besteht.

Gedichte aus und antworten Sie aus der heutigen Sicht auf das Gedicht von Aristoteles – wiederum in Form eines Utakis."
(Der Dialog kann mit beliebig vielen Utakis fortgesetzt werden.)
Schreibzeit: ab 10 Minuten
Die Struktur des Utaki und ein Beispiel für den Dialog mit Aristoteles befinden sich im Anhang (s. Kopiervorlage Nr. 5).

IV Schneeball

Auch beim Schneeball ist die Struktur festgelegt, was das Spielen mit der Sprache erleichtert.
Schreibanregung: Schreiben Sie ein „Schneeball-Gedicht" nach folgender Vorlage:
1. Zeile: ein Wort
2. Zeile: zwei Wörter
3. Zeile: drei Wörter
...
7. Zeile: sieben Wörter ... Bis dahin handelt es sich um einen anwachsenden Schneeball, danach kann dieser wieder abgeschmolzen werden:
8. Zeile: 6 Wörter
9. Zeile: 5 Wörter
...
13. Zeile: ein Wort.
(Dieses Schreibspiel kann auch kollektiv gespielt werden; dann wird das Blatt nach jeder Zeile nach rechts weitergegeben.)
Schreibzeit: ca. 10 Minuten.

1.3 Schwierigkeiten mit bestimmten Textsorten/Stil

Schwierigkeiten im Umgang mit bestimmten Textsorten oder im Schreibstil sind beim Schreiben in der Fremdsprache neben sprachlichen Unsicherheiten und mangelnden Kenntnissen im Bereich der Textsorten auf die kulturelle Geprägtheit des Schreibens zurückzuführen (vgl. A 1.1). Für den Schreibunterricht bedeutet das, dass „Feingefühl" für Schreibstil und Textsorten der Zielsprache entwickelt werden müssen. Üblicherweise versucht man dieses mit Anleitungen (z. B. zum Schreiben eines Berichts) zu erreichen. Die Praxis zeigt jedoch, dass diese theoretische Herangehensweise nicht ausreicht, um das anstrebte Ziel zu erreichen. Letzteres erfordert – alternativ oder ergänzend – mehr Praxisorientierung und eine stärkere Verbindung von Lese- und Schreibphasen. Das Weiterschreiben eines gelesenen Textausschnittes z. B. inspiriert dazu, „den Stift des Autors / der Autorin in die Hand zu nehmen". Das Nachahmen eines bestimmten Stils hilft, diesen bewusster wahrzunehmen und ihn in seinen wesentlichen Zügen zu durchdringen.

1.3.1 Schreiben mit Textvorlagen

Hier werden verschiedene Möglichkeiten vorgestellt, wie mit Texten und Textausschnitten zum Schreiben angeregt oder für einen bestimmten Stil/Textsorte sensibilisiert werden kann. Die verwendeten Texte haben dabei Beispielcharakter und können auch durch andere – je nach Niveau, Interessen, Alter der Zielgruppe – ersetzt werden.

I Bewusstes Lesen – und Schreiben

(alle Niveaustufen)

Eine Einstiegsübung, die das Sprachgefühl schult und eine Grundlage für die systematische Besprechung von Textsorten sein kann: In der ersten Phase werden den Lernenden in Kleingruppen verschiedene Texte (unterschiedlicher Textsorten, z. B. formeller und informeller Brief, Bericht) ausgeteilt. Die Textabschnitte sollen gelesen und richtig zusammengesetzt werden. Ausgehend von den Textbeispielen können in einer zweiten Phase Charakteristika der Texte (Textsortenspezifik) gemeinsam im Plenum erarbeitet werden. In einer anschließenden Anwendungsphase kann, anknüpfend an die bearbeiteten Texte, zur Textproduktion angeregt werden: Zu den Briefen können z. B. Antwortbriefe geschrieben werden, aus Berichten können Inhalte in verschiedene Kontexte transferiert werden (z. B. könnte ein Bericht über das Freizeitverhalten von Jugendlichen in Österreich Grundlage für einen Bericht über das Freizeitverhalten von Jugendlichen, Kindern, Erwachsenen im Herkunftsland der Lernenden heute oder vor 50 Jahren ... sein). Die Auswahl der Textsorte, in der geschrieben wird, sollte den Lernenden überlassen werden.
Die Phasen eins und zwei sollten direkt aneinander anschließen (*Arbeitszeit:* mindestens 45 Minuten). Die Textproduktion (Phase 3) kann in der nächsten Unterrichtsstunde oder auch zu Hause stattfinden (*Schreibzeit:* 40 Minuten).

II Füllgeschichten schreiben

Bei einer Füllgeschichte dienen Anfang und/oder Ende und/oder Mittelteil einer Geschichte, Erzählung, eines Berichts, eines Gedichts oder Märchens etc. als Schreibanlass. Füllgeschichten können auf verschiedene Art und Weise entstehen:

A Füllen von Vorgaben der Lernenden
(alle Niveaustufen)

Bei dieser Variante werden die Textausschnitte von den Lernenden selbst vorgegeben. Die Lehrenden legen lediglich fest, um welche Textsorte es sich handeln soll. Damit diese Schreibübung auch effektiv sein kann, sollten Textsorten gewählt werden, die in ihren Eigenschaften bereits besprochen wurden. Es handelt sich bei dieser Textproduktion somit um eine kreative Anwendung von bereits Bekanntem.
Schreibanregung: „Überlegen Sie sich einen ersten Satz und einen letzten Satz für ... (eine bestimmte Textsorte, z. B. eine persönliche Stellungnahme). Schreiben Sie Ihre Sätze (getrennt) auf

zwei kleine Zettel (oder auf ausgeteilte Kärtchen)." Danach werden die Zettel/Kärtchen eingesammelt und vermischt und jede/r Lernende zieht je einen ersten und einen letzten Satz für den eigenen Text. „Lesen Sie sich nun den Anfang und das Ende Ihres Textes durch und ‚füllen' Sie den Zwischenraum, indem Sie Ihren Text (Schilderung, Erzählung, ...) in diesen hineinschreiben."
Schreibzeit: 30 Minuten.

B Füllen vorgegebener Textausschnitte
(alle Niveaustufen)

Hier wird ähnlich vorgegangen wie bei A (s. o.), nur dass die Textausschnitte von den Lehrenden vorgegeben werden. Die Lernenden erhalten die Textausschnitte in Form einer Kopie und werden dazu angeregt, die Textlücken mit eigenen Sätzen zu füllen. Je mehr Text vorgegeben wird, umso leichter fällt es den Lernenden, den in der Textvorlage verwendeten Schreibstil zu erkennen und diesen nachzuahmen.
Im Anhang befinden sich zwei Textbeispiele als Kopiervorlagen. Beim ersten (Nr. 6) handelt es sich um einen Ausschnitt aus dem Text „Die Liebe in Paris" von Tahar Ben Jelloun. Da der Text anspruchsvoll ist, sollte er erst ab dem Niveau B2/+ eingesetzt werden.
Schreibzeit: ca. 30 Minuten
Für Lernende auf dem Niveau A2-B1 eignen sich sprachlich weniger anspruchsvolle Texte, Ausschnitte aus Märchen, Erzählungen, Schilderungen, Briefen, journalistischen Texten. Oder auch Gedichte und Lieder, wie z. B. das „Hölderlin-Lied" von Wolf Biermann (Anhang, Nr. 7). Das Beispiel zeigt, dass auch anspruchsvolle Texte als Lückentexte so präsentiert werden können, dass die damit verbundene Schreibaufgabe von Lernenden aller Niveaustufen bewältigt werden kann.
Schreibzeit: ca. 30 Minuten

C Weiterschreiben eines Textausschnitts (Prosa, Lyrik)
(alle Niveaustufen)

Wiederum wird an einen vorgegebenen Text angeknüpft. Im Unterschied zu A und B sollen hier keine Lücken gefüllt, sondern ein Textanfang weitergeschrieben werden. Die Schreibenden haben dabei mehr Entfaltungsfreiheit als bei den „Lückentexten". Wie auch bei B erleichtert es auch hier ein längerer Textanfang, diesen in seinem Stil zu adaptieren.
Das im Anhang (Nr. 8) präsentierte Beispiel „Schallwellen" (von Sakis Papadimitriou) kann zur Schulung von präzisen Beschreibungen herangezogen werden. (Niveau B1/B2)
Schreibzeit: ca. 30 Minuten
Auch Lyrik kann auf diese Art zum Schreiben anregen. Ein Beispiel (Anhang, Nr. 9) für die Niveaustufen B1/B2 ist das Weiterschreiben des Gedichtes „Florenz zum Dom" von Heike Boenning. Die erste und der Anfang der 2. Strophe werden vorgegeben, die Lernenden werden aufgefordert, die 2. Strophe zu Ende und eine 3. (und evtl. 4.) Strophe zu schreiben.
Schreibzeit: ca. 20–30 Minuten

III Paralleltext

(alle Niveaustufen)

„Bei Paralleltexten geht es darum, ein Muster vorzugeben, nach dem ein eigener Text entstehen kann." (Schreiter, 2003, 58). Dabei ergeben sich zwei Möglichkeiten:
1. Die Form bleibt gleich, der Inhalt ändert sich. Z. B. dient ein Märchen wie Rotkäppchen als Vorlage: Der Text, der produziert wird, hat die Form des Märchens (Rotkäppchen), weicht inhaltlich jedoch ab, indem das Märchen in eine andere Zeit, Szene, Landschaft etc. versetzt wird.
2. Der Inhalt bleibt gleich oder ähnlich, aber die Form wird geändert. Hier wird z. B. ein vorgegebenes Märchen (Rotkäppchen) als Gedicht, Beschreibung, Bericht etc. umgeschrieben.
Schreibzeit: 30–40 Minuten (je nach Länge der Textvorgabe)

IV Textsortenwechsel

(B2)

Ähnlich wie beim Paralleltext wird hier dazu angeregt, einen vorgegebenen Text inhaltlich unverändert oder wenig modifiziert in verschiedenen Textsorten (Gedicht, Brief, Zeitungsartikel, Anzeige, Nonsens-Anzeige, Bericht ...) wiederzugeben. Da für dieses Schreibprojekt die Charakteristika der einzelnen Textsorten bekannt sein müssen, empfiehlt es sich für fortgeschrittene Lernende (B2).
In einem Schreibseminar produzierten die KursteilnehmerInnen z. B. zum Thema „Leben in der Großstadt" einen wissenschaftlichen und journalistischen Text sowie einen Tagebucheintrag.

V Kollektiver Dialog mit Textvorlage

(alle Niveaustufen)

Wenn die Lernenden der Auseinandersetzung mit Textsorten und Schreibstil müde sind und dennoch Unsicherheiten im Umgang mit diesen aufweisen, kann diese Übung sie motivieren, „doch noch einmal" das Schreiben eines bestimmten Stils zu üben. Das gemeinsame Schreiben kann bekanntlich die Lust am Schreiben steigern. Daher werden die Lernenden aufgefordert, einen Dialog, der in Ausschnitten präsentiert wird, in Paargruppen weiterzuschreiben. Diese Übung hat sich auch als effektiv für das Schreiben von Dialogen in eigenen Geschichten erwiesen.
Als Beispiel befindet sich ein Gespräch zwischen Alexis Sorbas und seinem Chef im Anhang (Nr. 10).
Schreibanregung: „Lest euch den Dialog auf der Kopie in Ruhe durch und überlegt zu zweit, wie dieser Dialog weitergehen könnte. Schreibt mindestens sieben Äußerungen für Alexis Sorbas und für seinen Chef."
Schreibzeit: 25 Minuten

1.4 Übertragungen aus der Muttersprache / Schwierigkeiten mit Wortschatz und Formulierungen / Probleme der Verschriftlichung von Gedanken / falscher Gebrauch von Metaphern

Die in diesem Kapitel zusammengefassten Schreibschwierigkeiten beruhen primär auf Unsicherheiten (oder Defiziten) im Bereich Wortschatz, Syntax oder/und hängen damit zusammen, dass Texte in der Muttersprache vorformuliert und dann – oft wortwörtlich – in die Zielsprache übersetzt werden, was insbesondere in Formulierungen und im falschen Gebrauch von Metaphern zum Ausdruck kommt.
Um diese Schwierigkeiten langfristig abbauen zu können, müssen die sprachlichen Kenntnisse der Lernenden verbessert werden, was aber nicht nur Aufgabe des Schreibunterrichts ist. Der Beitrag, der im Rahmen der Schreibförderung geleistet werden kann, ist – allen voran – eine Sensibilisierung für Stärken und Schwächen eines Textes und damit verbunden, die Fähigkeit, eigene Texte zu überarbeiten (mit dem Verfahren der kollektiven Überarbeitung, 1.4.1). Außerdem kann mehr Sicherheit im Umgang mit Wortschatz und Metaphern durch Sprachspiele (1.4.2) und dem Finden von passenden Metaphern sowie ungewöhnlichen Vergleichen (1.4.3) erzielt werden.

1.4.1 Kollektive Überarbeitung

I Übung zur kollektiven Überarbeitung

(B1/B2, mit leichteren Texten auch für A2)

Zur Einführung der kollektiven Überarbeitung muss diese, wie in A 3.1 erwähnt, ausführlich erklärt werden. Nachdem die einzelnen Stationen des Überarbeitungszirkels besprochen sind, ist es sinnvoll, eine Textüberarbeitung im Plenum zu besprechen. Für diese Übung steht ein Text, inklusive Echotexte und der Überarbeitung aus einem Kreativen Schreibseminar[41] im Anhang als Kopiervorlage (Nr. 11) zur Verfügung.
Es empfiehlt sich, im Unterricht folgendermaßen vorzugehen:

1. Den Erstentwurf austeilen und von einer/m Lernenden laut vorlesen lassen. Dabei wiederholen, dass das laute Vorlesen in der Gruppe oder auch im Plenum sehr wichtig ist:

   Wenn die Schreibphase vorüber ist, dann lesen Sie, was Sie geschrieben haben. Das mag banal klingen, ist aber de facto eine meiner effektivsten Anweisungen, die ich Ihnen geben kann. Dieser Schritt bringt uns ganz alleine vom Schreiben zum Überarbeiten. (Herbert 2006, 171, meine Übersetzung)

2. Im Plenum Eindrücke und konstruktive Kritik zum Text sammeln oder individuell in Echotexten festhalten lassen.
3. Die drei Echotexte (s. u., s. Kopiervorlage) präsentieren und mit folgenden Leitfragen besprechen:

[41] Der Text entstand im Seminar „Einführung ins Kreative Schreiben" an der Aristoteles Universität Thessaloniki. Zu dem Text wurde mit dem Satzanfang „Indem ich in die Stadt hineintanze ..." und Walzermusik angeregt.

Sind sie informativ? Helfen sie bei der Überarbeitung? Werden operationale Verfahren angesprochen/angewendet? Werden sprachliche oder inhaltliche Fehler angesprochen? Werden konkrete Hinweise zur Überarbeitung gegeben? Abschließend sollte auch der Echotext der Autorin mit denen der beiden Gruppenmitglieder verglichen werden.

4. „Beurteilung“ des überarbeiteten Textes. Dabei können folgende Fragen besprochen werden: Wurden Kritik und Überarbeitungshinweise ernst genommen und Text entsprechend überarbeitet? Wo ist dies gut gelungen und wo weniger? Gibt es Textstellen, die noch überarbeitet werden müssen? Welche?

Abschließende Frage: Wie würden die Lernenden den Text beurteilen?
Zur Orientierung sind hier die Textbeispiele mit einigen Anmerkungen versehen:

Texte	**Anmerkungen**
1. Erstentwurf (abgetippt): **Indem ich in die Stadt hineintanze ...** Indem ich in die Stadt hineintanze, dreht sich alles hin und her, rundherum im Kreis und auf und ab. Ganz schnell erscheinen Bilder, und wenn man sie wahrzunehmen versucht, verschwinden sie wieder, als ob sie nie da wären, ganz schnell und plötzlich. Mal dreht sich alles schnell, mal langsam, Menschen schauen sich das Spektakel des freien Seins an und wundern sich, wie federleicht manche Menschen wie auf Wolken zu schweben scheinen. Der Schnee hinterlässt Spuren der tanzenden Füße auf dem Boden, und man sieht einen langen Pfad durch die Stadt ziehen. Und selbst am Abend wird weitergetanzt, nichts kann dieses Gefühl erdrücken, nicht einmal die Nacht, der kalte Winter oder die Einsamkeit. Denn wer einsam ist, tanzt nicht, wer einsam ist, macht dies nicht. Wenn aber diese Musik der Stadt erscheint, dann horcht man, wie ein kleines Kind. Man tippt erst mit dem Zeigefinger auf dem Schenkel, dann den einen Fuß im Takt der Musik, die kein anderer hört, nur diese Ohren. Danach steht man auf, vergisst die Einsamkeit und tanzt in die Stadt hinein.	
A) Echotext der Autorin: Mir gefällt dieser Text. Man empfindet eine Art Leichtigkeit, wenn man ihn liest, und kann sich in Bildern vorstellen, was im Text steht. Ich weiß nicht mehr, warum ich den Gegensatz mit in den Text eingebaut habe, er scheint jetzt, wo ich den Text noch mal lese, nicht zu passen. Wenn der Text länger wäre, dann vielleicht, aber so nicht. Mir gefallen bestimmte Wörter nicht, die ich bei der Bearbeitung sicher ändern werde.	Inhaltliches Problem wird erkannt (Widerspruch); sehr ungenaue Angabe, wenig hilfreich

<table>
<tr><th>Texte</th><th>Anmerkungen</th></tr>
<tr><td>B) Echotext von Kleingruppenmitglied I:
Der Text ist gut, aber ich glaube, du bist in einen kleinen Widerspruch gefallen. Es scheint mir, als ob der Satz – „Denn wer einsam ist, tanzt nicht, wer einsam ist, macht dies nicht.“ – dem übrigen Text widerspricht. Wie ich das verstehe, meinst du, dass sogar diejenigen, die sich einsam fühlen, zur Musik tanzen, oder? Denn man vergisst ja die Einsamkeit. Du könntest den Satz entweder auslassen oder verändern und eine Aussage zu den einsamen Menschen schreiben, die sich nach dem Tanzen sehnen. Außerdem glaube ich, dass das „und“ am Anfang des Satzes – „Und selbst am Abend wird weitergetanzt, nichts kann dieses Gefühl erdrücken, nicht einmal die Nacht, der kalte Winter oder die Einsamkeit.“ – unnötig ist. Wenn es ausbleiben würde, würde die Aussage stärker betont. Schließlich könnte der letzte Satz verändert werden und zum Beispiel – „Und man steht auf, vergisst die Einsamkeit und tanzt in die Stadt hinein.“ – heißen, denn ich fühle, dass der Rhythmus des Textes verändert wird. Zuletzt braucht der Text ein paar Kommas vor und nach dem Satz „wie auf Wolken zu schweben.“
Im Großen und Ganzen hat mir der Text sehr gefallen. Er hat einen philosophischen Ausklang und eine „versteckte Melancholie“. Besonders der Punkt mit „dem Spektakel des freien Seins“ war sehr schön und literarisch gefärbt. Mach weiter so!</td><td>Widerspruch wird auch hier erkannt,

Verständnisfrage

Konkreter Verbesserungsvorschlag

Vorschlag: Kürzen (Weglassprobe) mit Erklärung (stilistisch)

Vorschlag: Ersetzen (Verbesserungsvorschlag für Schreibstil
Korrekturvorschlag: Zeichensetzung:?

positive Rückmeldung, Lob, allgemein und konkret</td></tr>
<tr><td>C) Echotext von Kleingruppenmitglied II:
Das Erste, was ich gefühlt habe, nachdem ich deinen Text las, war, dass ihn viele Adjektive sehr schön bunt und leicht vorstellbar, erlebbar machten. Ich hatte das Gefühl, dass ich auch derjenige sein könnte, der diese Dinge sieht, wer tanzt, sich in der Stadt dreht, auf den Straßen.
Fand ich sehr schön, dass du schreibst, dass alle erstaunen sich, über das freie Sein. Guter weiterführender Gedanke.
In der sechsten Zeile, fand ich vielleicht einen stilistischen Fehler, bei dem Satz, der mit „Der Schnee...“ anfängt. Der Schnee hinterlässt Spuren? /
In der nächsten Zeile machst du eine schnelle Umschaltung: Ich bin noch bei den Pfaden im Schnee, und dann wird es plötzlich Abend mit einer Allegorie, die ich wunderbar fand zu lesen, aber nicht richtig verstanden habe./
Du schreibst, ein einsamer Mensch hört die Musik nicht, wie kann er dann horchen und später die Einsamkeit vergessen und weitertanzen?/
Ansonsten ein toller Text, mit schönen Gedanken.</td><td>Positive Rückmeldung (Stil, Wortwahl)

Frage nach inhaltlicher Richtigkeit/
Kohärenz? Bruch im Text?/
Hinweis auf unverständliche Textstelle/
Widerspruch wird auch hier erkannt/

Positive Rückmeldung</td></tr>
</table>

Texte	Anmerkungen
III) Überarbeiteter Text: Indem ich in die Stadt hineintanze, dreht sich alles hin und her, rundherum im Kreis und auf und ab. Ganz schnell erscheinen Bilder, die aber, wenn man sie wahrzunehmen versucht, wieder verschwinden, als ob sie nie da gewesen wären, ganz schnell, ganz plötzlich. Mal dreht sich alles schnell, mal langsam. Menschen schauen sich Spektakel des freien Seins an und wundern sich, wie federleicht manche Menschen wie auf Wolken zu schweben scheinen.	Eigenständige Korrektur (ohne Hinweis von anderen)
Der Schnee hinterlässt Spuren der tanzenden Füße auf dem Boden, und man sieht einen langen Pfad fröhlicher Schritte durch die Stadt ziehen. Auch am Abend wird weitergetanzt, nichts kann dieses Gefühl erdrücken, nicht einmal die Nacht, der kalte Winter oder die Einsamkeit.	Formulierung wurde nicht überarbeitet/ Überarbeitet (~~und~~) + Formulierung (auch)
Manch einer mag sich verlassen fühlen, wenn aber diese Musik der Stadt erscheint, dann horcht man, wie ein kleines Kind.	Widerspruch wird aufgehoben
Man tippt erst mit dem Zeigefinger auf den Schenkel, dann den einen Fuß zum Takt der Musik, die kein anderer hört, nur diese Ohren. /Danach steht man auf, vergisst die Einsamkeit und tanzt in die Stadt hinein ...	Verbesserungsvorschlag für letzten Satz wird nicht angenommen

Kommentar zu den Echotexten: Der Echotext der Autorin ist etwas knapp und ungenau, er stellt damit eine schlechte Diskussionsgrundlage bei der Textbesprechung in der Kleingruppe dar. Echotext B ist relativ ausführlich und zeichnet sich insbesondere dadurch aus, dass auch konkrete Überarbeitungsvorschläge gemacht werden. Letztere kommen im Echotext C zu kurz. Ansonsten lassen die sprachlichen Fehler in Echotext C auf die sprachlichen Unsicherheiten der Verfasserin schließen. Was positiv anzumerken ist, dass trotz sprachlicher Schwächen die beiden Textstellen benannt werden, die in der Tat überarbeitet werden sollten (Widerspruch, Schnee hinterlässt keine Spuren).

Kommentar zur Überarbeitung: Die Autorin hat einige der wesentlichen Kritikpunkte aus den Echotexten berücksichtigt. Weniger beachtet hat sie die Anmerkungen aus dem Echotext C). Ob dies daran liegt, dass die Autorin ein höheres Sprachniveau hat als die Schreiberin des Echotextes, kann hier nur vermutet werden.

Insgesamt konnte die Autorin ihren Text verbessern, auch wenn noch an wenigen Stellen gefeilt werden könnte. Dass die Endfassung des Textes relativ gut ausgefallen ist, hängt aber auch mit den guten Deutschkenntnissen der Autorin zusammen, welche es ihr ermöglichten, auch Textstellen zu überarbeiten, die von ihren Kommilitoninnen nicht markiert worden sind.

II Besprechen eines ausführlichen Echotextes

(B1/B2, mit leichteren Texten auch für A2)

Eine weitere Übung für das Schreiben von Echotexten ist die, einen sehr ausführlichen Echotext mit den Lernenden zu bearbeiten. Die Lernenden sollen zunächst den Echotext (Anhang, Nr. 12) lesen. Danach wird auf der Basis der Fragen zu Echotexten aus Übung I (s. o.) die Besprechung vorgenommen.
Insbesondere sollte jedoch auf folgende Fragen eingegangen werden:
Welche Bemerkungen sind hilfreich, sinnvoll, welche eher überflüssig?
Wird auf operationale Verfahren hingewiesen oder werden diese angewendet? Wenn ja, dann welche?
Wie wird die Sprache, in der der Echotext verfasst ist, empfunden?

III Gemeinsames Überarbeiten eines Textes aus der Lernergruppe

(alle Niveaustufen)

Als letzte Übung zur Schulung der Textbearbeitung schlage ich ein gemeinsames Überarbeiten (im Plenum) eines Textes aus der Lernergruppe vor. Dafür wird der – freiwillig zur Verfügung gestellte – Text zunächst von der/dem AutorIn laut vorgelesen. Danach schreiben alle Lernenden Echotexte, welche die Grundlage für die anschließende kollektive Überarbeitung des Textes sind. Gemeinsam werden auch die Operationalen Verfahren ausprobiert.
Für den Fall, dass sich niemand bereit erklärt, einen eigenen Text zur Verfügung zu stellen, befindet sich im Anhang (Nr. 13) ein Textbeispiel. Der Text ist nach der gleichen Schreibanregung wie der in Übung I entstanden („Indem ich in die Stadt hineintanze ...)“.
Eine Frage, die hier u. a. diskutiert werden sollte, ist der Bezug der Überschrift zum Inhalt des Textes.

1.4.2 Sprachspiele

Bei den hier zusammengestellten Sprachspielen gelten ähnliche „Spielregeln“ wie bei den Schreibspielen (vgl. A 2.3.6): Auch bei Sprachspielen ist es wichtig, den Lernenden genau das jeweilige Vorgehen zu erklären (wenn nötig auch in der Muttersprache), für eine entspannte Atmosphäre zu sorgen und die Zielsetzung zu klären: Der spielerische Umgang mit Sprache soll zu mehr Sicherheit im Umgang mit der Zielsprache (primär des Wortschatzes) und/oder im Bereich des Planens und Umsetzens (Formulierens) innerhalb des Schreibprozesses beitragen. Stringenz, inhaltliche Aspekte und Textsortenwissen spielen hier keine (wesentliche) Rolle.

I Schlangenwörter: Wortketten mit Komposita

(alle Niveaustufen)

Hier wird kein Text, sondern lediglich eine Wortkette mit Komposita angestrebt. Die Lernenden können auch ein Lexikon „zurate ziehen“.

Schreibanregung: „Bildet eine Kette aus Komposita (zusammengesetzten Substantiven), z. B.: Apfelbaum–Baumkuchen–Kuchenstück–Stückzahl–Zahltag–Tagtraum–Traumhaus ... Ihr habt 10 Minuten *Zeit* dazu. Wer die längste Wortkette geschrieben hat, hat gewonnen. (Motivation durch Wettbewerbscharakter).
Beginnt nun mit dem Wort ‚Schulferien'."

II Der kleinste gemeinsame Nenner

(A2, B1)

Hier geht es darum, Begriffe zu sammeln, die auf der Bedeutungsebene über einen „gemeinsamen Nenner" verfügen, z. B. Gegenstände, die hart sind.
Schreibanregung: „Überlegt euch Gegenstände, die folgende Eigenschaften verbinden:

- hart:
- hart und kantig:
- hart und rund:
- weich:
- weich und kantig:
- süß:
- süß und sauer:
- scharf:

..."
Schreibzeit: 10 Minuten

III Logische Verbindungen: Ursache – Wirkung

(alle Niveaustufen)

Logische Verbindungen von Ursache und Wirkung (wenn – dann) sind elementare „Bausteine" für einen verständlichen Text (egal, ob kreativer oder unkreativer Art). Damit dieses Spiel nicht in eine (langweilige) Übung von Wenn-dann-Sätzen ausartet, schreiben die Lernenden zu zweit und dürfen ihrer Fantasie freien Lauf lassen, was die Inhalte ihrer Sätze betrifft.
Schreibanregung: „Schreiben Sie mit Ihrer/m PartnerIn insgesamt zehn logische Verbindungen (Ursache – Wirkung). Die Themen sind Ihnen überlassen, und Sie können sich durchaus auch komische Verbindungen überlegen, wenn diese aus Ihrer Sicht logisch sind. Gehen Sie folgendermaßen vor:
PartnerIn A beginnt: ‚Wenn es morgen regnet, ...'
PartnerIn B setzt fort: ‚... dann bleibe ich den ganzen Tag im Bett.'
Wenn Sie beide mit der Formulierung einverstanden sind, schreiben Sie beide den Satz auf. Beim nächsten Satz beginnt PartnerIn B ..."
Tipp: „Variieren Sie bei den Formulierungen. Hier einige Beispiele zur Anregung:
Wenn Johann keinen Wecker hat, <u>dann</u> schläft er den ganzen Tag.
Wenn Leonie jeden Tag schreibt, <u>wird</u> sie ihren Roman bald fertig haben.
Wenn Jarmila jetzt noch in Bogotá ist, <u>kann</u> sie heute Abend nicht hier sein.

Nachdem Sie zehn Aussagen formuliert haben, wählen Sie (individuell) eine aus und entwickeln diese in einem Text weiter."
Schreibzeit: Insgesamt ca. 40 Minuten

IV Wörter raten

(alle Niveaustufen)

Dieses Ratespiel schult das Sprachgefühl der Lernenden. Die/der Lehrende bereitet dafür Wortkarten mit abstrakten Begriffen[42], wie z. B. „Wahrheit, Angst, Eifersucht, Ehrlichkeit" etc. (s. Anhang, Kopiervorlage Nr. 14), vor und verteilt jeweils eine verdeckt an jede/n Lernenden.
Schreibanregung: „Dreht eure Karte so um, dass niemand den Begriff, der sich auf der Karte befindet, sehen kann. Erklärt jetzt euren Begriff mit eigenen Worten (schreibt eine Definition), ohne diesen zu erwähnen."
Schreibzeit: 10 Minuten
Wenn alle mit dem Schreiben fertig sind, lesen die Lernenden der Reihe nach ihre Definitionen vor. Die Zuhörenden raten dabei, um welchen Begriff es sich handelt.

IV Wortlawine

(alle Niveaustufen)

Die Wortlawine dient der (richtigen) Anwendung von bereits gelerntem Wortschatz.
Schreibanregung: „Notieren Sie links oben auf ein DIN-A4-Blatt eines der folgenden fünf Wörter ‚Glück – Wut – Erfolg – Frühstück – Liebeskummer'. Schreiben Sie anschließend alle Wörter, die Ihnen zu dem ausgewählten einfallen, darunter, bis Sie am linken Seitenende angekommen sind. Danach schreiben Sie (auf dem gleichen Blatt) einen Text, in dem in jeder Zeile das Wort, welches sich am linken Rand befindet, vorkommt."
Schreibzeit: 30 Minuten

V Lügendetektor

(alle Niveaustufen)

„Morgen bin ich mit Cindy Crawford verabredet!"
„Ach ja? Ich speise mit Günter Grass ..."

Niemand will belogen werden, und doch sind wir alle froh, wenn wir uns in bestimmten Situationen mit (Not-)Lügen retten können. Die Kunst dabei ist, nicht entlarvt zu werden. So auch bei diesem Spiel.

---

[42] Die Auswahl der Begriffe kann sich auch an zu wiederholendem Wortschatz orientieren und immer wieder neu getroffen werden.

Schreibanregung: „Schreibe in fünf Sätzen drei Lügen und zwei wahre Aussagen auf. Achte darauf, dass deine Lügen überzeugend formuliert sind. Tauscht danach eure Sätze mit euren NachbarInnen aus und ratet, welche Aussagen der Wahrheit entsprechen und welche gelogen sind."
Schreibzeit: 15 Minuten

VI Ein Traum von A–Z

(alle Niveaustufen)

Ziel ist, einen Traum in 26 Sätzen zu schreiben. Alternativ könnten die letzten Ferien, eine Hoffnung, ein Ziel etc. beschrieben werden.
Schreibanregung: „Beschreibt einen Traum mit 26 Sätzen. Die Sätze sollen dabei je mit einem Buchstaben (in der Reihenfolge des Alphabets) beginnen."
Beispiel: Am Samstag hatte ich einen komischen Traum, der mich tagelang verfolgte.
Bis ich endlich mit meiner Freundin darüber sprach, fürchtete ich, das Geträumte sei eine schlimme Vorhersage.
Charlotte konnte mich dann mit ihrer Interpretation des Traumes beruhigen.
...
Schreibzeit: 25 Minuten

1.4.3 Finden von Metaphern und ungewöhnlichen Vergleichen

Hier steht die Stärkung des Sprachgefühls im Vordergrund. Da Metaphern kulturell geprägt sind, bereitet der richtige Gebrauch dieser in der Zielsprache vielen Lernenden Schwierigkeiten (vgl. A 2.3.2/V). Ähnliches gilt, wenn wir versuchen, bestimmte Situationen oder Gefühlszustände in der Fremdsprache – metaphorisch – zu beschreiben.
Die folgenden Übungen sollen zu mehr „Feingefühl" beim Gebrauch von Metaphern sowie bei der Formulierung von Vergleichen führen.

I Metaphern raten

(alle Niveaustufen)

Bei diesem Ratespiel geht es darum, bekannte Metaphern zu wiederholen und neue kennenzulernen. Die Lernenden werden aufgefordert, spontan oder bis zur nächsten Unterrichtsstunde fünf Metaphern, deren Bedeutung sie kennen, aufzuschreiben. Je ein/e Lernende/r liest dann seine/ihre Metaphern vor, und die anderen raten, was diese bedeutet. Unbekannte Metaphern schreiben alle Lernenden in ihr Heft (auf diese Art kann langfristig auch eine klasseninterne Metaphernliste entstehen).
Beispiele zur Anregung:
Wüstenschiff = Kamel
Rabeneltern= Eltern, die ihre Kinder vernachlässigen
jemandem das Herz brechen = jemanden unglücklich machen

II Metaphern – zweisprachig

(alle Niveaustufen)

Aufgabe: „Sucht in (muttersprachlichen) Zeitungen, Zeitschriften, literarischen Texten etc. nach zehn Metaphern und schreibt euch diese auf. Lest die Metaphern euren MitschülerInnen vor und überlegt gemeinsam, wie die damit verbundenen Bilder in deutschen Metaphern ausgedrückt werden."
(Es kann auch umgekehrt vorgegangen werden: Für deutschsprachige Metaphern werden muttersprachliche Entsprechungen gesucht (vgl. A 2.3.2/V).

In diesen ersten beiden Übungen kann eine thematische Eingrenzung vorgenommen werden, z. B.: Körpermetaphern, Metaphern für Verhalten, Gefühlszustände etc.

III Was bin ich

(vgl. auch Zopfi 2001, 69)
(alle Niveaustufen)

Für dieses Spiel werden die Lernenden aufgefordert, sich selbst (metaphorisch) zu beschreiben.
Schreibanregung: „Stellt euch vor, ihr seid neu in einer Klasse und wollt euch dort vorstellen. Um eure Eigenschaften, Vorlieben, Aussehen etc. besser vermitteln zu können, beschreibt ihr euch als einen Gegenstand, ein Tier, Naturphänomen etc."
Schreibzeit: 10 Minuten
Beispiel:
Ich bin ein Löwe.
Habe wenige Freunde,
aber auch fast keine Feinde.
Man sagt, ich bin schön,
aber auch gefährlich.
Bin faul,
wenn ich satt bin,
und unberechenbar,
wenn man mir
zu nahe kommt.

IV Finden von ungewöhnlichen Vergleichen

Für das Schreiben von ungewöhnlichen Vergleichen gibt es unzählige Anregungen. Die Auswahl sollte sich sowohl an der Zielgruppe als auch an sprachlichen Zielen (Wortschatz, Metaphern etc.) orientieren. Es kann auch hier themenorientiert vorgegangen werden (Befindlichkeiten, Aussehen, Charakteristika etc). Betont werden sollte, dass bei den „ungewöhnlichen Vergleichen" der Fantasie keine Grenzen gesetzt sind – ansonsten könnte man sie ja nicht als solche bezeichnen!

Im Anhang (Nr. 15) befinden sich einige Vorschläge, die für Lernende aller Niveaustufen geeignet sind.

1.5 Mit dem Schreiben beginnen – fehlende Schreibideen

Das Problem, mit dem Schreiben zu beginnen (s. o.), sei es eines Berichts, eines Gedichts, Romans oder einer wissenschaftlichen Arbeit, kennen wir alle, auch SchriftstellerInnen. Exemplarisch verweise ich auf Elfriede Jelinek und Christa Wolf:

> *Aus dem Nichts heraus etwas zu schreiben ist eher eine Qual, aber wenn ich schon etwas habe und damit spielen kann, ist es wahnsinnig lustvoll.* (Jelinek, in: Koelbl, 2007, 50)

> *Die ersten Sätze sind in den meisten Büchern in einem Prozess von Wochen, manchmal sogar Monaten entstanden. Zum Beispiel bei „Kindheitsmuster" habe ich über dreißig Anfänge gehabt.* (Wolf, in: Koelbl, 2007, 156)

Dass auch professionelle SchreiberInnen davor nicht gefeit sind und das Suchen nach Schreibanfängen offensichtlich Bestandteil des Schreibprozesses ist, sollte Fremdsprachenlernende beruhigen, wenn es ihnen schwer fällt, mit dem Schreiben von Texten in der Zielsprache zu beginnen. Da diese Erkenntnis jedoch nicht ausreicht, um einem leeren Blatt ohne Schrecken und reich an Schreibideen begegnen zu können, werden in diesem Kapitel Schreibverfahren und Herangehensweisen vorgestellt, die den Einstieg in den Text erleichtern.

1.5.1 Suchen und Finden von Schreibideen – Ideenpool

Anfängliche Schreibblockaden können auf das Fehlen von Schreibideen, -inspiration oder die Suche nach Worten, Formulierungen sowie eines konkreten Schreibanfangs zurückgeführt werden. In diesem Kapitel wird der Frage nachgegangen, wie man „inhaltlichen Blockaden" begegnen bzw. wo und wie man eine Schreibidee finden kann oder sich im Idealfall einen Ideenpool schaffen kann – als Quelle für die unterschiedlichsten Schreibsituationen.

Kurse und Lehrbücher zum Creative Writing raten häufig, darüber zu schreiben, was man gut kennt oder weiß („Writing what you know", vgl. Neale, 2006 b). Viele SchriftstellerInnen bezeugen zudem, dass ihnen ihre Lebenserfahrungen, Erinnerungen und ihre alltäglichen Wahrnehmungen große Quellen für Schreibideen sind. Dies bedeutet jedoch nicht, dass man ein außergewöhnliches Leben führen muss, um darüber schreiben zu können, sondern vielmehr, dass man die eigene Wahrnehmung und Auffassungskraft über das Durchschnittliche hinaus schärfen und stärken muss.
Eine *Schreibanregung*, die zur Wahrnehmungsschulung beiträgt, ist die folgende:
„Schließen Sie Ihre Augen für einen Moment und konzentrieren Sie sich auf den Raum, in dem Sie sich befinden. Überlegen Sie, welche Details Sie in einer Beschreibung des Raums auf jeden Fall erwähnen würden. Merken Sie sich die Details. Öffnen Sie die Augen und schreiben Sie – ohne sich erneut umzusehen –, was Sie sich gemerkt haben. Dann schauen Sie sich um und schreiben einen Text über den Sie umgebenden Raum, indem Sie auf mindestens drei Dinge ein-

gehen, an die Sie nicht gedacht haben, als Sie die Augen geschlossen hatten." (Vgl. Writing what you know: Neale 2006 a, 44f.).
Ein erweitertes Wahrnehmungsvermögen setzt außerdem voraus, dass man sich all seiner Sinne bedient: „Sie müssen anfangen, die Welt, die Sie zu verstehen versuchen, zu schmecken, zu fühlen und zu ertasten" (Neale, a. a. O., 49, meine Übersetzung). Dies kann schreibend geübt werden, indem man zum Beispiel über eine bestimmte Anzahl von Geräuschen schreibt, die man hören kann, oder über Oberflächen und Strukturen, die man fühlen kann etc.

Auch wenn die Anzahl der Schreibideen, die man aus seiner eigenen oder bekannten Lebenswelt ableiten kann, unbegrenzt zu sein scheint, können sich bei dem Versuch, über das schreiben zu wollen, was man kennt – sieht man die Aufforderung zu eng – auch Blockaden oder Einschränkungen ergeben: Entweder, weil man etwas zu gut kennt und daher wenig motiviert ist, auch noch darüber zu schreiben, oder man fühlt sich gehemmt, beim Schreiben über das „gut Bekannte" hinauszukommen.
Eine Lösung für beide Probleme besteht in der Verfremdung von bekannten Situationen, Personen etc.: z. B. indem man die Geschichte in eine andere Zeit versetzt, Namen oder Berufe, das Geschlecht der Hauptperson etc. verändert. Dadurch kann der Schatz an eigenen Erlebnissen, persönlichen Begegnungen etc. ausgeschöpft werden, ohne zu persönlich zu werden. (Vgl. Writing what you come to know: Neale, 2006 b, 58 f.)
Eine Erweiterung kann ein autobiografisch ausgerichteter Ideenpool also erfahren, indem zusätzliche Quellen, wie Geschichten von anderen, Beobachtetes, Gehörtes, das Umfeld, Mitmenschen, die mit allen Sinnen wahrgenommen werden. Interessant und gleichermaßen amüsant ist in diesem Zusammenhang Uwe Timms Verweis auf Schiller, der angeblich (die Quelle dieser Information ist nicht bekannt) einen faulenden Apfel in seinem Zimmer hatte, welcher ihn stimulierte (Timm, 1993, 26).
Um den Geruchssinn von DaF-Lernenden im Hinblick auf das Schreiben zu aktivieren, bieten sich viele Möglichkeiten an: angefangen vom situativen Schreiben am Fisch- oder Kräutermarkt, über mitgebrachte Duftträger wie Mottenkugeln oder Parfümproben bis hin zu Schreibphasen beim Besuch eines Erfahrungsfeldes der Sinne.
Da jede/r SchreiberIn jedoch einen bestimmten Wahrnehmungsmodus hat, ist es sinnvoll, im Schreibunterricht Anregungen zu geben, die ein multisensorisches Wahrnehmen und Beobachten ermöglichen, sodass alle SchülerInnen inspiriert werden.

Für eine „langfristige Therapie" gegen den Mangel von Schreibideen müssen die durch Wahrnehmungsschulung, Recherche in der eigenen Geschichte und in der anderer etc. hervorgebrachten Einfälle auch „konserviert" werden. Es lohnt sich daher, die Lernenden dazu aufzufordern, ihren Schreibideen eine Seite des Deutschheftes oder noch besser ein kleines Schreibheft zu widmen. Wenn sie alle spontanen Ideen, Beobachtetes etc. darin eintragen, gehört ihre Angst vor fehlenden Schreibideen für alle Zeit der Vergangenheit an.

1.5.2 Schreiben mit Schreib- und Satzanfängen

Was ich noch sagen wollte ... hat Horaz mir vor ein paar Jahrhunderten aus dem Mund genommen: „Wer begonnen hat, der hat schon halb beendet". Die Wichtigkeit des Anfangs zur Förderung der Kreativität ist mir nach dem Schreibseminar voll bewusst und in der Praxis bestätigt worden.

Zu dieser Erkenntnis kam eine Teilnehmerin eines kreativen Schreibkurses, die anfangs über große Schwierigkeiten, mit dem Schreiben zu beginnen, klagte.
Wenn es nicht an Schreibideen mangelt und der erste Satz dennoch nicht auf das Papier fließen will, kann dies durch das Weiterschreiben eines vorgegebenen Schreib-/Satzanfanges geübt werden (vgl. A 2.3.2), denn – um mit Horaz zu sprechen – dadurch ist der halbe Text (fast) schon geschrieben ...

I Schreibanfänge

Im Folgenden stelle ich eine Liste von Schreibanfängen vor, die natürlich unendlich erweitert werden kann:
(alle Niveaustufen)
Beispiele:
Wenn ich du wäre ...
Wenn ich morgen kündigen würde ...
Wenn ich Chef/in wäre ...
Wenn ich der Knopf meiner Hose wäre ...
Wenn ich Lehrer/in wäre ...

Was ich dir schon immer sagen wollte ...
Was ich gar nicht leiden kann, ist ...
Was ich besonders liebe, ist ...
Was mich sehr überrascht hat, war ...
Was ich nie glauben werde, ist ...

Ich werde nie wieder ...
Ich will endlich mal ...
Ich wollte schon immer ..., habe mich aber nicht getraut ...
Ich kann dir sagen, ...
Ich habe mich so auf ... gefreut, ...

Die beste Zeit meines Lebens war ...
Das riecht wie ...
Das hättest du wohl gerne, aber ...
Der Anruf kam genau im richtigen Augenblick ...
Das Komische an ihm ist, ...

Einen Tag lang wäre ich gern ...
Eines Tages wollte ich nicht mehr ...
Ein Gewitter veränderte mein Leben ...
Ein lauter Schrei weckt mich ...
Ein Jahr danach wollte ich ...

Schreibanregung: „Schreiben Sie den folgenden Satzanfang weiter: ...“
Schreibzeit: 15 Minuten

II Das „Buch der Fragen“ von Pablo Neruda

(alle Niveaustufen)

Eine weitere Einstiegshilfe in einen Text sind Fragen, die beantwortet werden sollen. Für das Kreative Schreiben sind insbesondere solche Fragen inspirierend, die Raum für Fantasie und Kreativität geben. Eine hervorragende Quelle dafür ist das „Buch der Fragen“ von Pablo Neruda (1993), in dem dieser z. B. die folgenden Fragen stellt:
Wer schrie alles vor Freude, als das Blau geboren wurde?
Wenn all die Flüsse doch süß sind, woher hat das Meer so viel Salz?
Warum wollen die Blätter sterben, wenn sie sich gelb fühlen?
Warum lehrt man nicht die Hubschrauber, aus der Sonne Honig zu saugen?
Wohin gehen die geträumten Dinge?
Geht das Gelb eines Tages zur Neige, woraus machen wir dann das Brot?
Wen kann ich fragen, wozu bin ich auf die Welt gekommen?
Wie motivierend diese Fragen sind, und wie breit das Spektrum möglicher Antworten sein kann, zeigt die Publikation „Neruda blau“ von Gabriele Pommerin-Götze, in der sie die Antworten von Deutschlernenden in verschiedenen Kontinenten, Lehrenden, SchriftstellerInnen, KünstlerInnen, Kindern und Musikern auf Nerudas Frage „Wer schrie alles vor Freude, als das Blau geboren wurde?“ präsentiert (Pommerin-Götze, 2003).
Im Hinblick auf das Kreative Schreiben sind auch die gemalten Antworten von Kindern auf Nerudas Fragen sehr inspirierend (s. Brito, 1993).
Schreibanregung: „Schreiben Sie eine Antwort auf die folgende Frage von Pablo Neruda: ... (Stellen Sie dafür keine wissenschaftliche Untersuchung an, sondern nutzen Sie Ihre Fantasie...).“
Schreibzeit: 15–20 Minuten

III Schreiben zu Überschriften (vgl. Herbert 2006, 175 f.)

(alle Niveaustufen)

Der Titel eines Gedichts ist von größter Bedeutung bei dessen Wahrnehmung durch den Leser. Wenn nur dieser auf dem Titelblatt einer Sammlung oder Anthologie erscheint, beeinflusst er die Entscheidung, ob das Gedicht gelesen wird oder nicht. (Herbert 2006, 175, meine Übersetzung)

In der Rolle von Lesenden lassen wir uns stark von Überschriften leiten, denken wir z. B. an das Lesen einer Zeitung ... Diese „Signalwirkung" von Überschriften kann auch für das Kreative Schreiben genutzt werden, und zwar auch als weiteres „Sprungbrett in den Text".
Schreibanregung: „Wählen Sie aus der folgenden Liste eine Überschrift aus, die Sie attraktiv finden und schreiben Sie (10 Minuten lang) einen Textentwurf dazu.
Danach lesen Sie sich den Text sehr sorgfältig durch und überprüfen, ob der Text wirklich der Überschrift entspricht. Markieren Sie, an welchen Textstellen dies weniger der Fall ist. Überlegen Sie sich danach drei andere Überschriften, die passender für Ihren Text sind. Wählen Sie eine Ihrer Überschriften aus und schreiben Sie dazu 10 Minuten lang einen neuen Text."
Überschriften: Zu früh oder zu spät?
Qualen
Der Abdruck des Schuhs
Das Shampoo
Zwischen hier und jetzt
Zwischen den Gezeiten
Die Liebe im 18. Jahrhundert
Ankommen
Schreibzeit: Insgesamt 30 Minuten

1.5.3 Assoziative Schreibtechniken

Eine weitere Möglichkeit, den Einstieg in einen Text zu schaffen, ist der mit assoziativen Schreibtechniken, wie dem Automatischen Schreiben, dem Free-Writing oder dem Clustern. Alle drei Techniken schalten eine Art Übergangsphase zwischen Aufgabenstellung und Textproduktion und helfen somit insbesondere in der Phase der Textplanung und beim Schreibbeginn.

I Automatisches Schreiben als Einstieg in einen Text

Mein Prozess des Schreibens hat sich insofern verändert, dass ich durch die Anwendung verschiedener Schreibtechniken, insbesondere der „écriture automatique", gelernt habe, „einfach darauf loszuschreiben", und somit entstanden auch einige ziemlich lange Texte. (Germanistikstudentin)

Vielleicht überrascht es, dass das schnelle Schreiben helfen soll, mit dem Schreiben zu beginnen. Und dennoch kann dieses widersprüchlich anmutende Vorhaben Erfolg haben – vorausgesetzt, es wird richtig erklärt. Die Effektivität des Einsatzes von Automatischem Schreiben für den Einstieg in den Text hängt davon ab, inwiefern die Lernenden die Schreibanregung zum Automatischen Schreiben verstanden haben und ihnen bewusst ist, dass ihr automatisch geschriebener Text eine Vorstufe des eigentlichen Textes, welche grundlegend überarbeitet wird, ist oder lediglich der Inspiration für den Text, der anschließend produziert wird, dient.
Haben die Lernenden hingegen die Erwartungshaltung, schnell und automatisch einen Text zu entwerfen, der nur noch minimal bearbeitet werden muss, wird es ihnen sehr schwer fallen, sich auf die Anregung Bretons einzulassen (vgl. A 2.3.1).
Bei fortgeschrittenen Lernern kann es hilfreich sein, sich vor dem Automatischen Schreiben gemeinsam die Definition des Surrealismus, und zwar die von André Breton in seinem „1. Manifest des Surrealismus" anzuschauen:

Surrealismus, Substantiv, mas. reiner, psychischer Automatismus, durch welchen man, sei es mündlich, sei es schriftlich, sei es auf jede andere Weise, den wirklichen Ablauf des Denkens auszudrücken sucht. Denk-Diktat ohne jede Vernunftskontrolle und außerhalb aller ästhetischen oder ethischen Fragestellungen.

ENZYKLOPÄDIE. Philosophie. Der Surrealismus beruht auf dem Glauben an die höhere Wirklichkeit gewisser, bis heute vernachlässigter Assoziationsformen, an die Allgewalt des Traums, an das zweckfreie Spiel des Denkens. Er zielt auf die endgültige Zerstörung aller anderen psychischen Mechanismen und will sich zur Lösung der hauptsächlichen Lebensprobleme an ihre Stelle setzen. (Breton, 1986, 26/27)

Für Lernende auf dem Niveau A2–B1 sollte der angestrebte Automatismus mit eigenen Worten vermittelt werden.

Bevor die Schreibanregung ausgesprochen wird, sollte die *Schreibzeit* bekannt gegeben werden, damit sich die Lernenden innerlich darauf einstellen können. 7–10 Minuten sind durchaus ausreichend, da das pausenlose Schreiben ansonsten sehr anstrengend werden kann.
Für Lernende ab Niveau B2 bietet es sich an, die *Originalschreibanregung* von Breton (s. A 2.3.1) vorzulesen und danach mit „Auf die Plätze fertig los" den Schreibbeginn anzukündigen.
Für Lernende auf dem Niveau A2–B1 ist es besser, die *Schreibanregung* von Breton vereinfacht zu vermitteln: „Schreibt jetzt, so schnell ihr könnt, alles auf, was euch in den Sinn kommt. Es ist egal, worüber ihr schreibt und ob ihr dabei Fehler macht. Diese interessieren uns beim Automatischen Schreiben überhaupt nicht. Worauf ihr jedoch achten müsst ist, dass ihr nicht mit dem Schreiben aufhört. Wenn euch irgendwann nichts mehr einfällt, schreibt einfach den Buchstaben L, und zwar so lange, bis euch ein Wort mit L einfällt, dann notiert ihr dieses und schreibt weiter. Immer, wenn ihr nicht weiter wisst, schreibt ihr ein L ..., und wenn es sein muss, auch 10 LLLLLLLLLL...

Zum *Umgang mit automatisch geschriebenen Texten:* Die Schreibenden sollten nicht dazu gezwungen werden, ihre Texte im Plenum vorzulesen, da die Inhalte sehr persönlich sein können. Die Erstentwürfe können entweder als Schreibübung abgeheftet oder kollektiv überarbeitet werden. Von einem bloßen Abheften rate ich ab, da automatisch geschriebene Texte so nicht ernst genommen werden. Wesentlich sinnvoller und effektiver ist es, die Erstentwürfe kollektiv zu überarbeiten. Dabei stehen Aspekte, die während des Schreibprozesses ignoriert wurden, im Vordergrund: Aufbau, Struktur, Verständlichkeit, formale Richtigkeit.

II Automatisches Schreiben mit Satzanfängen (oder einem vorgegebenen Thema)

(alle Niveaustufen)

Hier handelt es sich gewissermaßen um eine Kombination aus dem Schreiben mit Schreibanfängen und dem Automatischen Schreiben. Der Vorteil dieses Vorgehens ist, dass der automatische Schreibprozess durch eine zusätzliche Inspiration leichter in Gang gebracht und außerdem eine inhaltliche Steuerung vorgenommen werden kann. Letztere ermöglicht es, eine konkrete

Schreibaufgabe, z. B. das Schreiben einer Kündigung (formeller Brief), kreativ vorzubereiten. Die Inhalte und z. T. auch Formulierungen, die automatisch auf das Papier fließen, sind eine gute Grundlage für den zu schreibenden Text. Die Umformung des automatisch geschriebenen Textes in einen formellen Brief kann im Rahmen der Überarbeitung geleistet werden.
Die *Schreibanregung* erfolgt wie bei I, nur dass zusätzlich ein Satzanfang (oder auch ein Thema) vorgegeben wird.
Beispiele für Satzanfänge:
Heute kündige ich ...
Gestern war mein letzter Arbeitstag ...
Morgen verlasse ich die Schule ...
Wenn ich Umweltminister wäre ...
Wenn ich zum Mond fliegen kann ...
Schreibzeit: 10 Minuten

III Free-Writing

Im Unterschied zum Automatischen Schreiben wird vor Beginn der Schreibphase ein Begriff, Titel oder ein Thema gewählt. Die Auswahl kann entweder von den Schreibenden selbst oder von Kursleitenden vorgenommen werden. Für den FSU empfiehlt sich die letztgenannte Variante, um wie bei II inhaltlich Akzente zu setzen und auch diejenigen Lernenden, die keine Schreibidee haben, zu inspirieren.
Themenvorschläge: Mein erster Schultag
Der schönste Augenblick meines Lebens
Eine verheerende Begegnung
Zwielicht
Ausbruch
Aufbruch
Die Verzweiflung der Ameise
Grundstücksmarkt Mond
Schreibanregung: „Schreiben Sie jetzt, so schnell Sie können, all ihre Gedanken zu dem Thema/ Titel ... auf. Ihre Hand sollte immer in Bewegung bleiben. Unterbrechen Sie Ihr Schreiben nicht, indem Sie bereits Geschriebenes lesen, sondern schreiben Sie weiter, auch wenn Sie vergessen haben, was schon auf Ihrem Blatt steht. Wenn Sie keine Ideen mehr haben, schreiben Sie einfach ‚mir fällt nichts ein', bis sie eine neue ‚Eingebung' haben."
Schreibzeit: 10 Minuten
Zum *Umgang mit geschriebenen Texten:* Die Texte, die in Free-Writing-Phasen entstehen, sollten im FSU genauso behandelt werden wie die des Automatischen Schreibens (s. o.).

IV Cluster: Kollektiv – individuell

In einem kollektiven Cluster können die Ideen der ganzen Lernergruppe zusammengetragen werden, die dann wiederum Grundlage eines individuellen Clusters für eine anschließende Textproduktion sein können. Das kollektive Cluster wird dabei entweder von der/dem Lehrenden oder einer/m Lernenden an der Tafel (oder OHP) festgehalten.

Im FSU bietet das kollektive Cluster zudem die Möglichkeit, Wortschatzarbeit in diese Phase mit einzubeziehen: Sind bestimmte Assoziationen nur in der Muttersprache bekannt, so werden sie dennoch laut ausgesprochen, von anderen Lernenden oder der/m Lehrenden übersetzt und in der Zielsprache an die Tafel geschrieben.
Die *Schreibanregung* für das kollektive und individuelle Cluster kann wie folgt formuliert werden (s. a. A 1.2.1):
„Schreibt ein Wort (Thema) in die Mitte eines DIN-A4-Blattes und kreist es ein. (Das Wort ist das Kernwort des Clusters.)
Die Assoziationen, die euch dazu spontan einfallen, schreibt ihr um das Kernwort herum auf. Dabei werden alle neuen Assoziationen eingekreist und mit dem Kernwort als auch mit weiteren daran anknüpfenden Assoziationen verbunden. So können auch Assoziationsketten entstehen. Bei jedem neuen Gedankengang beginnt ihr wieder am Kernwort mit einer neuen Assoziation (-skette).
Clustert so lange, bis ihr eine Idee habt, worüber ihr schreiben wollt."

(Zur Veranschaulichung befindet sich im Anhang (Nr. 16) ein Cluster (mit Text) einer Deutschlernenden.)
Für den Übergang vom kollektiven zum individuellen Cluster sollte ergänzt werden:
„Sucht euch nun einen Begriff aus unserem gemeinsamen Cluster aus. Dieser Begriff wird das Kernwort für euer eigenes Cluster. Erstellt zunächst euer Cluster und schreibt dann direkt im Anschluss einen Text."
Schreibzeit: Kollektives Cluster: 10 Minuten
Individuelles Cluster + Textproduktion: 25 Minuten
Tipp: Als Ausgangsbegriff für das kollektive Cluster können konkrete zu behandelnde Themen oder auch persönliche Eindrücke der Lernenden herangezogen werden, z. B. die Gerüche, die sie auf dem Weg zur Schule wahrgenommen haben, Gegenstände aus der Büchertasche oder solche, die aus den Ferien, Wochenendausflug mitgebracht wurden etc.

V Kritzeltexte

(alle Niveaustufen)

Der Einstieg in den Text kann auch durch eine vorgeschobene Kritzelphase erleichtert werden (vgl. A 1.2.1, s. a. Beispiel). Zum Kritzeln kann mit und ohne Musik angeregt werden, motivierender – auch für das Kritzeln selbst – ist jedoch das Vorgehen mit Musik. Zu diesem kann wie folgt angeregt werden:
Schreibanregung: (Musik einschalten) „Hören Sie die Musik. Lassen Sie beim Zuhören ihre Gedanken schweifen und einen Stift locker über ein weißes Blatt Papier wandern. Sobald Sie eine Form erkennen, schreiben Sie diese als Wort in Ihre Kritzelei. Dann fahren Sie weiter mit dem Kritzeln fort. Wenn die Formen nach einer Weile deutlicher und die damit verbundenen Ideen klarer werden, beginnen Sie, diese in einem Text festzuhalten."
Schreibzeit: 20 Minuten

1.6 Strukturierung von Texten

Eine ebenfalls häufig auftretende Schreibschwierigkeit besteht darin, dass zwar Schreibideen vorhanden sind und diese auch in Worte gefasst werden können, die daraus entstandenen Texte aber nicht überzeugend oder gut verständlich sind, weil sie unlogisch aufgebaut, schlecht strukturiert oder die Argumentation nicht nachvollziehbar ist.
Lernende, die mit solchen Schwierigkeiten kämpfen, können durch den Einsatz von Cluster und Mindmap als „rettende Ordner" sowohl die Argumentation besser planen als auch den Text insgesamt besser strukturieren lernen.

1.6.1 Cluster zum Sammeln und Strukturieren von Aspekten, Argumenten

Bereits in der Phase der Textplanung muss geklärt werden, welche Aspekte eines Themas berücksichtigt werden sollen und welche Inhalte für eine überzeugende Argumentation notwendig sind.
Wie schon besprochen wurde (s. o.), eignet sich das Cluster für das Sammeln von Schreibideen und Assoziationen zu einem Thema. Durch das freie Assoziieren in der Clusterphase ergibt sich automatisch eine gewisse Logik innerhalb der Assoziationsketten: Sei es ein Argument mit Gegenargument, die verschiedenen Seiten eines Themas, die Vor- und Nachteile, das Thema gestern und heute (historische Perspektive) etc.
Betrachtet man ein fertiggestelltes Cluster, kann man bereits erkennen, welche Aspekte für das Thema relevant sind und welche Argumente zusammengehören.
Die Lernenden sollten daher motiviert werden, vor ihrem ersten Textentwurf ein Cluster zu dem jeweiligen Thema zu erstellen, um sich über die wichtigsten Aspekte und Argumente klar zu werden.
Schreibanregung: „Erstellen Sie zu dem Thema ... ein ausführliches Cluster." (Anleitung zum Clustern s. B 1.5.3/IV).
Schreibzeit: 10 Minuten

1.6.2 Mindmap zur Strukturierung von Texten

Sind die relevanten Aspekte eines Themas gesammelt, müssen diese strukturiert werden. Dafür ist das Mindmap ein hervorragendes Verfahren:
Der große Vorteil gegenüber einer Gliederung in Form einer linearen Stichpunkt-Sammlung ist der, dass es die Struktur und die „Spielregeln" des Mindmaps erlauben, auch nachträglich Aspekte zu integrieren und zudem nachvollziehbar ist, welche davon wichtig oder sekundär sind, ohne dass die Frage der Relevanz in Worte gefasst werden muss. Die genaue *Anleitung* für das Erstellen eines Mindmaps macht diese Vorteile transparent:

1. Schreiben Sie in die Mitte eines querformatigen Papiers (mindestens DIN-A4) das Thema als Kernwort (eingekreist).
2. Ordnen Sie um das Kernwort (Thema) herum die einzelnen Aspekte des Themas auf Ästen (Haupt- und Nebenästen) an. Beschriften Sie dabei die Hauptäste abstrakt (offen) und die Nebenäste konkret (in jeder weiteren „Abzweigung" können Sie detaillierter auf einen Unteraspekt eingehen).

3. Achten Sie bei der Anordnung der Äste darauf, dass die wichtigen Aspekte auf Ästen in der Nähe des Kernwortes eingetragen werden und weniger wichtige in der Peripherie. Somit wird die Relevanz der einzelnen Aspekte festgelegt.
4. Die Anordnung der Äste erfolgt im Uhrzeigersinn (Beginn 12 Uhr ...), damit Sie auch nachträglich noch Äste an verschiedenen Stellen eintragen und die Struktur weiterentwickeln können.
5. Beschriften Sie die Äste nach Möglichkeit mit Substantiven. Auf keinen Fall sollten Sie ganze Sätze auf die Äste schreiben.
6. Um die Übersichtlichkeit zu erhöhen, empfiehlt es sich, mit verschiedenen Farben zu arbeiten. Auch Ausrufe- und Fragezeichen oder Symbole können Sie dafür nutzen.

Ein Beispiel für ein Mindmap zum Thema „Deutsch lernen" befindet sich auf S. 43.
Schreibzeit: Ist stark abhängig von der Komplexität des jeweiligen Themas, es sollten aber mindestens 15 Minuten zur Verfügung stehen.

1.7 Textbausteine / allgemeingültige Formulierungen

Textbausteine und unzutreffende, allgemeingültige Formulierungen werden bekanntlich – gerade beim Schreiben in der Fremdsprache – oft als kleine „Rettungsanker" in Texte integriert. Z. T. wurden diese schon in der Muttersprache oder in einer anderen Fremdsprache „erprobt" und gelten daher als eine Art Garant für einen zumindest teilweise gelungenen bzw. „richtig formulierten" Text.
Dass diese Textbausteine steril wirken und nur selten wirklich passen, liegt auf der Hand. Sind Lernende einmal dafür sensibilisiert (z. B. durch kooperative Überarbeitungen), stören sie sich selbst an den immer wiederkehrenden Textelementen. Der Schritt von dieser Erkenntnis hin zum Verzicht auf „gute Formulierungen und Textabschnitte" ist jedoch schwierig, da er mit dem Aufgeben bestimmter Sicherheiten und Gewohnheiten einhergeht. Dieses Loslassen und anschließende Finden der eigenen Schreibe kann durch Kreatives Schreiben stark gefördert werden, und zwar mit Schreibverfahren und -anregungen, die bestimmte Charakteristika aufweisen:

1. Schreibverfahren, die zu einer sehr schnellen Textproduktion anregen (Free-Writing, Automatisches Schreiben; s. 1.7.1)
2. Schreibanregungen, die Inhalte evozieren, welche von herkömmlichen Standardthemen divergieren (Assoziatives Schreiben zu Geräuschen, Gerüchen, Gegenständen, Bildern, Musik; s. 1.7.1, 1.7.3, 1.7.4)
3. Schreibtechniken, die eine Textplanung mit Bausteinen und vorgefertigten Formulierungen nicht zulassen (Kooperatives Schreiben; s. 1.7.2)

Alle genannten Techniken, Verfahren und Schreibanregungen verfügen über die Gemeinsamkeit, dass es nicht „in ihrer Natur liegt", Textbausteine hervorzubringen.

1.7.1 Assoziatives Schreiben

Dadurch, dass assoziative Verfahren nicht auf das Produzieren einer bestimmten Textsorte und Thematik abzielen, wirken Textbausteine aus Erörterungen, Schulaufsätzen in assoziativ geschriebenen Texten schnell wie Fremdkörper und fehl am Platz. Selbst Schreibende, die es beim ersten oder zweiten Text versuchen, ihre erprobten Textelemente zu gebrauchen, werden feststellen, dass diese unpassend und schlecht mit ihren Gedanken aus der Assoziationsphase zu verbinden sind.

I Texte nach Reizwörtern: Free-Writing

(alle Niveaustufen)

Bei dieser Schreibübung regen drei Reizwörter zum schnellen Schreiben an. Mit anderen Worten wird das Verfahren des Free-Writings mit einem zusätzlichen Schreibimpuls verbunden.
Schreibanregung: „Schreiben Sie jetzt, so schnell Sie können, einen Text, in dem die folgenden drei Dinge vorkommen:
Zeitung – Messer – Korken/ Schuh – Schlüssel – Stuhl/ Wein – Brille – Hose/ ...
Unterbrechen Sie Ihr Schreiben nicht, indem Sie bereits Geschriebenes lesen. Korrigieren Sie nicht während des Schreibens. Wenn Ihr Schreibprozess ins Stocken gerät, schreiben Sie einfach ‚mir fällt nichts ein', bis Sie eine neue Eingebung haben."
Schreibzeit: 10 Minuten

II Liste von Lieblingsdingen (vgl. Heffron, 2000)

(alle Niveaustufen)

„Vorbild" dieses Verfahrens ist Woody Allens Film „Manhattan", in dem der Hauptdarsteller, auf einem Sofa liegend, alle Dinge, an denen er hängt, in ein Aufnahmegerät rasselt. Im Anschluss daran stellt er mit der aufgezeichneten Liste fest, wer ihm wirklich wichtig ist ...
Im Schreibunterricht werden die Lieblingsdinge zum Schreibanlass ...
Schreibanregung: „Schreibt eine Liste mit euren Lieblingsdingen, mit Dingen, die euch wirklich wichtig sind. Denkt an Gerichte, Aktivitäten, Leidenschaften, Gegenden, Jahreszeiten, Situationen. Wenn die Liste vollständig ist, wählt ein Lieblingsding aus und schreibt dazu einen Text, indem ihr erklärt, warum euch dieses so wichtig ist, welche Assoziationen ihr mit ihm verbindet, seit wann ihr an ihm hängt etc."
Schreibzeit: Insgesamt 25 Minuten

III Die Schatzkiste

(vgl. Wolfrum 2001, 168 f.)
(alle Niveaustufen)

Schätze, Schatzkisten, Überraschungen und Geheimnisvolles reizen Jung genauso wie Alt. Aus diesem Grund hat sich auch die „Schatzkiste“ als Schreibanregung als äußerst motivierend erwiesen. Die Attraktivität der Schatzkiste ist folgendermaßen zu erklären: Die Schreibenden werden aufgefordert, sich den Gegenstand auszusuchen, der sie persönlich anspricht. Sie können über das, was er für sie bedeutet (vielleicht auch über den Ort, an dem er gefunden wurde) schreiben. Ausgangspunkt des Schreibprozesses sind somit die Schreibenden selbst und ihre Erfahrungen und Bezüge zu dem Gegenstand. Die relative Freiheit in der Textproduktion und die Konzentration auf den Gegenstand tragen zu einer angstfreien Atmosphäre bei und somit auch zur Beseitigung von Schreibängsten und zum Verzicht auf Textbausteine. Damit der Reiz der sagenumwobenen Schatzkiste nicht als kurzfristige Motivation einer Schreibübung verloren geht, ist es sehr wichtig, die Schatzkiste richtig einzuführen: Bevor die Kiste geöffnet wird, sollte sie geheimnisvoll angepriesen werden[43], man kann von dem Ort, an dem man den Schatz gefunden hat, erzählen. Ziel dieser Hinführung ist es, die Schreibenden an die Hand zu nehmen und in eine Welt zu führen, die Neues oder Unerwartetes verspricht und dem Alltag fern ist.
Im FSU kann die Schatzkiste auch themenspezifisch gefüllt werden, um gezielt auf bestimmte sprachliche Phänomene einzugehen, oder die Schatzkiste wird zu einem „Klassenschatz“, indem sie nach dem ersten Einsatz den SchülerInnen überlassen wird, um sie selbst – mit eigenen Ideen (Schätzen) – zu füllen.
Schreibanregung: (Nach Einführung der Schatzkiste) „Betrachtet euren Schatz ganz genau, tastet ihn ab, riecht daran, wie fühlt er sich an, woran erinnert er? Behaltet eure Gedanken nun und schreibt euren Schatz in die Mitte eines großen Blattes und erstellt um ihn herum ein Cluster. Wenn ihr damit fertig seid, beginnt ihr direkt mit dem Text zu eurem Schatz.“
Schreibzeit: 25 Minuten

IV Cluster zu Gerüchen, Geräuschen, Strandgut etc.

(alle Niveaustufen)

Ähnlich wie bei der Schatzkiste, kann auch mit Gerüchen, Geräuschen, Dingen, die man während eines Spaziergangs findet etc. zum assoziativen Schreiben mit Cluster angeregt werden.
Schreibanregungen: (Hausaufgabe:) „Achtet morgen auf dem Weg zur Schule genau darauf, welche Gerüche/Geräusche ihr wahrnehmt, und notiert euch diese, wenn ihr in der Schule ankommt.“
(Im FSU:) „Überlegt, welcher Geruch / welches Geräusch euch besonders (positiv oder negativ) beeindruckt hat und schreibt diesen/dieses als Kernwort in die Mitte eines Blattes. Was ist

[43] In einem Schreibkurs in Athen wurde die Schatzkiste so eingeführt: „An Ostern war ich auf Kreta, auf den Weißen Bergen, den Lefka Ori, es war schon Abend geworden, und der Mond gab nur noch spärlich Licht für meinen Rückweg zum Dorf. Ich genoss das Farbenspiel der anbrechenden Nacht, war in Gedanken versunken. Da versperrte mir etwas den Weg, ich war mit meinem Fuß gegen einen harten, merkwürdigen Gegenstand gestoßen. Aus Angst schreckte ich zurück und wollte mir schon einen anderen Weg suchen, die Flucht ergreifen, als mich die Neugierde ganz nahe an das Unbekannte zog. Es war wie im Märchen: Vor mir lag, von Steinen und Wurzeln halb bedeckt, eine verschlossene Kiste, deren Gewicht einen interessanten Inhalt versprach. Ich habe diese Schatzkiste mitgenommen, und wir werden sie nun hier gemeinsam öffnen.“

das Außergewöhnliche an dem Ausgewählten? Womit verbindet ihr es? Erstellt ein Cluster und schreibt anschließend einen Text dazu."
Schreibzeit: 20 Minuten
Alternative: (alle Niveaustufen)
(Hausaufgabe:) „Machen Sie (bis zum nächsten FSU) einen Spaziergang in Ihrer Nachbarschaft, im Wald, am Strand oder ihrer Lieblingsgegend. Nehmen Sie einen kleinen Block mit, auf dem Sie festhalten, was Ihnen unterwegs auffällt, Dinge, die herumliegen, Menschen, die Ihnen begegnen, Pflanzen, Tiere etc. Bringen Sie Ihre Liste mit in den FSU."
(Im FSU:) „Wählen Sie aus Ihren Notizen die ansprechendste aus und machen Sie diese zum Kernwort eines Clusters. Clustern Sie so lange, bis Sie wissen, worüber Sie schreiben wollen, und beginnen dann mit Ihrem Text."
Schreibzeit: 20 Minuten

V Kritzeltexte mit Musik

(Alle Niveaustufen)

Das Kritzeln ist mindestens genauso unkalkulierbar wie das freie Assoziieren, weswegen es sich auch für den Abbau von Textbausteinen eignet.
Eine Alternative zu der Anregung in B 1.5.3/V ist die, bei der die Lernenden ihre eigene Lieblingsmusik zur Anregung auswählen. Dies kann entweder zu Hause oder im FSU mit einem Discman, Handy, i-pod geschehen.
Schreibanregung: „Wählt eine Musik aus, die euch gut gefällt und euch bzw. eure Hand in Bewegung bringt. Lasst beim Zuhören eure Gedanken schweifen und dabei einen Stift über ein weißes Blatt Papier wandern. Sobald ihr Formen erkennt und damit auch die ersten Ideen auftauchen, beginnt ihr, diese in einem Text festzuhalten."
Schreibzeit: 15–20 Minuten

VI Automatisches Schreiben

(alle Niveaustufen)

Die Schnelligkeit der Textproduktion und die thematische Offenheit machen das Automatische Schreiben, wie alle anderen Verfahren des assoziativen Schreibens, zu einer effektiven Fördermaßnahme gegen vorgefertigte Formulierungen und Textbausteine.
Schreibanregung: S. B 1.5.3/I
Als Zusatz kann hinzugefügt werden, dass bestimmte Wörter, z. B. die folgenden fünf Verben, in dem Text vorkommen sollen: riechen, kriechen, verzweifeln, erröten, ergrauen, untertauchen.
Schreibzeit: 10 Minuten

1.7.2 Kooperatives Schreiben

Beim kooperativen Schreiben stellen sich die „Rettungsanker" Textbaustein und vorgefertigte Formulierung schnell als unbrauchbar heraus, da der Text aus Beiträgen mehrerer Schreibenden entsteht, was eine individuelle Textplanung nicht zulässt. (S. A 1.7.2; vgl. auch Anregungen in B 1.2.3)

I Reihum-Geschichten

(alle Niveaustufen)

Eine optimale Gruppengröße für diese kooperative Schreibübung ist die von vier Personen. Vor der Schreibphase werden gemeinsam im Plenum Ort, Zeit und Personen einer Geschichte festgelegt. Danach erhalten die in Gruppen eingeteilten Lernenden folgende *Schreibanregung:* „Schreibt (alle Gruppenmitglieder) drei bis vier Sätze als Anfang einer Geschichte (die die gemeinsam besprochenen Angaben berücksichtigen), faltet das Blatt bis auf den letzten Satz nach hinten, sodass die Nächste / der Nächste nur diesen lesen kann. Gebt das Blatt nach rechts weiter und schreibt den Satz, den ihr vorfindet, weiter."
Schreibzeit: 15 Minuten

II Surrealistischer Klatschtext

(alle Niveaustufen)

Der „Klatschtext" ist eine kollektive Variante der écriture automatique. Zielsetzung dieses Schreibspieles ist es, ohne Überlegen zu schreiben und schnelles Schreiben zu trainieren. Neben diesen fördert das kollektive Schreiben eines Klatschtextes die Bereitschaft in einer Gruppe, zusammen zu schreiben, flexibel auf Geschriebenes zu reagieren und letztlich auch Konkurrenz unter den Schreibenden abzubauen: Denn es gibt nur gemeinsame „Produkte".
Schreibanleitung: Wenn das Automatische Schreiben bekannt ist, muss noch erklärt werden, dass bei einem kollektiven surrealistischen Schreibverfahren neben Schnelligkeit auch Flexibilität und Zusammenarbeit gefordert ist. Dennoch gilt auch hier, dass die eigene (auch unbewusste) Gedankenwelt den Schreibprozess jeder einzelnen TeilnehmerIn leitet. Nachdem alle mit einem großen Blatt Papier versorgt sind, gibt die LeiterIn das Startsignal, indem sie in die Hände klatscht. Von da an klatscht sie jede Minute, und bei jedem Mal muss das Blatt weitergegeben werden.

III Reißverschlusslyrik

(alle Niveaustufen)

Hier sollten zwei Lernende zusammen versuchen, ein Gedicht zu schreiben. Sie erhalten dazu eine konkrete *Anleitung:*
Peron A schreibt die erste und dritte Zeile eines Gedichtes und lässt die zweite und vierte Zeile frei.

Person B schreibt zur gleichen Zeit die zweite und die vierte Zeile und lässt die erste und die dritte Zeile frei.
Danach werden die Blätter ausgetauscht und die jeweils fehlenden Zeilen ergänzt.
Dieser ersten Strophe können beliebig viele nachfolgen ...
Schreibzeit: (für eine Strophe) 10 Minuten

IV SMS-Geschichte

(B1/B2)

Von der Liebe zum Handy vieler Jugendlicher und junger Erwachsener kann auch im Schreibunterricht profitiert werden, indem nämlich das Schreiben von SMS zu einem Schreibverfahren umfunktioniert wird, mit dem Geschichten oder gar Romane geschrieben werden können. Um eine gewisse Übersichtlichkeit zu bewahren, sollten nicht mehr als sechs Personen an einer Geschichte beteiligt sein.
Damit sich an dieser schreibfördernden Maßnahme keine Telefongesellschaft bereichern kann, werden die SMS nicht per Handys verschickt, sondern auf kariertes Papier (welches das Zählen der Schriftzeichen erleichtert) geschrieben. Es sollte festgelegt werden, wie viele Zeichen pro SMS erlaubt sind (180, 200 ?).
Die Entstehung einer SMS-Geschichte erfordert mehrere Arbeitsschritte:
- *Gruppenbildung*
- *Arbeitsauftrag* für die 1. Gruppenarbeitsphase: „Erstellt ein gemeinsames Cluster, in dem ihr eure Ideen für die Geschichte, die ihr schreiben wollt, sammelt. Diskutiert danach über die verschiedenen Vorstellungen und einigt euch auf ein Thema (z. B. Eifersuchtsdrama, Verwandtschaftsangelegenheiten, Erbstreit, Verleumdung etc.) und die Charaktere der beteiligten Personen (z. B. betrogene Ehefrau, Liebhaberin, beste Freundin der Ehefrau, Nachbar etc.). Verteilt die Rollen unter euch."
- *Schreibzeit:* Die eigentliche Schreibphase kann sich über mehrere Unterrichtsstunden erstrecken (es könnten z. B. 15 Minuten dafür reserviert werden) oder auch z. T. zu Hause fortgesetzt werden.
- *Schreibanregung:* „Die Geschichte, die ihr schreiben wollt, wird durch die verschiedenen SMS, die ihr ‚verschickt', erzählt. Informationen, die ihr weitergeben wollt, auch über den Charakter der Figuren, müssen also in den SMS vermittelt werden. Ansonsten sollten eure SMS so nah an den realen, die ihr tagtäglich verschickt, sein, dass man sie kaum von diesen unterscheiden kann. Überlegt, mit welcher SMS die Geschichte beginnen soll. Die/der dafür Zuständige schreibt diese auf ein kariertes Blatt und legt dieses in die Mitte, sodass die angeschriebene Person antworten kann usw. Neben diesem Dialog mischen sich langsam auch die anderen Figuren mit in die SMS-Geschichte ein. Schreibt so lange, bis eure Geschichte fertig erzählt ist."
Fortgeschrittene Lernende (ab B2) können auch einen SMS-Roman schreiben.

1.7.3 Schreiben mit Musik: Traumreisen, Tanzschreiben

Auch beim Schreiben mit Musik, insbesondere bei Traumreisen und der Verbindung von Bewegung und Schreiben, geht es nicht darum, bestimmten Normen, sei es im Hinblick auf die Textsorte, den Inhalt oder die Formulierungen gerecht zu werden, sondern darum, sich dem Gehörten

zu öffnen und sich davon während des Schreibprozesses leiten zu lassen. Textbausteine sind daher überflüssig ...
Bei Traumreisen empfehle ich die Struktur von fünf Phasen, wie sie in A 2.3.4/III beschrieben sind.

I Traumreise 1 (Filmmusik zu „Mystery Train" von Jim Jarmusch)

(alle Niveaustufen)

Inhalt der Fantasiereise ist eine Abreise mit einem unbekannten oder ersehnten Ziel. Die Musik von „Mystery Train" (der Filmmusik zum gleichnamigen Film von Jim Jarmusch) eignet sich dazu sehr gut, da sie das Geräusch einer anfahrenden Dampflokomotive beinhaltet, was eine Abreise signalisiert, und da sie insgesamt die Atmosphäre einer Reise vermittelt. Zusätzlich wird die Musik mit einem Text unterlegt, der die TeilnehmerInnen sowohl an die Hand fassen und zur Abreise einladen als auch zur Reflexion über die Reise führen soll.
Anleitung: Die Fantasiereise wird folgendermaßen angekündigt: „Wir machen heute eine sehr große Reise. Stellt euch vor, wir sind am Bahnhof, am Bahnsteig und warten auf unseren Zug. Unser Zug fährt in 3 Minuten ab, wir steigen ein und kehren vielleicht nie wieder zurück. Unsere Reise wird begleitet von Musik, die wir jetzt gleich hören werden. Mit der Musik beginnt die Reise [Musik einschalten].
Höre jetzt nur auf die Musik. Schließe die Augen.
Lass deine Augen so lange geschlossen, bis sich Bilder – von deiner Reise – zeigen. Dann versuche sie schriftlich festzuhalten:

Der Zug ist abfahrbereit, bist du bereit?
Höre auf die Musik,
konzentriere dich ganz auf deine Reise und die Musik.
Wie fühlst du dich nach deiner Abreise?
Wohin zieht es dich?
Wie ist die Reise?
Wie fühlst du dich?
Wer begegnet dir auf deiner Reise?
Wie begegnest du ihnen?
Wo würdest du am liebsten sein?
Du kommst an,
wie ist es da?
Wo bist du?
Bleibst du?
Möchtest du umkehren?
Behalte dein Bild von der Reise und reise weiter,
öffne deine Augen und beginne zu schreiben."

Die Musik läuft weiter, begleitet auch die „schriftliche Reise".
Schreibzeit: (inkl. Traumreise) ca. 30 Minuten.

II Traumreise 2 (Filmmusik zu „1492“ von Vangelis Papathanasiou)

(Niveau B1/B2)

Diese Traumreise soll Lernende in eine Welt in der Vergangenheit entführen. Sie können dabei selbst entscheiden, in welche Epoche der Geschichte und in welche Region der Erde sie reisen wollen. Papathanasious Filmmusik „1492“ („The Conquest of Paradise“) eignet sich dafür aus den folgenden Gründen: Sie gibt Raum für Fantasien, produziert eine Atmosphäre von Offenheit und lässt sich zugleich leicht mit einer Vorstellung von Vergangenheit, von zurückliegenden Zeiten verbinden.
Anleitung: [Musik einschalten]
„Schließe die Augen,
atme tief durch,
höre nur auf die Musik und deinen Atem.
...
Wir reisen jetzt viele Jahre zurück,
weit zurück in die Vergangenheit.
Wir wissen noch nicht, wo und wann wir ankommen.
...
Jetzt ist Land in Sicht.
Es sieht alles ganz anders aus,
nichts ist so wie in deiner Welt, in der du dich täglich bewegst.
Wo bist du?
Ist es die Welt der alten Römer, der Griechen, der Mayas oder Inkas?
Oder bist du doch im Mittelalter gelandet?
Wo bist du angekommen?
Was fällt dir besonders auf?
Wem begegnest du?
Sind viele Menschen da?
Was machen sie?
Kannst du sie verstehen?
Wie wirst du empfangen?
Wie fühlst du dich?
Wie verbringst du deinen ersten Tag in deiner neuen Umgebung?
Willst du dort bleiben oder wieder zurückkehren?
...
Behalte deine Eindrücke
und öffne langsam deine Augen,
wir sprechen nicht.
Fange jetzt an, die Bilder deines Erlebnisses zu schreiben.“

Schreibzeit: (inkl. Traumreise) ca. 30 Minuten.

III Traumreise 3 (Schubert: „Forellenquintett")

(alle Niveaustufen)

Der erste Schultag ist erfahrungsgemäß ein Thema, welches Lernende unterschiedlichen Alters anspricht und an welches sie sich gerne erinnern. Schuberts Forellenquintett unterstreicht die Besonderheit der Situation und hilft, sich die ersten Schritte im Leben einer Schülerin, eines Schülers vorzustellen.
Anleitung: [Musik einschalten]
„Schließe die Augen,
atme tief durch.
höre nur auf die Musik
Wir reisen jetzt mit Musik zurück in deine Kindheit,
und zwar konkret zu deinem ersten Schultag.
...
Du betrittst gerade dein Klassenzimmer.
Was siehst du?
Wie fühlst du dich?
Begleitet dich jemand?
Was befindet sich in deiner Schultasche?
Du schaust dir deine Lehrerin genau an.
Wie findest du sie?
Schaut sie streng oder nett aus?
Was macht ihr an eurem ersten Schultag?
Wie findest du deine Mitschüler und Mitschülerinnen?
Der Schultag geht zu Ende.
Du gehst nach Hause.
Willst du morgen wieder in die Schule?
Halte deine Eindrücke fest,
und schreibe sie jetzt auf."

Schreibzeit: (inkl. Traumreise) ca. 30 Minuten.

IV Schreibübungen mit selbst ausgewählter Musik

(vgl.: Herbert 2006, 173)
(Niveau B2, als Hausaufgabe gut geeignet)

Schreibanregung: „Wählen Sie ein Musikstück aus, welches ca. 10 Minuten dauert. Es ist besser, wenn Sie eine weniger vertraute Musik auswählen oder eine, die Sie längere Zeit nicht gehört haben, um nicht eine Reihe von bekannten Assoziationen hervorzurufen. Meditative Musik kann hilfreich sein, aber nicht unbedingt. Probieren Sie aus, zu welcher Musik Sie besser schreiben können.

Hören Sie sich die Musik an, ohne sich (sofort) ein Urteil oder eine feste Vorstellung zu bilden: Lassen Sie sich zu einer Stimmung oder einem Szenario anregen oder zu verschiedenen Standpunkten. Sie können sich einige Notizen machen, es sollten jedoch keine kritischen Anmerkungen zur Musik sein.
Schreiben Sie danach 10–15 Minuten, angeregt von der Stimmung der Musik: Sie können sie nutzen, um sich in eine bestimmte Situation oder einen physischen Zustand zu versetzen oder eine Erinnerung wieder ins Gedächtnis zu rufen."

V Tanzschreiben

(alle Niveaustufen)

Beim Tanzschreiben werden Bewegung im Raum mit dem Schreibprozess in Verbindung gebracht. Bei der Musikauswahl sollte das Alter und der Geschmack der Lernenden berücksichtigt werden, ansonsten kann die falsche Musik auch zu einer Schreibblockade führen.
Für junge Erwachsene könnte z. B. Keith Jarett (The Köln Concert) ausgewählt werden. Bevor die Schreibanregung ausgesprochen wird, müssen die Tische des Unterrichtsraumes so an den Rand geschoben werden, dass genügend Platz für das freie Bewegen und Tanzen im Raum ist und die Arbeitsplätze der Lernenden dennoch im Anschluss ohne Tischerücken zugänglich sind.
Schreibanregung: „Wir werden jetzt gleich Musik hören. Bewegen Sie sich zu dieser im Klassenraum, konzentrieren Sie sich auf die Musik, den Rhythmus, die Klänge, lassen Sie sich ganz auf die Musik ein, versuchen Sie, die Musik in Ihrem Körper zu spüren, und bewegen Sie sich weiter, tanzen Sie im Rhythmus der Musik ...
Schreiben Sie jetzt, immer wenn Sie an der Tafel vorbeitanzen, einzelne Wörter auf, Wörter die Ihnen beim Tanzen einfallen [nach ca. 7–10 Minuten]. Kehren Sie nun an Ihren Arbeitsplatz zurück und übernehmen Sie die Wörter von der Tafel, die Ihrer Meinung nach am besten zu Ihrer Stimmung passen. Schreiben Sie einen Text mit diesen Worten" (*alternativ*: „Machen Sie ein ausgewähltes Wort zum Kernwort eines Clusters und schreiben Sie anschließend einen Text") [Musik läuft weiter].
Schreibzeit: mit Bewegungsphase: 25 Minuten

VI Mit Walzer durch die Stadt ...

(Hochzeitswalzer: „Waltz tou gamou" von Eleni Karaindrou)

Hier wird imaginär auf den Straßen der Lieblingsstadt Walzer getanzt und anschließend geschrieben. Der Hochzeitswalzer von Eleni Karaindrou eignet sich dazu sehr gut, er könnte aber durch einen anderen Walzer oder einen Tango ersetzt werden.
Schreibanregung: „Schließe deine Augen und konzentriere dich ganz auf die Musik. Stell dir vor, du tanzt durch deine Lieblingsstadt. Im Walzertakt geht es durch die Straßen, du tanzt, tanzt immer schneller, drehst dich um dich herum und immer weiter und schreibst schließlich auf, was du bei deinen Drehungen siehst ..."
Schreibzeit: 10–15 Minuten

VII Indem ich in die Stadt hineintanze ...

Bei dieser Anregung wird kritzelnd getanzt, angeregt durch ein Zitat von Paul Nizon und Strauss-Walzer. Die Musik könnte jedoch auch hier wieder ausgetauscht werden. Ein Walzer ist sicher nicht jedermanns Lieblingsmusik, hat aber den Vorteil, dass sein Rhythmus es sehr leicht macht, in Bewegung zu kommen und zu bleiben.
Schreibanregung: „Hören Sie nun Musik, Tanzmusik und stellen Sie sich vor, Sie tanzen in eine unbekannte Stadt hinein. Lassen Sie beim Zuhören Ihre Gedanken schweifen und einen Stift locker über ein weißes Blatt Papier wandern. Sobald Sie eine Form erkennen, schreiben Sie ein Wort nieder. Dann fahren Sie weiter mit dem Kritzeln. Schreiben Sie danach einen Text, der folgendermaßen beginnt: ‚Indem ich in die Stadt hineinlaufe, laufe ich in sie hinein und durch sie hindurch ...'" (Nizon, 1993) [Zitat an die Tafel schreiben].
Schreibzeit: 20 Minuten

1.7.4 Visuelle Vorlagen, Versetzung

Die Texte, die durch visuelle Anreize und insbesondere bei der Versetzung entstehen, entsprechen ebenfalls wenig herkömmlichen Textsorten des Sprachunterrichts und sind daher wenig „empfänglich" für Textbausteine.
Da Versetzungen im herkömmlichen Schreibunterricht eine sehr kleine Rolle spielen, werden sie in diesem Kapitel besonders berücksichtigt. TeilnehmerInnen meiner kreativen Schreibkurse haben sich zudem in Reflexionen über den Kurs fast ausnahmslos positiv zu Schreibanregungen mit Versetzungen geäußert (z. B. „Es scheint wohl Spaß zu bereiten, sich als AutorIn in eine völlig fremde Situation hineinzuversetzen und die Welt aus anderer Perspektive zu beobachten und zu beschreiben ...").
Dennoch können beim Schreiben der ersten Versetzung Schwierigkeiten auftreten, am häufigsten bereitet der Perspektivenwechsel Probleme, das Schreiben in der Ich-Perspektive, obwohl es sich doch nicht um die eigene handelt. Das Prinzip der Versetzung sollte daher auch gut erklärt werden.
Für ein besseres Verständnis befinden sich außerdem im Anhang einige Beispieltexte zu vorgeschlagenen Schreibanregungen.

I „Hier wird ein Werbespot gedreht!"

(s. Foto im Anhang, Nr. 17)
(alle Niveaustufen)

Auf dem Foto sind einige Personen an einem Jachthafen zu sehen. Nach dem Zeigen des Fotos (OHP) wird bekannt gegeben, dass es sich um die Vorbereitungen für einen Werbespot handelt. In einem kollektiven Cluster (s. A 2.3.7) an der Tafel werden Ideen gesammelt, wofür folgende Leitfragen gestellt werden können:
Welches Produkt soll vermarktet werden?
Wie könnte der Werbespot aussehen? Ideen für den Werbespot?
Welche Zielgruppe wird angesprochen?

Nach der kollektiven Clusterphase erhalten die Lernenden folgende *Schreibanregung:* „Beschreibt jetzt euren Werbespot, den ihr an diesem Jachthafen drehen würdet."
Schreibzeit: 20 Minuten

II Glück ...

(s. Foto im Anhang, Nr. 18)
(alle Niveaustufen)

Schreibanregung: „Sie begegnen diesem Lottoverkäufer, der seine Lose mit dem Spruch: ‚Kommt, Leute, und kauft das Glück von mir!' anpreist.
Fertigen Sie ein Cluster zum Thema ‚Glück' an und schreiben Sie auf der Basis des Clusters einen Text."
Schreibzeit: 20 Minuten

III Chagall: Der Geiger

(s. Anhang, Nr. 19)
(alle Niveaustufen)

Schreibanregung: „Betrachten Sie die Situation genau. Was glauben Sie, ist in den 24 Stunden vor dieser Situation passiert? Schreiben Sie darüber einen Text/ Zeitungsbericht."
Schreibzeit: 20 Minuten

IV Versetzung: Foto von einem älteren Paar

(s. im Anhang, Nr. 20)
(alle Niveaustufen)

Schreibanregung: „Betrachten Sie das Foto und beginnen Sie Ihren Text mit dem folgenden Schreibanfang: ‚Ich kann es kaum glauben, heute ist unsere goldene Hochzeit ...' Überlegen Sie dabei, wie Sie diese feiern wollen."
Schreibzeit: 20 Minuten

V Versetzung: Straßenmaler (in Paris)

(s. Foto im Anhang, Nr. 21)
(alle Niveaustufen)

Schreibanregung: „Versetzen Sie sich in den Maler. Wie fühlen Sie sich heute? Was wollen Sie malen? Wie empfinden Sie Ihr Leben als Straßenmaler in Paris?"
Schreibzeit: 20 Minuten
(s. Beispieltext, Anlage Nr. 22)

VI Versetzung: Baumstumpf

(s. Foto im Anhang, Nr. 23)
(alle Niveaustufen)

Diese Schreibanregung stieß bei allen Schreibkursteilnehmenden auf große Begeisterung – vielleicht, weil die Perspektive etwas ungewöhnlich ist.
Schreibanregung: „Sie sind der Baumstumpf. Was geht Ihnen durch den Kopf?
Versetzen Sie sich in den Baumstumpf. Was nehmen Sie wahr? Welche Begegnungen haben Sie? Wie sieht ein Tag, eine Nacht für Sie aus? Wovon träumen Sie?"
Schreibzeit: 20 Minuten
(s. Beispieltext, Anlage Nr. 24)

VII Versetzung: Schlafender Mann auf einer Parkbank

(s. Foto im Anhang, Nr. 25)
(alle Niveaustufen)

Schreibanregung: „Versetze dich in den alten Mann. Was könnte er erlebt haben? Wovon träumt er wohl gerade? Welche Ausschnitte seines Lebens ziehen an ihm vorbei? Warum ist er müde? Beginne mit dem Satzanfang ... Ich bin so müde ..."
Schreibzeit: 20 Minuten
(s. Beispieltext, Anlage Nr. 26)

VIII Versetzung: Wenig attraktiver, älterer Mann

(s. Foto im Anhang, Nr. 27)
(alle Niveaustufen)

Schreibanregung: „Sie sind der 62-jährige Multimillionär. Am heutigen Sonntag setzen Sie sich wieder einmal an den Entwurf Ihrer Memoiren (an Ihr Tagebuch ...).
Schlüpfen Sie in die Haut des Multimillionärs und blicken Sie aus seiner Sicht auf sein Leben zurück. Sind Sie glücklich? Warum sind Sie so reich? Genießen Sie Ihr Leben oder fühlen Sie sich als Sklave Ihres Reichtums? Wie verbringen Sie Ihre Sonntage?"
Schreibzeit: 20 Minuten
(s. Beispieltext, Anlage Nr. 28)

IX Versetzung: Kreisel

(s. Foto im Anhang, Nr. 29)
(alle Niveaustufen)

Schreibanregung: „Ich beginne schneller und schneller zu kreiseln ...
Stelle dir vor, du bist dieser überdimensional große Kreisel. Seit Tagen sitzt du an der gleichen

Stelle. Es ist dir wahnsinnig langweilig und auch, wenn du das eigentlich nicht darfst, begibst du dich jetzt auf eine Reise. Du beginnst dich zu drehen und setzt dich in Bewegung. Wie fühlst du dich jetzt? Wohin soll die Reise gehen? Was nimmst du wahr? Was erlebst du? Wie endet deine Reise?"
Schreibzeit: 20 Minuten
(s. Beispieltext, Anlage Nr. 30)

X Versetzung: Schuhe einer berühmten Frau

(s. Foto im Anhang, Nr. 31)
(alle Niveaustufen)

Schreibanregung: „Versetzen Sie sich in dieses Paar Schuhe, die einer berühmten Frau gehören. Sie begleiten diese Frau jetzt schon seit drei Jahren. Was haben Sie erlebt? Wohin haben Sie sie getragen? Wann hätten Sie sich lieber in Ihre Schachtel verkrochen? Schreiben Sie über Ihr Leben ... (vielleicht können Sie diese Geschichte auch in der Bild-Zeitung veröffentlichen ...)"
Schreibzeit: 20 Minuten

XI Versetzung: Goethe und Schiller (bei Nacht)

(s. Foto im Anhang, Nr. 32)
(alle Niveaustufen)

Schreibanregung: „Was können die beiden hier in der Nacht wohl beobachten ...?
Schlüpfen Sie in die Haut von Goethe oder Schiller und geben Sie in einem kurzen Text einen kleinen Einblick in das, was sich jede Nacht vor Ihren Augen abspielt. (Liebespaare, die sich treffen, andere, die sich trennen, Taschendiebe, geheime Absprachen ... etc.)."
Schreibzeit: 15 Minuten

XII Versetzung: Auf dem Markt ...

(s. Foto im Anhang, Nr. 33)
(alle Niveaustufen)

Hier handelt es sich um eine Übung, bei der kooperativ (in Paargruppen) geschrieben wird. Dies sollte bekannt gegeben werden, bevor das Foto gezeigt wird.
Schreibanregung: „Versetzt euch in die Marktsituation. Übernehmt die Rollen des Fischverkäufers und der Einkäuferin. Schreibt aus diesen Perspektiven einen surrealistischen Dialog." (Wenn dieser nicht bekannt ist, muss er ebenfalls vorab erklärt werden, vgl. B 1.2.3/I)
Schreibzeit: 15 Minuten

1.8 Schreibort – wenig inspirierend (mit Zwang verbunden)

In seiner Wirkung sicher nicht zu übertreffen ist das situative Schreiben, welches daher – auch wenn es mit einem gewissen Aufwand verbunden ist – unbedingt in den Unterrichtsalltag integriert werden sollte. Allein die Tatsache, dass der Unterrichtsraum gegen verschiedene Orte einer Stadt eingetauscht wird, ist inspirierend. Werden dann auch noch Orte und Situationen direkt mit Schreibanregungen verbunden, können selbst diejenigen Lernenden dem Schreiben etwas Lustvolles abgewinnen, die Schreiben ansonsten – sei es aus Angst vor Fehlern oder aufgrund schlechter Erfahrungen im Schreibunterricht etc. – als notwendiges Übel und große Qual empfinden (s. a. A 2.3.5). Der von vielen Lernenden als zwanghaft bezeichnete (verschulte) Schreibunterricht kann durch das Integrieren von situativem Schreiben mit inspirierenden Phasen angereichert werden, was sich langfristig auch auf die Einstellung und Motivation zum Schreiben positiv auswirkt.
Schreibexkursionen, verstanden als ein „Konzentrat von verschiedenen situativen Schreibphasen“ (s. a. A 2.4), ermöglichen eine intensive Schreibförderung, deren Effektivität mit den Vorteilen des situativen Schreibens, mit Gruppendynamik als auch mit der empfundenen Leichtigkeit der Textproduktion zusammenhängen. Letztere ist damit zu erklären, dass Lernende während eines Ausflugs generell entspannter sind als während einer Unterrichtsstunde und vielmehr noch dadurch, dass die Schreibanregungen direkt mit den verschiedenen Ausflugszielen verbunden und so als „spielerische Station“ gerne angenommen werden.
Die Vorteile von situativen Schreibphasen und von Schreibexkursionen machen folglich eindeutig den dazu erforderlichen Aufwand wett. In den folgenden beiden Kapiteln werden einige Anregungen gegeben, die auf verschiedene Gegebenheiten, Städte und Kulturen übertragen werden können. Dennoch möchte ich auch hier betonen, dass es sich um Vorschläge handelt, die auf die Zielgruppen und jeweiligen Lernumgebungen abgestimmt werden müssen.
(Exemplarisch werden auch in diesem Kapitel einige Textbeispiele, die von Deutschlernenden in Kursen zum Kreativen Schreiben entstanden sind, im Anhang vorgestellt.)

1.8.1 Situatives Schreiben

I Unsere Stadt: Vorstellung und Wirklichkeit
Schreiben im Unterricht und anschließend situativ

(alle Niveaustufen)

1. Schreibphase:
Verteilen Sie an alle SchülerInnen je eine Kopie eines Stadtplanausschnittes oder, wenn der Unterricht in einer kleinen Stadt stattfindet, eine Kopie des gesamten Stadtplans. Fordern Sie Ihre SchülerInnen auf, eine Straße / einen Ort auszuwählen. Kriterium: Welche Straße / welcher Ort erscheint dir – vom Namen her – besonders interessant?
Schreibanregung: „Erstelle ein Cluster zu deiner Straße / deinem Ort und schreibe anschließend einen Text.“
Schreibzeit: 10–15 Minuten

2. Schreibphase:
Bis zur nächsten Unterrichtsstunde sollen die SchülerInnen „ihre Straße“ / „ihren Ort“ aufsuchen und dort einen Text darüber schreiben, was sie beobachten.
Schreibanregung: „Besuche den Ort oder die Straße, die du dir aus dem Stadtplan ausgesucht hast, und schreibe, was du dort beobachtest.“
Schreibzeit: 10–15 Minuten
In der nächsten Unterrichtsstunde werden beide Texte vorgelesen.
Alternative: Stadtplan einer Stadt in Deutschland, Österreich oder der Schweiz wird ausgeteilt, zweiter Text entsteht nach einer eigenständigen Internetrecherche. (B2)

II Situatives Schreiben in der eigenen Stadt

(alle Niveaustufen)

Schreibanregung: „Begeben Sie sich auf einen Platz / Ihren Lieblingsplatz in Ihrer/unserer Stadt. Notieren Sie alle Begriffe, Namen und Texte, die Sie sehen, z. B., Straßennahmen, Werbung, Graffiti, Autokennzeichen, Namensschilder, Firmeninschriften.
Schreiben Sie eine kleine Geschichte, in der Sie die gefundenen Textelemente unterbringen.“
Schreibzeit: 20 Minuten
Alternativ: „Erstellen Sie eine Collage aus den gefundenen Textelementen.“

III Situatives Schreiben am Hafen, Bahnhof, Flughafen

A Abreise aus der Stadt
(alle Niveaustufen)

Begeben Sie sich mit Ihren Lernenden an den Hafen (alternativ, wenn es keinen Hafen gibt, zum Bahnhof oder Flughafen). Vermitteln Sie die Anregung mit einer gewissen Ernsthaftigkeit …
Schreibanregung: „Vor wenigen Stunden hat Ihre Stadt ein schlimmes Erdbeben erschüttert. Sie wollen sich retten und sind zum Hafen geeilt, wo Sie versuchen, auf einem der auslaufenden Schiffe unterzukommen. Bevor Sie auf das Schiff steigen, schreiben Sie Ihre Gedanken auf.“
Schreibzeit: 20 Minuten

Die Texte werden noch am Hafen, jeweils vor den Schiffen, die die Schreibenden gewählt haben, vorgelesen.
(Zu dieser Anregung liegen Textbeispiele vor, s. Anhang Nr. 34.)

B Flaschenpost
(alle Niveaustufen)

Eine etwas weniger dramatische Variante beim Schreiben am Hafen stellt die altbekannte Flaschenpost dar. Damit das Meer / der Fluss nicht so sehr unter dieser Schreibübung leiden muss, können die Texte aller SchülerInnen in eine Flasche gesteckt werden.
Schreibanregung: „Was möchten Sie dem Finder Ihrer Flaschenpost mitteilen? Was möchten Sie schon lange auf das weite Meer / den langen Fluss hinausrufen? Oder ist es ein kleiner, stiller Dialog mit dem Meer/Fluss selbst? Schreiben Sie jetzt Ihre Flaschenpost an den Adressaten Ihrer Wahl. Im Anschluss daran werden wir die Flaschenpost ins Meer werfen."
Schreibzeit: 15 Minuten
Texte können vor dem Verschicken auf freiwilliger Basis vorgelesen werden.
(Zu dieser Anregung liegt ein Textbeispiel vor, s. Anhang Nr. 35.)

IV Situatives Schreiben am Bahnhof[44]

A Schreiben am Bahnsteig
(B1/B2)

Hafen, Bahnhof und Flughafen sind nicht nur Orte des Abreisens und Abschiednehmens, sondern auch Stationen der Ankunft, des Wiedersehens und Neubeginns. In diesem Sinne werden die SchülerInnen beim Schreiben am Bahnsteig aufgefordert, einen Neuankömmling auf die eigene Stadt „vorzubereiten".

[44] Auch dieser Schreibort könnte alternativ ersetzt werden durch einen Flughafen oder einen (großen) Hafen.

Schreibanregung: „Stellen Sie sich vor, Sie warten hier auf einen sehr guten Freund / eine sehr gute Freundin aus Österreich, der/die zum ersten Mal in Ihre Stadt kommt. Da Sie kurz nach seiner Ankunft selbst abreisen müssen, teilen Sie ihm schriftlich mit, was ihn/sie in Ihrer Stadt erwarten wird. Beginnen Sie Ihren Text mit dem Satzanfang: Ich kann dir sagen ..."
(Der Satzanfang wird vorgegeben, um Texte, die auf formelle Aufzählungen von Sehenswürdigkeiten beschränkt bleiben, zu vermeiden.)
Schreibzeit: 15 Minuten
Alternative: Das Schreiben am Bahnsteig könnte den Abschluss einer Schreibexkursion (s. B 1.8.2) darstellen. Dabei sollten die Eindrücke des ganzen Tages an einen Neuankömmling weitergegeben werden.

B Schreiben in der Bahnhofshalle
(alle Niveaustufen)

Zum Beobachten in der Bahnhofshalle eignet sich die Technik des Automatischen Schreibens (s. A 2.3.1). Wenn diese Technik noch nicht eingeführt ist, sollte dies direkt nach der Ankunft in der Bahnhofshalle geschehen. Für Lernende der Niveaustufen B1/B2 kann dies mit der Anregung von A. Breton (Surrealistisches Manifest, s. A 2.3.1) erfolgen. Lernenden auf Niveau A2 sollte die Technik mit eigenen Worten, evtl. auch in der Muttersprache erklärt werden.
Danach kann die eigentliche Schreibanregung genannt werden: „Sucht euch einen Ort, an dem ihr das Geschehen in der Bahnhofshalle gut beobachten könnt. Nehmt alle Eindrücke auf, versucht, die Menschen, das Treiben in der Bahnhofshalle, das Kommen und Gehen, die Stimmung, das Gemurmel ... einzufangen, und beginnt nach ca. fünf Minuten mit dem Schreiben. Schreibt, so schnell ihr könnt (automatisch)."
Schreibzeit: 10 Minuten
(Da automatisch geschriebene Texte meist erst überarbeitet werden müssen, bis sie gut verständlich sind, reicht es, exemplarisch, nur wenige Texte vorlesen zu lassen.)

V Vergnügungspark, Volksfest

(alle Niveaustufen)

Treffpunkt: Der Luna Park Ihrer Stadt (oder ein Volksfest). Sie versammeln sich mit Ihren Lernenden vor einem (Kinder-)Karussell. Sie sehen, hören die Begeisterung der Kinder im Karussell.
Schreibanregung: „Stellen Sie sich vor, Sie sind eines dieser Kinder. Was erleben Sie heute?"
Schreibzeit: 15 Minuten

VI Im Museum

(B1/B2)

Gemeinsam wird ein Museum in der eigenen Stadt oder im Rahmen eines Ausflugs in einer anderen Stadt besucht. Die Lernenden werden aufgefordert, sich zunächst im Museum umzusehen, um dann ihr Lieblingsexponat zu finden. *Alternativ* dazu könnten sie sich auch von ihren Talismanen (s. o., B.1.2.1/II) zu einem Exponat führen lassen. Dort angekommen sollen sie einen Text schreiben, der im unmittelbaren Zusammenhang mit dem Exponat steht (innerer Monolog, Dialog, Gedicht, Liebesgeflüster, Schimpftirade).
Nach ca. einer Stunde sollen alle zu einem vorab vereinbarten Treffpunkt kommen. Danach beginnt die „eigentliche Führung" durch das Museum, und zwar zu allen Lieblingsexponaten der SchülerInnen, welche jeweils ihre Texte vor Ort vortragen.
Schreibzeit: 25 Minuten
(Zu dieser Anregung liegt ein Textbeispiel vor, s. Anhang Nr. 36.)

VII Restaurant, Imbiss, Taverne

(alle Niveaustufen)

Sie gehen mit der Lernergruppe in ein Restaurant / in einen Imbiss / in eine Taverne und nehmen Platz: Ziemlich großer Hunger hat Sie alle in das Restaurant getrieben.
Schreibanregung: [Bevor Essen bestellt wird] „Beobachtet die Menschen um euch herum, die alle ihr Essen schon bekommen haben und es genussvoll verzehren. Dann konzentriert euch auf euren Geruchssinn: Riecht es nicht verführerisch nach verschiedenen Gerichten, die dir alle schmecken? Du hörst Tellerklappern und Gläser, die aneinander gestoßen werden .... Es kann noch lange dauern, bis auch wir unser Essen bekommen ...
Haltet eure Gedanken, Gefühle, Beobachtungen in einem Text fest."
Schreibzeit: 15 Minuten
Diese Schreibanregung eignet sich auch sehr gut während einer Schreibexkursion!
(Zu dieser Anregung liegt ein Textbeispiel vor, s. Anhang Nr. 37.)

VIII Anregung für die Vorweihnachtszeit: Elektrischer Weihnachtsmann

(alle Niveaustufen)

In der Vorweihnachtszeit begegnen uns in Innenstädten und Fußgängerzonen häufig aufgeblasene und per Strom zum Leben erweckte Nikoläuse oder Weihnachtsmänner, die mit einem Weihnachtslied oder nur dem – von Herzen kommenden – Wunsch „Merry Christmas, ho ho ho!"

Kunden in die Geschäfte locken sollen. Statten Sie einem solchen Weihnachtsmann mit Ihren Lernenden einen Besuch ab und geben Sie ihnen vor Ort die folgende *Schreibanregung:* „Nimm die Rolle des Weihnachtsmannes ein. 24 Stunden stehst du täglich vor diesem Geschäft und beobachtest die Menschen, wie sie gestresst, fröhlich, entnervt ... die Straße entlanglaufen, Weihnachtsgeschenke kaufen, sich streiten ... Was geht dir durch den Kopf?"
Schreibzeit: 15 Minuten

IX Kino

(B1/B2)

Treffpunkt: Im Foyer eines Kinos oder vor dem Kino.
Schreibanregung: „Sie sind ein erfolgreicher junger Regisseur / eine erfolgreiche junge Regisseurin. Ihr neuer Film wird beim nächsten Filmfestival hier in diesem Kino gezeigt. Schreiben Sie eine Zusammenfassung / einen Zeitungsartikel / eine Vorankündigung über Ihren neuen Film."
Schreibzeit: 20 Minuten

1.8.2 Schreibexkursion

Die in B 1.8.1 aufgeführten Anregungen könnten alle auch während einer Schreibexkursion oder einer Schreibreise (vgl. A 2.4) zur Anwendung kommen.
Bei der Planung einer Schreibexkursion muss hauptsächlich darauf geachtet werden, die verschiedenen Stationen der Exkursion so auszuwählen, dass sich diese auch sinnvoll und motivierend mit Schreibanregungen verbinden lassen, dass es Orte gibt, an denen die Texte vorgelesen werden können, und dass auch für die Fahrt Schreibanregungen vorbereitet sind, sodass die Exkursion nicht erst am Ziel beginnt.
In diesem Kapitel werden einige Vorschläge gemacht, die kombiniert mit den Anregungen aus B 1.8.1 sicher für eine Schreibexkursion oder kleine Schreibreise ausreichen.

I Während der Zugfahrt (1)

(B1/B2)

Es ist sinnvoll, die Schreibanregungen für die Zug- oder Busfahrt schriftlich vorzubereiten und sie zu Beginn der Reise auszuteilen. Die Lernenden können dann selbst entscheiden, wann sie mit dem Schreiben beginnen wollen.
Schreibanregung: „Suchen Sie sich eine Person, die Sie anspricht, die Sie interessant oder vielleicht auch abstoßend finden. Versetzen Sie sich in diese Person. Was geht ihr durch den Kopf? Wohin fährt sie? Was hat sie gestern Abend gemacht?
Wird sie sich später mit jemandem treffen? Welche Gespräche führt sie mit dem Handy? ..."
Schreibzeit: 30 Minuten

II Während der Zugfahrt, Busfahrt (2)

(alle Niveaustufen)

Zum bewussten Wahrnehmen der Landschaften, durch die gereist wird, kann zum Schreiben von Haikus oder Elfchen angeregt werden.
Schreibanregung: „Schaut aus dem Fenster und beobachtet die Natur, die Landschaften, das Wetter, die Stimmung. Haltet diese danach in einem Haiku/Elfchen (Anleitung s. Anhang Nr. 3 und 4) fest."
Schreibzeit: 10–15 Minuten

III Während der gesamten Exkursion

(alle Niveaustufen)

Im Sinne eines Reisetagebuchs kann an verschiedenen Orten und zu unterschiedlichen Zeiten zum automatischen Schreiben motiviert werden, z. B. vor Beginn der Reise, kurz vor der Ankunft, beim Warten, vor dem Essen, auf der Rückreise etc.
Schreibanregung: „Damit wir nicht vergessen, was wir heute erleben, schreiben wir so etwas Ähnliches wie ein Reisetagebuch – und zwar immer ganz schnell (und automatisch). (Wenn das Automatische Schreiben noch nicht bekannt ist, muss dieses vor der ersten Schreibphase erklärt werden, vgl. Anregung in 1.5.3/I).
... Schreibt jetzt zehn Minuten automatisch an eurem Reisetagebuch."
Schreibzeit: 10 Minuten

IV Während der gesamten Exkursion

(alle Niveaustufen)

Um die Eindrücke der Lernenden an den verschiedenen Stationen einzufangen, können Sie beauftragt werden, in 4er-Gruppen über die Exkursion verteilt ein ABC-Darium zu erstellen. Bei einem ABC-Darium werden alle Buchstaben des Alphabets untereinander auf die linke Seite eines Blatt Papiers geschrieben und danach Wörter zu den jeweiligen Buchstaben assoziiert. Es ist sinnvoll, die Blätter mit dem Alphabet vorzubereiten (s. Anhang Nr. 38) und das Prinzip des ABC-Dariums vorab zu erklären.
Schreibanregung: „Erstellt im Laufe unserer Exkursion euer ABC-Darium. Z. B.: Assoziiert gleich, nachdem wir angekommen sind, zu den Buchstaben A–F eure Eindrücke, kurz vor unserem Marktbesuch die zu den Buchstaben G–K, nach dem Besuch der Burg zu den Buchstaben L–R, und kurz bevor wir mit dem Zug wieder in ... ankommen, von S–Z."
Schreibzeit: je 5 Minuten

V Auf dem Markt

(alle Niveaustufen)

Treffpunkt: Ein Markt oder eine Markthalle.
Schreibanregung: „Verteilen Sie sich in der Markthalle / auf dem Markt, suchen Sie sich einen Ort, an dem Sie gut beobachten und auch schreiben können. Schließen Sie dort für einen kurzen Augenblick die Augen und konzentrieren Sie sich ganz auf die Gerüche und Geräusche. Welche Stimmung nehmen Sie wahr? Öffnen Sie die Augen und verbinden Sie die Farben, Gerüche und das Stimmengewirr, indem Sie mit dem Schreiben beginnen."
Schreibzeit: 15–20 Minuten

VI Besuch einer historischen Sehenswürdigkeit, z. B. einer Burg

(alle Niveaustufen)

Alternativ zu einer professionellen Führung durch die Sehenswürdigkeit können die Lernenden Texte zu dieser in deren Entstehungs- oder Blütezeit schreiben und sich in einer anschließenden Lesung gegenseitig über ihre Interpretation der Sehenswürdigkeit informieren.
Schreibanregung: „Sucht euch innerhalb der Burg einen Ort, an dem ihr gerne schreiben wollt. Versucht dann, euch in die Zeit zurückzuversetzen, in der diese Burg bewohnt war: Wie sah das Treiben auf der Burg aus? Wer kam und ging, was passierte auch außerhalb der Festung? Schlüpft in die Rolle eines damaligen Besuchers, Hofnarrs, Fürsten etc. und (be-)schreibt aus dessen Perspektive."
Schreibzeit: 15–20 Minuten
Zur Lesung: „Wir treffen uns in 25 Minuten am Burgeingang und reisen dann mit euren Texten zurück in die ‚Glanzzeit' dieser Burg."

VII Besuch eines Museums

(alle Niveaustufen)

Ähnlich wie der Besuch der Burg kann der in einem Museum gestaltet werden (vgl. 1.8.1/VI).
Schreibanregung: „Macht zunächst einen kleinen Streifzug durch das Museum, bis ihr an einem Ausstellungsstück vorbeikommt, das euch besonders anspricht. Vor diesem sucht ihr euch einen bequemen Schreibort und erstellt ein Cluster zu diesem Exponat, anschließend schreibt ihr einen Text."
Schreibzeit: 15–20 Minuten
Zur Lesung: „Wir treffen uns in einer Stunde am Eingang und beginnen dann die Führung durch das Museum, angeleitet von euren Texten."

VIII Besuch eines Theaters

(Niveau B1/B2)

Insbesondere antike Theater oder solche, die ungestört mit der Lernergruppe gute zwei bis drei Stunden lang besucht werden können, eignen sich für diese Schreibübung. Ziel ist, in Gruppen von 4–5 Personen kurze Theaterstücke zu schreiben, die unmittelbar nach der Schreibphase auf der Bühne aufgeführt werden.
Schreibanregung: [nach Gruppenbildung] „Wir wollen jetzt kleine Theaterstücke schreiben, Dramen, Komödien, die anschließend hier aufgeführt werden. Überlegt euch zunächst in der Gruppe, was das Thema eures Stückes sein soll und welche Rollen ihr dafür braucht. Sammelt eure Ideen in einem kollektiven Cluster. Verteilt danach die Rollen in der Gruppe und beginnt mit dem Schreiben des Theaterstückes. In gut einer Stunde beginnen die Aufführungen ..."
Schreibzeit: 60 Minuten

IX Gedicht an den Mond

(B2, abhängig von verwendetem Gedicht)

Diese Anregung eignet sich gut, wenn sich die Exkursion bis in die Abendstunden hineinzieht und der Mond bereits aufgegangen ist. Geschrieben werden sollte an einem ruhigen Ort mit Blickkontakt zum Mond.
Alternativ kann ein anderes Gedicht ausgewählt werden.
Schreibanregung: „Betrachtet eine Weile lang den Mond ... [nach wenigen Minuten] Ich teile euch jetzt das Gedicht aus, das Goethe an den Mond geschrieben hat. Lest es euch durch und benutzt es dann als Vorlage für euer eigenes Mondgedicht."
Schreibzeit: 30 Minuten
(Das Gedicht befindet sich als Kopiervorlage im Anhang, Nr. 39.)

X Gespräche mit Statuen

(alle Niveaustufen)

Statuen von Persönlichkeiten stellen „gute Gesprächspartner" dar.
Schreibanregung: „Führt mit der Statue von ... ein Streitgespräch / ein Liebesgeflüster / ein Verkaufsgespräch. ... Haltet ihm/ihr eine Predigt/Lobrede. Verurteilt sie/ihn. Verleiht ihr/ihm einen Preis ..."
Schreibzeit: 15–20 Minuten

2. Rückmeldungen von Schreibenden und Schreibtipps

In diesem letzten Kapitel sollen Deutschlernende, die das Kreative Schreiben in Seminaren erfahren haben, und professionelle Schreibende zu Wort kommen. Die Rückmeldungen der Schreibkursteilnehmerlnnen (2.1) spiegeln deren Einschätzung des Kreativen Schreibens wider und geben zugleich Lehrenden Antworten auf die Frage, ob sich der Aufwand, den herkömmlichen Schreibunterricht mit Kreativen Schreibphasen zu ergänzen oder gar teilweise zu ersetzen, auch lohnt.
Die Schreibtipps (2.2) richten sich an Lernende bzw. generell Schreibende, regen zur Reflexion über das Schreibverhalten an und bieten Lösungen oder Hilfen für das eine oder andere Schreibproblem an.

2.1 Es lohnt sich! Rückmeldungen von Schreibenden

Die Rückmeldungen stammen aus Texten, die innerhalb von Evaluationsbögen oder im Rahmen von Reflexionen über das eigene Schreibverhalten in Hausarbeiten[45] geschrieben wurden. Die Kursteilnehmerlnnen resümieren meist über den Lernzuwachs in kreativen Schreibseminaren und überlegen, inwiefern sich ihr Schreibverhalten und Schreibstil verändert hat:

„Die Motivation der einzelnen Schüler zur Teilnahme an diesem Schreibseminar war dabei sehr unterschiedlich: Der eine wollte sein Sprachniveau in der deutschen Sprache erhöhen, der andere wollte seine Schreibkompetenz kennenlernen oder auch erweitern, der dritte wollte vielleicht sogar hilfreiche Tipps und Schreibtechniken für seine zukünftigen Pläne als Journalist oder Schriftsteller sammeln.
Diese große Variation der möglichen Schülermotivationen zeigt deutlich, wie vielfältig der Nutzen für jeden Schüler sein kann, denn egal aus welchen Gründen man sich zur Teilnahme an diesem Seminar entschloss, man konnte in allen oben genannten Bereichen etwas dazulernen. ...“

„Ein weiteres erfreuliches Ergebnis für uns Seminarteilnehmer war, dass es allen heute wesentlich leichter fällt, Texte zu erstellen, und dass der Schreibprozess viel schneller in Gang kommt.“

„Wenn ich auf meinen ersten Schreibversuch zurückblicke, habe ich den Eindruck, dass man meinem Text anmerken kann, wie fest ich noch in der Schreibart des Schulwesens verfangen war, denn der Text ähnelt einem kleinen Schulaufsatz, der auf seine strenge Benotung wartet. Mit einem angstfrei, kreativ produzierten Text hat dieser Schreibversuch wenig zu tun.“

„Im Laufe der beiden Seminare wurden von mir sehr viele Texte geschrieben, ich konnte dadurch meinen Wortschatz sehr erweitern und meine Deutschkenntnisse verbessern. Ich konnte selbst feststellen, dass ich große Fortschritte machte. Meine Schreibart änderte sich im Laufe des 1. und 2. Semesters. Schon bald merkte ich, dass sich meine Fertigkeit verbesserte und dass ich tatsächlich kleinere Texte fast mühelos produzieren kann. Ich geriet beim Schreiben von Texten

[45] Hausarbeiten, die im Rahmen von kreativen Schreibseminaren (Einführung ins Kreative Schreiben, Travelwriting, Kurzgeschichten schreiben) entstanden sind.

nicht mehr ständig in Zeitnot. Mit den Textergebnissen im 2. Semester war ich darüber hinaus zufriedener.
Am interessantesten fand ich jedoch unseren Schreibspaziergang durch die Stadt. Der ständige Wechsel von Szenen und Orten hielt mein Interesse wach."

„Heute schreibe ich natürlich lieber, aber auch leichter als früher. Ich fürchte mich nicht mehr davor, mit dem Schreiben anzufangen. Meine Schreibe hat sich nicht verändert, aber sie ist auf jeden Fall besser geworden."

„Was im Nachhinein erwähnenswert ist, ist die Art, wie sich der Schreibprozess eines jeden Seminarteilnehmers bis zum Ende des Kurses verändert hat. Wenn man bedenkt, dass die ersten Texte nur mühsam entstanden sind, da man sich mit dem Prozess des Schreibens erst einmal anfreunden musste, kann man bei vielen Teilnehmern beobachten, dass sie nach anfänglichen Schwierigkeiten ihre Hemmungen überwunden haben, um weiterhin sehr kreative und spannende Texte entstehen zu lassen."

„Meine Schwierigkeiten beim Schreiben liegen darin, dass ich meistens nicht weiß, wie ich anfangen soll. Das hat dann zur Folge, dass der Anfang meiner Texte schlechter ist als der restliche Text. Natürlich versuche ich zum Schluss, ihn noch mal zu überarbeiten, aber das gelingt mir nicht immer. (...) Ich muss sagen, dass mir das Schreibseminar Inspiration gegeben hat, wie ich die Anfänge meiner Texte gestalten und auch die Texte als Ganzes richtig überarbeiten kann, sodass ich ein besseres Ergebnis habe."

„Es fällt mir nach dieser kurzen Zeit des Seminars leichter, Texte zu schreiben. Meine Anfangsschwierigkeiten, mich zu äußern, habe ich überwunden. Ich glaube auch nicht mehr, dass alle meine Texte langweilig sind."

„Das Schreibseminar war für mich eine Möglichkeit, meinen eigenen Schreibstil kennenzulernen. Vor allem hatte ich die Gelegenheit, meine eigenen Texte zu beurteilen, Positives und Negatives zu entdecken und Verbesserungen zu machen. Fortan werde ich den eigenen Schreibprozess bei jeder Gelegenheit fördern, auf Fehler achten und somit mich überhaupt beim Schreiben – nicht nur von kreativen Texten – verbessern und mich an neue Prinzipien halten."

„Ich schreibe seit den Sitzungen im Kreativen Schreiben mehr als zuvor. Ich konnte mich früher nicht dazu bringen, längere Zeit an einem Text zu sitzen und ihn zu bearbeiten und zu verlängern, wenn nötig. Das hat sich jetzt geändert, ich schreibe mehr, längere Texte mit größerer Leichtigkeit. Natürlich mache ich inzwischen auch bei der Rohfassung weniger Fehler als am Anfang."

„Vor dem Seminar habe ich sehr selten geschrieben und nur auf Englisch ... jetzt schreibe ich leichter zu Themen und habe Ideen ..."

„Ich schreibe heute lieber als vor der ersten Sitzung, weil ich jetzt mit mehr Spaß schreibe."

„Habe jetzt mehr Lust zu schreiben."

„Ich habe jetzt keine Angst vor Fehlern mehr."

Die positiven Rückmeldungen, verbunden mit der Begeisterung der Kursteilnehmer während der verschiedenen Schreibsitzungen – die ich hier als Kursleiterin betonen möchte –, machen den Aufwand, der in der Vorbereitungs- und Nachbereitungsphase notwendig ist, sekundär. Hinzu kommt, dass Erfahrung mit dem Kreativen Schreiben sowohl aufseiten der Lehrenden als auch auf der der Lernenden anfänglich erforderliche Erklärungen überflüssig machen und sich so der damit verbundene zeitliche Aufwand im und außerhalb des Unterrichts stark reduziert. Sind die wichtigsten Techniken und Vorgehensweisen einmal eingeführt, ist ein „vorbehaltloses" Einlassen auf die Kreativen Schreibphasen möglich ...
... Schreibvergnügen pur also ...

2.2 Schreibtipps

Wir schreiben, um das Leben zweimal zu kosten: im Augenblick und im Rückblick.
(Anais Nin. In: Goldberg, 2005, 98)

Aus Erfahrung äußern sich nun „mehr oder weniger" professionelle Schreibende zu ihrem Schreibprozess, zum Finden von Schreibideen, zum Schreibritual, zum Abbau von Schreibängsten, Schreibort, zum Schreibverhalten und Überarbeiten. Das Überraschende dabei ist, dass die Ratschläge und Beschreibungen des Schreibverhaltens der SchriftstellerInnen häufig Parallelen zu denen der Deutschlernenden aufzeigen.

Zur Schreibinspiration, zu Schreibideen:
„Betrachte deine Mitmenschen, sie können eine große Inspiration sein, um eine Geschichte zu schreiben." Deutschlernende

„Ich sammle Sätze oder Bruchstücke von Unterhaltungen – dann steigen die Figuren daraus empor." (Richard Ford. In: Goldberg, 2005, 142)

„Keine Ideen zu haben, das gibt es nicht. Man muss sich nur mal wirklich hinsetzen (oder stellen, legen, laufen ...), seinen Gedanken freien Lauf lassen und nicht alles sofort wieder als unmöglich oder unbrauchbar verwerfen." Deutschlernende

„Man sollte sich eine Ideensammlung zulegen, d. h. egal, wann und wo eine Idee kommt, sollte sie aufgeschrieben werden. Und am besten tut man das nicht nur mit eigenen Ideen, sondern auch mit besonderen/sonderbaren Gegebenheiten, die man erlebt oder gehört hat oder mit ebensolchen Nachrichten aus der Zeitung etc."
Deutschlernende

„Im Kopf arbeite ich immer. Ich ertappe mich oft dabei, dass ich einen Satz ununterbrochen wiederhole, bis ich ihn aufgeschrieben habe. Überall liegen Blocks und Stifte, denn wenn ich die

Sachen in meinem Kopf nicht sofort fixiere, sind sie weg.“ (Friederike Mayröcker. In: Koelbl, 2007, 90)

Zum Schreiben, Schreibverhalten, Schreibprozess:
„Man sollte während des Schreibens nicht mit jemand reden, das lenkt ab. Wörter können später nachgefragt werden.“ Deutschlernende

„Ich schreibe laut, das heißt, ich kaue den Satz und spucke ihn wieder aus und kaue ihn noch mal, mache ihn mundgerecht und schreibe fertig, beides zugleich. Ich verstehe Literatur als einen oralen Vorgang. Der Beginn der Literatur ist das Erzählen gewesen, das laute Erzählen und das Wiedererzählen.“ (Grass. In: Koelbl, 2007, 9)

„Während des Schreibens kannst du im Hintergrund leise Musik einschalten, denn auch das fördert deine Kreativität.“ Deutschlernende

„Man sollte sich nicht Gedanken machen, warum man den Text (so) schreibt. Einfach drauflosschreiben, wenn die Idee da ist, ansonsten verliert man zu viel Zeit mit unwichtigen Dingen. Bis man damit fertig ist, sind viele Ideen für den Text schon wieder verloren gegangen. Man sollte einen Text auch nicht während des Schreibens durchlesen, man findet sicher Fehler, die einen zu stark ablenken.“ Deutschlernende

„Es gibt (...) Schriftsteller, die Musik als Speed benutzen, wie Thomas Mann, der, bevor er sich an den Schreibtisch setzte, Klavier spielte; andere spitzen Bleistifte und werfen die Holzspäne zu einem bestimmten Fenster hinaus oder ziehen die Vorhänge zu, damit es am helllichten Tag Nacht werde, lassen sich die Halsmuskulatur massieren, reiben sich die Kopfhaut mit Alkohol ein, es gibt den Griff zur Flasche (um die Selbstzweifel zu betäuben), zur Kaffee- oder Teekanne (um die Blutzirkulation zu beschleunigen) oder auch nur zur Zigarette (...). Das Rauchen unter Schriftstellern ist vielleicht doch nicht so zufällig, es heißt ja auch, wenn jemand sich eine Geschichte ausdenkt, wenn er schwindelt, er sauge sich das aus den Fingern.“ (Timm, 1993, 27)

„Ersetze die wiederholt auftretenden Wörter durch andere, sinnverwandte, damit die Geschichte nicht langweilig und uninteressant wird.“ Deutschlernende

„Es gibt ja Leute, bei denen ist das schon im Kopf ausformuliert, und sie können es dann fast fertig hinschreiben. Für mich ist aber der Vorgang des Schreibens ganz wichtig. Ich habe die Einfälle erst beim Schreiben, und auch die Wörter entstehen erst dann ... als ob ich dadurch etwas auslöse, und dann kann es erst passieren.“ (Sarah Kirsch. In: Koelbl, 2007, 29)

„Bevor du mit dem Schreiben beginnst, entspanne dich kurz, da sonst deine Gedanken ständig um andere Dinge kreisen und nicht um das eigentliche Thema.“ Deutschlernende

Schreibwerkzeug (ist wichtig...):
„Man sollte immer mehrere Stifte dabei haben, mit denen man sehr schnell, angenehm und gut schreiben kann. Dazu sind ein schönes Heft oder Blöckchen, einige Blätter oder eine Mappe mit Papieren geeignet, je nach Bevorzugung." Deutschlernende

„Alles ist wichtig, die schönen Füller, die Papiere, die schönen Hefte: Das muss alles ein bisschen hübsch sein. Aber das sind nur Dinge, um sich einzustimmen. Ich könnte natürlich fortwährend auf dem teuersten Büttenpapier schreiben ..." (Sarah Kirsch. In: Koelbl, 2007, 30)

„Ja, mit dem Bleistift ist es wirklich ein Fließen, das im Kopf beginnt und dann irgendwie aufs Papier kommt. Ich habe das Gefühl, dass ich dichter dran bin." (Thomas Brussig. In: Koelbl, 2007, 75)

Schreibort:
„Suche dir einen gemütlichen Platz, wo du bequem sitzen kannst und wo du von keinem gestört wirst." Deutschlernende

„Schreibe immer an einem Ort, der dir gefällt, nimm dir so viel Zeit, wie du brauchst, und denke nie während des Schreibens daran, dass deinen Text jemand lesen wird." Deutschlernende

„Ich brauchte Stille, ein Zimmer, wo ich für mich saß und mir überlegen konnte, was notwendig war." (Hermann Lenz. In: Koelbl, 2007, 60)

„Ich kann mein Schreiben nicht mit den sogenannten Anforderungen des Alltags kombinieren oder gar in Übereinklang bringen. Ich muß es radikal betreiben können. Muss mich mit dem Schreiben in die Einsamkeit des Produzierens verbeißen und verkapseln können und dies unangefochten von Brotarbeit." (Nizon, 1985, 84)

Verbindung von Lesen und Schreiben:
„Lies witzige, originelle oder anspruchsvolle Literatur, das fördert deinen Ausdruck und deine Kreativität." Deutschlernende

"Read, read, read. Whatever your writing interest may be, fiction or nonfiction, literary novels or specialist articles, you should read anything and everything in your chosen genre." (Ramet, 2007, 9)

Diese Liste mit Schreibtipps kann auch der Anfang einer klasseninternen Sammlung sein oder zu dieser inspirieren – oder einfach als Quelle von Ratschlägen in den Unterricht eingebracht werden, um Schwierigkeiten zu überwinden, für welche andere bereits Auswege gefunden haben.

C ANHANG

1. Kopiervorlagen

Kapitel B 1.2. Anhang Nr. 1

Wettbewerb „Das schönste deutsche Wort"

Veranstaltet vom „Deutschen Sprachrat", unter Federführung des Goethe-Instituts im Frühjahr und Sommer 2004.
Prämiert wurde „Das schönste deutsche Wort – inklusive der schönsten Begründung" (man musste auch erklären, warum man ein Wort besonders gerne mag).

Ca. 12 000 Einsendungen mit 4000 Wortvorschlägen.
Am häufigsten genannt waren:

1. **Liebe**
2. **Heimat**
3. **Glück**
4. **Sehnsucht**

Die Begründungen zeigen ein breites Spektrum auf, sie beinhalten z. B.:

- ✔ **Überlegungen, wer das Wort erfunden hat**
- ✔ **Gedanken zu dem möglichen Einfluss eines Wortes**
- ✔ **Assoziationen zur Bedeutung des Wortes**
- ✔ **Geschichten zu den Kontexten, in denen das Wort gebraucht wird**

Textbeispiele[46]**:**

lieben

„Dieses Wort ist für mich das schönste deutsche Wort, weil es nur ein ‚i' vom Leben entfernt ist."

(Gloria Bosch, Spanien)

Fernweh

„Dieses Wort ist für mich das schönste deutsche Wort, weil es das Wort ist, das ich lebenslang gesucht habe.
Bis ich angefangen habe, Deutsch zu lernen, habe ich dieses Gefühl nicht benennen können.
Es ist komisch, etwas zu spüren und kein Wort dafür zu haben.
Die deutsche Sprache hat mir als erste dieses schöne Wort zur Verfügung gestellt, um eine wichtige Lücke in meiner Ausdrucksfähigkeit endgültig zu füllen."

(Cristina Cubeiro-Becerra, Spanien)

rascheln

„Mein schönstes deutsches Wort lautet ‚rascheln', weil es geheimnisvoll, unheimlich und heimelig zugleich ist.
Es ist ein bewegliches Wort, strahlt aber auch die Ruhe von steifem Taft aus. Es ist einfach schön."

(Clara Drechsler, Deutschland)

---
[46] Limbach, Jutta, Hrsg. (2005): Das schönste deutsche Wort. © Hueber Verlag, Ismaning

Das schönste Wort der Kinder:

Quatsch
Mein Lieblingswort ist „Quatsch“,
weil sich das so anhört, als würde man wo drauftreten und das kommt an den Seiten wieder raus.

(Tilmann Strauch, 9 Jahre, Deutschland)

Libelle
Mein schönstes deutsches Wort ist „Libelle“, weil ich Wörter mit dem Buchstaben „l“ liebe und dieses Wort sogar drei davon hat.
Das Wort lässt sich irgendwie so leicht sprechen. Das flutscht so auf der Zunge. Aber ich finde auch, dass Libellen so schön flattern, und genau das erkennt man auch an dem Wort. Das Wort macht, dass man diese Tiere von Anfang an mag und keine Angst vor ihnen hat. Würde das Tier „Wurzelkrump“ oder so heißen, dann wäre das nicht so. Ich wüsste gerne, wer sich dieses Wort ausgedacht hat. Der Mensch war bestimmt sehr freundlich. Weil das Wort das freundlichste ist, das ich kenne.

(Laureen Rohrmann, 11 Jahre, Deutschland)

nochmal
Mein Lieblingswort ist „NOCHMAL“. Wenn man „NOCHMAL“ sagt,
dann kann einem der Papa nochmal eine Geschichte vorlesen,
oder man geht nochmal ins Kino,
oder man darf nochmal an den Computer,
oder man guckt nochmal einen Film.
Deswegen ist „NOCHMAL“ mein Lieblingswort.

(Alena Kappe, 11 Jahre, Deutschland)

Max Beckmann.
Hinter den Kulissen, 1921
Foto: © bpk/Kupferstichkabinett, SMB;
© VG Bild-Kunst, Bonn 2010

Elfchen

Ein Elfchen ist ein kurzes Gedicht, welches aus elf Wörtern besteht.

Struktur und Inhalte:

1. Zeile, ein Wort: eine Farbe oder eine Form
2. Zeile, zwei Wörter: etwas, was diese Farbe oder Form hat
3. Zeile, drei Wörter: wo sich dieses Etwas befindet
4. Zeile, vier Wörter: schreibe einfach weiter ...
5. Zeile, ein Wort: Abschluss, Schlusspunkt

Beispiele:

Blau
das Meer
im Süden Kretas
wild wie seine Männer
unwiderstehlich

Grün
die Wiese
in Nachbars Garten
Fußball spielen ohne Ende
Sommer

Rund
die Kugel
in meinem Eisbecher
jeden Tag immer wieder
süchtig

Quadratisch
praktisch gut
Werbung ist überall
und Ritter Sport meine
Lieblingsschokolade

Haiku

Struktur:
1. Zeile: fünf Silben
2. Zeile: sieben Silben
3. Zeile: fünf Silben

Beispiele:

So schlicht und einfach
fand sich der Frühling ein:
als Blau des Himmels!
(Issa)[47]

So heiß die Nächte
Kein kühlender Hauch in Sicht
Lust auf Erdbeereis.

Große Liebe, ach!
Wie lange such ich dich schon?
Zu gut, dein Versteck!

[47] Issa gehört zu den großen japanischen Haiku-Dichtern. © von Werder, Lutz, 1993, S. 185, Lehrbuch des kreativen Schreibens. Berlin/Milow: Schibri Verlag.

Utaki

Struktur:
1. Zeile: fünf Silben
2. Zeile: sieben Silben
3. Zeile: fünf Silben

Beispiel eines Dialogs mit Aristoteles (s. Kap. B 1.2.4, III):

Aristoteles:

Halt an, du Schöne
lauf nicht auch du von mir weg,
Ich bin so einsam!

Schreibende/r:

Aristoteles!
Du bist in aller Munde,
Jeder spricht von dir!

Aristoteles:

Was sind schon Worte,
ich kann sie nicht mehr hören,
Ich will endlich mehr!

Schreibende/r:

Oh je, mein Lieber,
das klingt nach schwerer Krise,
spuck aus, was dir fehlt ...

Tahar Ben Jalloun: Die Liebe in Paris[48]

Sobald der Frühling naht, sobald sich die Kühle verzieht, sobald der Körper die ersten Liebkosungen der Sonne verspürt, erobern die Pariser Frauen die Straße. Ohne Zurückhaltung und falsche Bescheidenheit. Sie geben sich intelligent mit einem Hauch sichtbarer, beherrschter Schwäche. (...) Sie zeigen sich vor und sind stolz, da zu sein, schön, frei, in allen Moden führend, mit einem Heißhunger, der die hartnäckigsten Verführer einschüchtert oder aufwühlt. Paris ist mehr als jede andere europäische Hauptstadt ihr Königreich, ihre Hochburg, das Gebiet aller Gelüste. Das Licht dieser Stadt lässt sie zu manchen Tageszeiten noch schöner und geheimnisvoller erscheinen, was ja nicht schadet. (...) In ihren Blicken schwingt für den, der sie zu lesen versteht, eine Andeutung von Liebe und Kummer mit. Vielleicht sind sie an sich keine Herrscherinnen, doch sie sträuben sich nicht gegen diese Rolle, wenn ihre Intelligenz gefordert wird.
Jeder Mann, der dies feststellt, bekommt es mit der Angst zu tun. Er ist davon überzeugt, dass die Frauen des ausgehenden Jahrhunderts sein Verderben beschlossen haben (...) Das einzige ernsthafte Problem seines Lebens ist weder Selbstmord noch Tod, sondern wie er die Frauen lieben kann. Er versteht nichts von ihrer Grammatik – das ist für ihn eine Fremdsprache – und sucht unverdrossen weiter nach einer Lösung.

...

Er lebt in wilder Ehe mit einer schönen Mestizin zusammen und befolgt Stendhals Rat, man solle die Geliebte lieber selten sehen und in guter Gesellschaft Champagner trinken. Er verdächtigt die Frauen der Unbeständigkeit. Der Arme! Manchmal wählt er die falsche Gesellschaft. Im Moment träumt er lieber. Er hat sogar Angst davor ...

...

Liebe in Paris nimmt manchmal das Gesicht einer Not, eines ungetrösteten Unglücks an. Er sagt sich das und dachte an all diese Frauen: schön, verfügbar, leicht, mörderisch, die an der Seine entlangschlendern und abends alleine nach Hause schlafen gehen.

[48] aus: Tahar Ben Jelloun, Die erste Liebe ist immer die letzte. Erzählungen. Deutsche Übersetzung von Christiane Kayser © 1997 by Rowohlt Taschenbuch Verlag GmbH, Reinbek bei Hamburg.

Wolf Biermann: „Das Hölderlin-Lied“

„So kam ich unter die Deutschen“

In diesem Land leben wir
wie Fremdlinge im eigenen Haus
die eigne Sprache, wie sie uns
entgegenschlägt, verstehn wir nicht
noch verstehn, was wir sagen
die unsre Sprache sprechen
In diesem Land leben wir wie Fremdlinge

In diesem Land leben wir
wie Fremdlinge im eigenen Haus
durch die zugenagelten Fenster dringt nichts
nicht wie gut das ist, wenn es draußen regnet
noch des Windes übertriebene Nachricht
vom Sturm
In diesem Land leben wir wie Fremdlinge

In diesem Land leben wir
wie Fremdlinge im eigenen Haus
Ausgebrannt sind die Öfen der Revolution
Früher Feuer Asche liegt uns auf den Lippen
Kälter, immer kältre Kälten sinken in uns
Über uns ist hereingebrochen
solcher Friede!
solcher Friede
solcher Friede.

„So kam ich unter die Deutschen“

In diesem Land leben wir

____

____

____

____

____

In diesem Land leben wir wie ...

In diesem Land leben wir

____

____

____

____

____

In diesem Land leben wir wie ...

In diesem Land leben wir

____

____

____

____

____

____

Jürgen Becker: *Morgens gegen vier.*[49]

Obschon weit hinter den Hügeln die Bahnlinie verläuft, bilde ich mir ein, nachts, kurz bevor es zu dämmern beginnt, das Pfeifen der Frühzüge zu hören. Die Erinnerung wirkt dabei mit: entfernte Jahre mit Wohnungen in der Nähe von Bahndämmen und Bahnhöfen, Hotelnächte, Ferienaufenthalte, das Zelten hinterm Schienengelände, nächtliche Fußmärsche zwischen Eisenbahnbrücken, Fahrradwege zur Frühschicht. Die Lokomotiven, die ich hörte, fahren nicht mehr; der Dampfgeruch, der sich über den Bahndämmen ausbreitete, ist für alle Zeit verweht. Indem sich meine Einbildung darüber hinwegsetzt, macht sie vergangenes Erleben spürbar, Erwartungen, Ängste und Erfahrungen, die im Pfeifen der Züge ihr Geräuschbild finden. Liege ich lange wach, bewegt es sich und läuft als Film, ...

[49] Aus: Jürgen Becker, Schnee in den Ardennen, S. 90 © Suhrkamp Verlag Frankfurt am Main 2003.

Ein Gedichtanfang zum Weiterschreiben:

Heike Böning: Florenz zum Dom[50]

Durch Gassen, vorbei an Cafés
und Bars, zur Piazza beim Dom
hier: hocken Menschen,
auf Treppen, beim Vino
im Rauch der Sonne

Und ich sitze da,
esse Pizza, und immer wieder
...

[50] Aus: Böning, Heike (1988): Mit dir den Tag umarmen. éditions trèves, Pf. 1550, 54205 Trier

Dialog aus Alexis Sorbas (Nikos Kazantzakis)[51]

Chef: „Glaubst du nicht an den Menschen?" schrie ich ihn an.

Sorbas: „Reg dich nicht so auf, Chef. Nein, ich glaube an nichts. Wenn ich an den Menschen glaubte, würde ich auch an Gott glauben, sogar an den Teufel. Und das ist mir zu viel des Guten. Mit solchem Kram möchte ich mich nicht um meine fünf Sinne bringen."

Chef: ...

Sorbas: ...

...

Chef: „Ja, glaubst du denn an gar nichts", sagte ich ärgerlich.

Sorbas: „Nein, ich glaube an nichts, an niemand. Ich glaube nur an Sorbas."

---

[51] Aus: Kazantzakis, Nikos: Alexis Sorbas. © 1946, 1982 by F. A. Herbig Verlagsbuchhandlung GmbH, München. Aus dem Neugriechischen von Alexander Steinmetz, überarb. v. Isadora Rosenthal-Kamarinea.

Beispiel für Textüberarbeitung

1. Erstentwurf

Indem ich in die Stadt hineintanze ...
Indem ich in die Stadt hineintanze, dreht sich alles hin und her, rundherum im Kreis und auf und ab. Ganz schnell erscheinen Bilder, und wenn man sie wahrzunehmen versucht, verschwinden sie wieder, als ob sie nie da wären, ganz schnell und plötzlich. Mal dreht sich alles schnell, mal langsam, Menschen schauen sich das Spektakel des freien Seins an und wundern sich, wie federleicht manche Menschen wie auf Wolken zu schweben scheinen. Der Schnee hinterlässt Spuren der tanzenden Füße auf dem Boden, und man sieht einen langen Pfad durch die Stadt ziehen. Und selbst am Abend wird weitergetanzt, nichts kann dieses Gefühl erdrücken, nicht einmal die Nacht, der kalte Winter oder die Einsamkeit. Denn wer einsam ist, tanzt nicht, wer einsam ist, macht dies nicht. Wenn aber diese Musik der Stadt erscheint, dann horcht man, wie ein kleines Kind. Man tippt erst mit dem Zeigefinger auf dem Schenkel, dann den einen Fuß im Takt der Musik, die kein anderer hört, nur diese Ohren. Danach steht man auf, vergisst die Einsamkeit und tanzt in die Stadt hinein.

2. Echotexte

A Echotext der Autorin:
Mir gefällt dieser Text. Man empfindet eine Art Leichtigkeit, wenn man ihn liest, und kann sich in Bildern vorstellen, was im Text steht. Ich weiß nicht mehr, warum ich den Gegensatz mit in den Text eingebaut habe, er scheint jetzt, wo ich den Text noch mal lese, nicht zu passen. Wenn der Text länger wäre, dann vielleicht, aber so nicht. Mir gefallen bestimmte Wörter nicht, die ich bei der Bearbeitung sicher ändern werde.

B Echotext von Kleingruppenmitglied I:
Der Text ist gut, aber ich glaube, du bist in einen kleinen Widerspruch gefallen. Es scheint mir, als ob der Satz – „Denn wer einsam ist, tanzt nicht, wer einsam ist, macht dies nicht." – dem übrigen Text widerspricht. Wie ich das verstehe, meinst du, dass sogar diejenigen, die sich einsam fühlen, zur Musik tanzen, oder? Denn man vergisst ja die Einsamkeit. Du könntest den Satz entweder auslassen oder verändern und eine Aussage zu den einsamen Menschen schreiben, die sich nach dem Tanzen sehnen. Außerdem glaube ich, dass das „und" am Anfang des Satzes – „Und selbst am Abend wird weitergetanzt, nichts kann dieses Gefühl erdrücken, nicht einmal die Nacht, der kalte Winter oder die Einsamkeit." – unnötig ist. Wenn es ausbleiben würde, würde die Aussage stärker betont. Schließlich könnte der letzte Satz verändert werden und zum Beispiel – „Und man steht auf, vergisst die Einsamkeit und tanzt in die Stadt hinein." – heißen, denn ich fühle, dass der Rhythmus des Textes verändert wird. Zuletzt braucht der Text ein paar Kommas vor und nach dem Satz „wie auf Wolken zu schweben."

Im Großen und Ganzen hat mir der Text sehr gefallen. Er hat einen philosophischen Ausklang und eine „versteckte Melancholie". Besonders der Punkt mit „dem Spektakel des freien Seins" war sehr schön und literarisch gefärbt. Mach weiter so!

C Echotext von Kleingruppenmitglied II:
Das Erste, was ich gefühlt habe, nachdem ich deinen Text las, war, dass ihn viele Adjektive sehr schön bunt und leicht vorstellbar, erlebbar machten. Ich hatte das Gefühl, dass ich auch derjenige sein könnte, der diese Dinge sieht, wer tanzt, sich in der Stadt dreht, auf den Straßen.
Fand ich sehr schön, dass du schreibst, dass alle erstaunen sich, über das freie Sein. Guter weiterführender Gedanke.
In der sechsten Zeile, fand ich vielleicht einen stilistischen Fehler, bei dem Satz, der mit „Der Schnee ..." anfängt. Der Schnee hinterlässt Spuren?
In der nächsten Zeile machst du eine schnelle Umschaltung: Ich bin noch bei den Pfaden im Schnee, und dann wird es plötzlich Abend mit einer Allegorie, die ich wunderbar fand zu lesen, aber nicht richtig verstanden habe.
Du schreibst, ein einsamer Mensch hört die Musik nicht, wie kann er dann horchen und später die Einsamkeit vergessen und weitertanzen?
Ansonsten ein toller Text, mit schönen Gedanken.

3. Überarbeiteter Text

Indem ich in die Stadt hineintanze
Indem ich in die Stadt hineintanze, dreht sich alles hin und her, rundherum im Kreis und auf und ab. Ganz schnell erscheinen Bilder, die aber, wenn man sie wahrzunehmen versucht, wieder verschwinden, als ob sie nie da gewesen wären, ganz schnell, ganz plötzlich. Mal dreht sich alles schnell, mal langsam. Menschen schauen sich Spektakel des freien Seins an und wundern sich, wie federleicht manche Menschen wie auf Wolken zu schweben scheinen. Der Schnee hinterlässt Spuren der tanzenden Füße auf dem Boden, und man sieht einen langen Pfad fröhlicher Schritte durch die Stadt ziehen. Auch am Abend wird weitergetanzt, nichts kann dieses Gefühl erdrücken, nicht einmal die Nacht, der kalte Winter oder die Einsamkeit. Manch einer mag sich verlassen fühlen, wenn aber diese Musik der Stadt erscheint, dann horcht man, wie ein kleines Kind. Man tippt erst mit dem Zeigefinger auf den Schenkel, dann den einen Fuß zum Takt der Musik, die kein anderer hört, nur diese Ohren. Danach steht man auf, vergisst die Einsamkeit und tanzt in die Stadt hinein ...

Beispiel für einen ausführlichen Echotext[52]

Das Versetzen ins kaltschnäuzige Kamel ist der Autorin gelungen! Ich mag die Gedanken des Kamels, es beschwert sich darüber, dass die Leute mit ihm schlecht umgehen (alle gucken es komisch an, und sie wissen nicht, wie man sich richtig auf ein Kamel setzt) und dass es ihm eiskalt ist. Es ist ihm langweilig, jedes Weihnachtsfest vor der Krippe zu verbringen. Es jammert, dass es hungrig ist und dass sich niemand um es kümmert. Ein sehr wichtiges Problem des Kamels ist sein Hair-Style, das total banal aussieht.

Ich habe nicht verstanden, wie die zwei Sätze (Zeilen 8–9: Und ... Hunger ... kriegt.) verbunden werden und was sie bedeuten, ich glaube eine Umformung wäre eine gute Lösung dafür.

Zeile 1: „Buckel“ mit B statt mit P (s. auch Zeile 5). Auch kann man „riesen Buckel“ nicht sagen, denn das Adjektiv heißt „riesig“. Man kann stattdessen („riesigen Buckel“) ein zusammengesetztes Wort benutzen, nämlich „Riesenbuckel“.
Zeile 2: ein Komma fehlt, vor „ob“ (indirekter Fragesatz)
Zeile 9 und 11: „u.“ = und
Zeile 10: und (der?) Jüngste .... (fehlt da vielleicht ein Wort?)
Zeile 12: ein Komma fehlt nach „Königen“ (Relativsatz); Das Gleiche soll groß geschrieben werden, da es hier als Substantiv gilt
Zeile 13: z.Zeit = zur Zeit
Zeile 14: „Leben“ groß geschrieben!
Zeile 15: Ich will zurück nach Ägypten (kein Artikel. Siehe Grammatik: Die neue Gelbe §3111)
Die Sprache ist voll cool (Umgangssprache), und deswegen wird der Leser nicht müde. Der Text ist sehr gut geschrieben, und da er sehr lustig ist, will ihn der Leser mehrmals lesen. Schade, dass er nicht länger ist.

[52] Der Echotext entstammt einer Hausarbeit aus dem Seminar „Einführung ins Kreative Schreiben“ an der Aristoteles-Universität Thessaloniki. Zu dem Text wurde durch situatives Schreiben vor einer Weihnachtskrippe angeregt. Dabei sollten sich die Teilnehmenden in eine Figur der Krippe versetzen. Die Autorin des Textes „schlüpfte in die Haut des Kamels“.

Textbeispiel[53] für Überarbeitung in Kleingruppen

Indem ich in die Stadt hineinlaufe ...

... fühle ich mich sehr wohl. Ich laufe durch die Orte, die ich liebe. Und plötzlich erinnere ich mich an meine Kindheit, wie ich in der Nachbarschaft mit meinen Freunden spielte. Jetzt hat sich alles verändert. Die Kinder spielen in unserer heutigen Zeit nicht so viel. Sie haben keine Freizeit. Vielleicht hatte ich damals auch keine Freizeit, aber ich versuchte immer rauszugehen, um mit meinen Freunden in Kontakt zu kommen.

Jetzt hat sich aber auch für mich alles verändert. Ich habe keine Freizeit für mich oder für die anderen. Diese Stadt ist nicht mehr dieselbe. Oder bin ich nicht mehr dieselbe und sehe die Stadt anders.

Trotzdem muss ich noch einmal die Änderungen der Stadt mit meinen in Einklang bringen.

[53] Der Text entstand im Seminar „Einführung ins Kreative Schreiben“ an der Aristoteles Universität Thessaloniki. Zu dem Text wurde mit dem Satzanfang „Indem ich in die Stadt hineintanze ...“ und Walzermusik angeregt.

Wortkarten für das Spiel „Wörter raten“

die Wahrheit	die Ehrlichkeit	die Eifersucht
die Freude	die Angst	die Schönheit
die Liebe	der Hass	der Albtraum
die Sehnsucht	die Hässlichkeit	die Aussichtslosigkeit
die Hoffnung	die Lüge	die Liebe
die Traurigkeit	der Pessimismus	der Optimismus
der Wahnsinn	die Trauer	die Gutmütigkeit
die Verzweiflung	die Zweisamkeit	die Unmäßigkeit

Ungewöhnliche Vergleiche

So satt wie ... (eine ganze Familie nach der Weihnachtsgans)

So hungrig wie ... (nach einem zweitägigen Wüstenmarsch)

So müde wie ...

So glücklich wie ...

So verzagt wie ...

Schreiben ist wie ...

Deutsch ist wie ...

Schule ist wie ...

Ferien sind wie ...

Ich bin einsam wie ...

Ich bin aufgeregt wie ...

Sie ist frech wie ...

Er ist unbeliebt wie ...

Cluster + Text[54]

Cluster:

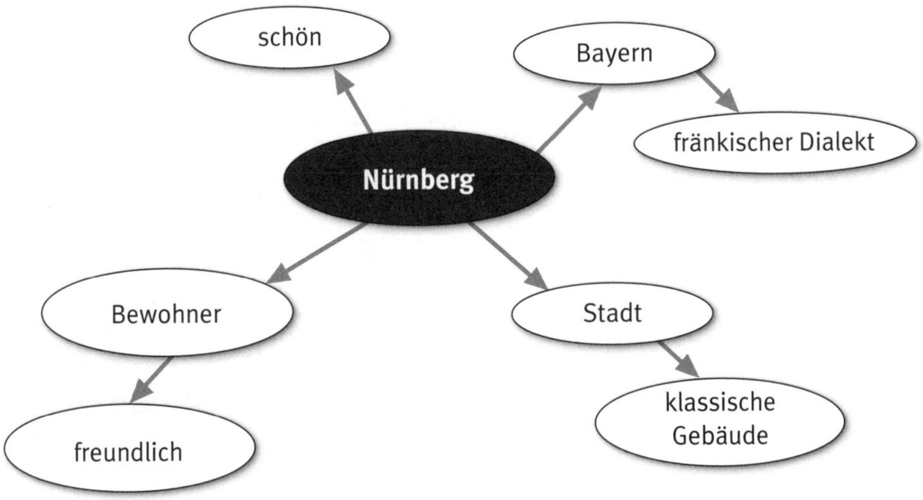

Text:
Eine der schönsten Städte Deutschlands ist Nürnberg. Leider, habe ich sie nie besucht. Trotzdem kann ich euch mit Sicherheit sagen, dass sie eine Stadt voll von klassischen Gebäuden ist, die man in anderen Städten nicht finden kann. Die Bewohner sind sehr freundlich. Wenn man aber mit ihnen spricht, können auch vielleicht Verständnisschwierigkeiten entstehen, da dort der fränkische Dialekt gesprochen wird.
Also, kann man behaupten, dass Nürnberg etwas Besonderes hat, das man nirgendwo finden kann! Ich fahre bestimmt dort hin und werde euch dann meine persönliche Meinung mitteilen.

[54] Der Text entstand innerhalb des interkulturellen Stadtprojekts, welches ich zusammen mit Prof. Gabriele Pommerin (Universität Erlangen-Nürnberg) durchführte. Die Teilnehmenden wurden hier aufgefordert, einen Text über die Vorstellungen von der Stadt der Partner zu schreiben. Der vorliegende Text stammt von einer griechischen Germanistikstudentin aus Thessaloniki.

Anhang Nr. 17

Werbespot am Jachthafen

Anhang Nr. 18

Lottoverkäufer

Der Geiger, Chagall

Älteres Paar, Goldene Hochzeit

Straßenmaler (in Paris)

Textbeispiel[55] zu: Straßenmaler (in Paris)

„Malen, malen. Was soll ich eigentlich malen? Ich bin verliebt in diese Stadt, in diese Frauen. Sie sind so schön, so anziehend. Ich zittere vor dieser Schönheit. Dicke, schicke, schöne und hässliche Frauen, alle sehen so attraktiv aus, als ob ich sie gemalt hätte. Und ich soll jetzt die Notre Dame malen. Das ist unmöglich für mich. Ein Kunde hat sie bei mir bestellt, ich soll ihm diese wunderschöne Kirche malen. Ich kann seinen Wunsch aber leider nicht erfüllen. Ich habe keine Inspiration, ein seelenloses Gebäude zu malen, es mit meinen Farben zu erleuchten.
Ich liebe Emanuella, Marie und Helene gleichzeitig. Ich bin aber ein armer Maler, ein ‚Taugenichts' und ich kann keine von ihnen haben. Ich hasse mein Leben. Ich habe weder eine Geliebte, noch Geld oder ein Haus. Ich habe auch mein Talent, meine Fähigkeit verloren. Ich stehe den ganzen Tag an diesem Fluss und mache nichts. Der Fluss, ja der Fluss ... vielleicht, ja! Er ist die Lösung für mich! Ich werde Fischer! Das ist eine wunderbare Idee!!! Vielleicht habe ich meine Inspiration nicht völlig verloren. Tschüss Kunst! Hallo Fischerei!"

[55] Der Text stammt aus einem kreativen Schreibseminar.

Baumstumpf

Textbeispiel[56] zu: Baumstumpf

Oh schau! Was für schöne Damenbeine doch an mir vorbeilaufen! Manchmal sind es kräftige Waden, mal mit Krampfadern, mal mit Laufmaschen in der Nylonstrumpfhose! Andermal sind es abgelaufene Schuhsohlen oder sogar abgebrochene Absätze! Manche Damen stolpern, einige Herren haben es eilig! Und ich? Ja, ich genieße den Anblick – fast immer! Was soll ich auch tun? Mein Stamm und meine Krone wurden abgeholzt, ich sei schief gewachsen! Und was blieb, war mein Stumpf! Es gibt Augenblicke, da möchte ich überhaupt nicht sein. Da geht es darum, dem Mist der Vierbeiner und geflügelten Zweibeiner zu entgehen, aber leider erfolglos! Nicht die allerfeinste Art, aber es kommt noch schlimmer! Wenn nämlich die wärmenden Hintern ihre stinkenden Abgase bei mir hängen lassen ...!

[56] Der Text stammt aus einem kreativen Schreibseminar.

Schlafender Mann auf einer Parkbank

Textbeispiel[57] zu: Schlafender Mann auf einer Parkbank

Ich bin müde ... Gut, dass ich mich hingesetzt habe, nur kurz, um meine Beine auszuruhen. Seufz, ich bin eingerostet, wie die Jahre doch vergangen sind. Da hat man einmal Lust, sich etwas zum Essen zu kaufen, und dann braucht man so lange, bis man wieder zu Hause ist, dass das Essen schon kalt ist. Vielleicht sollte ich das nächste Mal was von zu Hause bestellen. Aber andererseits komme ich dann gar nicht mehr aus dem Haus. Was mach ich bloß, wenn der Winter kommt. Da wird mich Maria doch nie und nimmer rauslassen. Noch ist es schön draußen, noch kann ich raus, noch kann ich laufen, wenn auch im Tempo einer Schildkröte. Mensch, ist diese Bank ungemütlich. Wofür habe ich denn gewählt? Dafür, dass man auf harten Bänken sitzt? Nein, seufz, selbst das Denken ist anstrengend geworden ... ich mache meine Augen zu, nur für eine Minute ... [er wacht auf] Was? Wo? Ach so, hier bin ich. Wie viel Uhr ist es wohl? [schaut auf die Uhr] 14.10, hmmm, da kann ich ja noch ein klein bisschen dösen, bis 14.30 dürfte Maria nicht nach Hause kommen ... nur noch 10 Minütchen...
[wacht wieder auf] Oooooh, ich fühl mich, als hätt ich 10 Stunden geschlafen. [schaut auf die Uhr] Was? 15.30??? Das kann doch nicht sein. Die Zeit ist wie im Flug vergangen. Und das Schlimmste an der Sache ist, dass ich selber nicht fliegen kann, um rechtzeitig nach Hause zu kommen. Was ich nachher wieder zu hören bekommen werde, wenn ich zu Hause ankomme: Wo warst du so lange? Weißt du, wie lange ich auf dich gewartet habe? Und außerdem, bist du total verrückt? Es ist Winter und du gehst soo raus? Ne, ne, das muss ich mir nicht anhören.
Wenn schon so was auf mich zukommt, dann kann es auch noch ein bisschen warten ...
[Er macht die Augen zu, faltet die Hände zusammen und schläft wieder ein.]

---

[57] Der Text stammt aus einem kreativen Schreibseminar.

Anhang Nr. 27

Wenig attraktiver, älterer Mann

Anhang Nr. 28

Textbeispiel[58] zu: Wenig attraktiver, älterer Mann (Multimilionär)

Sonntag, 13.01.2008
Welch ein Tag! Ich hasse Sonntage, nun ist es überdies noch regnerisch. Heute habe ich meine Anzeige in der Zeitung gelesen. Sie scheint mir sehr gelungen, obwohl ich meiner kleinen Lüge doch eher skeptisch gegenüberstehe und von einem Mann las, den es doch in dieser beschriebenen Art und Weise nicht gibt, nicht geben kann. Woher nehme ich das Recht zu behaupten, ich sehe gut aus, trage ich doch seit Jahren diese furchtbare Zahnspange, von der ich wohl nie loskomme, es sei denn die Zähne machen nicht mehr mit ... Warum erwarte ich von einer Frau, dass sie mindestens 1,60 m groß ist, während ich in diesem Leben Al Pachino nie das Wasser reichen werde? Bezüglich meiner finanziellen Lage habe ich auch ganz schön dick aufgetragen, aber das macht nichts. Mein Leben war ohnehin stets vom Geld beeinflusst, warum sollte mich eine Frau dann wegen etwas anderem lieben? Seit ich denken kann, ging es in unserer Familie immer um Geld, hohe Stellung und um Prestige. Nichts Tiefes, immer nur Oberflächlichkeiten. Doch muss ich zugeben, dass mich meine zynische Darstellung in der Anzeige erschreckt hat. Bin ich wirklich so ein Arschloch? Der Zweck heiligt die Mittel. Eventuell findet sich die heiß begehrte Braut ... und unter uns: so stur werde ich das bei ihren notwendigen Voraussetzungen nicht handhaben. Nobody is perfect, oder? Oh, da klingelt gerade das Telefon ...

---

[58] Der Text stammt aus einem kreativen Schreibseminar.

Kreisel

Anhang Nr. 30

Textbeispiel[59] zu: Der Kreisel

Huch, ich kann mich losbinden? Wie ist denn das passiert? Darüber werde ich mir jetzt nicht sehr viele Gedanken machen. Ich genieße lieber das Gefühl, endlich frei zu sein. Was werde ich wohl als Erstes unternehmen? Soll es nach oben zum Unigelände oder nach unten gehen? Ich gehe erstmal die Angelaki-Straße entlang. Die Plakate an den Fenstern des ERT3-Senders sehen doch recht interessant aus. In dem Café gegenüber sitzen aber viele Leute. Was würden die wohl sagen, wenn ich Kreisel mich zu ihnen setzen würde? Aber ich kreisel lieber Richtung Meer. Dass ich das erleben kann, ist einfach herrlich. Ich biege hier rechts ab, und schon kann ich den Weißen Turm sehen, und ich kann gemütlich die Uferpromenade entlang. Eine Ruhepause hier, auf einem der Bänke, ja, das gefällt mir gut. Einmal was ganz anderes als nur Autos, die vorbeifahren, und Leute, die auf den Bus warten oder auf ihre Verabredung. Hier joggen die Menschen, fahren Fahrrad, sitzen einfach herum oder laufen geschäftig weiter. Auf der gegenüberliegenden Straßenseite ist ja ganz schön was los. So viele Cafés und junge Leute. Zu diesem flotten Mädchen setze ich mich jetzt und trinke etwas. Dass ein Kreisel sich unterhalten kann, das hättet ihr euch nicht denken können. Jetzt habe ich lange genug getrunken, gegessen, geredet. Ich möchte in eine Einkaufsstraße und mir die Schaufenster anschauen. Zuerst gehe ich zur Mitropoleos, dann zur Tsimiski. Herrlich, ich kann die Weihnachtsdekoration genießen. Alles ist so schön hergerichtet. Langsam werde ich müde, und ich vermisse meinen alten Platz. Vielleicht bin ich doch nicht so für das Herumkreiseln, oder ich habe mich etwas übernommen, weil ich so vieles auf einmal unternehmen und erleben wollte. Ich vermisse ihn doch, meinen Platz, ich habe mich zu sehr an ihn gewöhnt.

---

[59] Der Text stammt aus einem kreativen Schreibseminar.

Anhang Nr. 31

Schuhe einer berühmten Frau

Anhang Nr. 32

Goethe und Schiller

Marktszene

Beispieltexte[60] zum Schreiben am Hafen:

Endlich habe ich einen Fetzen Papier gefunden! Ich habe nicht mal eine Minute Zeit, um diese paar letzten Zeilen vor der Abfahrt niederzuschreiben. Alles ist zerstört! Das furchtbare Erdbeben! Es zerstörte alles. Unser Zuhause ist hin, unser Geschäft auch. Unsere ganzen Möbel, unsere Klamotten, unser ganzes Hab und Gut, alles ist unter Tonnen von Zement begraben. Alles ist hin! Und was jetzt?

Hier stehen wir nun im Hafen und wollen aufs Schiff und so schnell wie möglich weg. Nichts wie weg von hier! Weg von dem Ort der Zerstörung, dem Ort der Enttäuschung, dem Ort, der uns Angst und Schrecken einjagt, weg von der Vergangenheit.

„Kalypso" heißt unser Schiff. Und mit diesem Schiff fängt auch unsere Odyssee an. Wer weiß, was aus uns jetzt wird! Wird das Schiff uns in neue Abenteuer stürzen, oder wird es die Arche unserer Rettung sein? Erwartet uns eine helle oder düstere Zukunft? Ein paar Szenen aus Elias Kazans Film „Amerika, Amerika" gehen mir durch den Kopf. Komisch, an was man in solchen Momenten alles denkt!

Ich muss jetzt tapfer und stark sein und fest daran glauben, dass ich genau wie Odysseus alle Schwierigkeiten erfolgreich überwinden werde. Jetzt nicht schlapp machen! Nicht weinen, ich darf nicht weinen! Aber der Himmel darf es! Nicht ich, sondern der Himmel wird also die Tränen des traurigen Abschieds weinen!

***

Es ist nicht so schlimm gewesen, ich habe den Herd angelassen und zwei Paar Schuhe beim Schuster sind auch abzuholen. Es heißt, wir müssen jetzt fort. Ehrlich gesagt, keine Lust auf das Gedränge. Obwohl das Boot an sich nicht schlecht ist. Wo wollen wir überhaupt hinfahren? Ich weiß nicht, was mir lieber ist: Unter Betonplatten [begraben] zu liegen oder im Meer zu ertrinken, es sind beides klasse Zukunftsperspektiven. Am besten bleibst du, wo du bist, rät mir Mama Vernunft. Letzten Endes sind sie ohne mich abgefahren. Ich meine die Leute sind dumm, haben Sie die „Titanic" vielleicht doch nicht gesehen?

...

Es ist jetzt 15 Jahre her. Ich habe hier eine sehr gute Stelle, ich kann mich nicht beklagen. Ich bin so eine Art Touristenfüher, wissen Sie. Alle wollen dieses berühmte Wrack sehen, das Boot, in das ich auch beinahe eingestiegen wäre in jener Nacht, wäre ich nicht spießig genug gewesen, doch nach Hause zurückzukehren, um nach dem Herd zu schauen.

[60] Die Texte stammen aus einem kreativen Schreibseminar.

Beispieltext[61]: Flaschenpost

Lieber Unbekannter!
Du liest also diese Zeilen, das heißt, dass meine Flaschenpost bei dir angekommen ist! Wie ich heiße und wer ich bin, ist total unwichtig. Was du wissen musst, ist, dass dies kein Zufall ist. Nicht das Meer, sondern das Schicksal hat diese Flasche in deine Hände getrieben. Wir beide sind nämlich was die Engländer „Soulmates" nennen. Wie du weißt, sind wir füreinander bestimmt – auch wenn du es noch nicht weißt. Wir werden uns bald kennenlernen und innerhalb von wenigen Tagen heiraten. Wir werden das ideale Ehepaar sein, zusammen um die ganze Welt reisen und jeden Tag ins Kino gehen. Du wirst Erdbeeren für mich kaufen, und ich werde dir Moussaka kochen. Ob du schön bist oder nicht, dick oder dünn, groß oder klein, das ist mir egal, denn ich akzeptiere dich, so wie du bist. Mach dir keine Gedanken über unsere Begegnung. Ich werde dich suchen und finden, wo immer du auch bist, und wir werden von nun an glücklich zusammen leben. Adieu! Oder auf Wiedersehen! Ich kann kaum erwarten, dass wir uns kennenlernen, und freue mich schon riesig darauf!
Viele Küsschen, deine Soulmate!
PS: Hoffentlich bist du keine Frau. Frauen sind nämlich echt nicht mein Typ!

[61] Der Text stammt aus einem kreativen Schreibseminar.

Anhang Nr. 36

Beispieltext[62]: Tlaloc

Tlaloc, du widerspenstiger Hässlicher,
seit sieben Jahren verfolgst du mich,
entlässt mich nicht aus deinem Bann.
Ich ertrage deine Launen,
deinen immerwährenden Drang nach Regen und
Bereinigung.
Deine Siegessicherheit,
ja, vor dir knien und opfern sie
seit Jahrtausenden.
Wenn gnädige Hoheit sich bequemen mögen,
die zarten Flügel zu erheben,
dann möge der Himmel seinen Regen schenken.
Deine masochistischen Züge, wie lange lebst
du sie schon aus?
An uns hier hattest du einen Narren gefressen,
musstest deine Wohlgesonnenheit mit all deiner
Großzügigkeit zeigen.
Mit dem, worum dich alle anderen baten.
Ich kann dir nur sagen, ich will ihn nicht, deinen Regen,
noch deine beschützenden Flügel,
die mir allzeit Nässe und
angeblich, eine gereinigte Seele zu geben versprachen.
Ich setze mich dir gegenüber,
nicht weniger gelassen als du selbst, hohe Gottheit.
Ich spreche mit dir, höre zu!
Ich habe deinen Regen satt,
wende mich dir ab und Quetzalcoatl,
dem Gott der Winde, zu.

Anhang Nr. 37

Beispieltext[63]: In der Taverne ...

Ich würde am liebsten an den Nachbartisch gehen und von deren Tellern essen oder in der Küche aus den Töpfen löffeln. Durch mein Glas schaue ich immer wieder und bilde mir langsam ein, die Teller auf unserem Tisch sind voll. Dann schaue ich den Kellner bittend an, gebe ihm zu verstehen, dass er die Portionen verdoppeln soll, aber mein Wunsch bleibt unerfüllt. Ich packe meine Jacke wütend und laufe in den gegenüberliegenden Schnellimbiss, bestelle mir einen Burger, bezahle, drehe mich um und sehe, wie der Kellner mit vier übervollen Tellern Ausschau nach mir hält ...

---

[62] Der Text ist während eines Seminars des Instituts für Kreatives Schreiben im Völkerkundemuseum in Dahlem (Berlin) entstanden.

[63] Der Text stammt aus einem kreativen Schreibseminar.

ABC-Darium

A	
B	
C	
D	
E	
F	
G	
H	
I	
J	
K	
L	
M	
N	
N	
O	
P	
Q	
R	
S	
T	
U	
V	
W	
X	
Y	
Z	

An den Mond

Füllest wieder Busch und Tal
Still mit Nebelglanz,
Löset endlich auch einmal
Meine Seele ganz;

Breitest über mein Gefild
Lindernd deinen Blick,
Wie des Freundes Auge mild
Über mein Geschick.

Jeden Nachklang fühlt mein Herz
Froh- und trüber Zeit,
Wandle zwischen Freud und Schmerz
In der Einsamkeit.

Fließe, fließe, lieber Fluss!
Nimmer werd ich froh,
So verrauschte Scherz und Kuss,
Und die Treue so.

Ich besaß es doch einmal,
Was so köstlich ist!
Dass man doch zu einer Qual
Nimmer es vergisst!

Rausche, Fluss, das Tal entlang,
ohne Rast und Ruh,
Rausche, flüstre meinen Sang,
Melodien zu,

Wenn du in der Winternacht
Wütend überschwillst,
Oder um die Frühlingspracht
Junger Knospen quillst.

Selig, wer sich von der Welt
Ohne Hass verschließt,
Einen Freund am Busen hält
Und mit dem genießt,

Was, von Menschen nicht gewusst
Oder nicht bedacht,
Durch das Labyrinth der Brust
Wandelt in der Nacht.

Johann Wolfgang von Goethe

2. Literaturverzeichnis

Zu kulturgeprägtem Schreiben, Schreiben in der Fremdsprache:

ALTMAYER, Claus (1997): Zum Kulturbegriff des Faches Deutsch als Fremdsprache. In: Zeitschrift für Interkulturellen Fremdsprachenunterricht [Online], 2(2): www.spz.tu-darmstadt.de/projekt_ejournal/jg_02_2/beitrag/almayer3.htm (01.03.2009).

BEIRAT DEUTSCH ALS FREMDSPRACHE des Goethe-Instituts. (1992). 25 Thesen zur Sprach- und Kulturvermittlung im Ausland. Zielsprache Deutsch, 23 (2), 112–113.

Die 25 Thesen zur Sprach- und Kulturvermittlung des Beirates Deutsch als Fremdsprache des Goethe-Instituts (Beirat DaF, 1992).

BOHN, Rainer (2001): Schriftliche Sprachproduktion. In: HELBIG, Gerhard; GÖTZE, Lutz; HENRICI, Gert; KRUMM, Hans-Jürgen (2001): Deutsch als Fremdsprache. Ein internationales Handbuch. Berlin, New York: de Gruyter. S. 921–931.

BÖRNER, W. (1987): Schreiben im Fremdsprachenunterricht. Überlegungen zu einem Modell. In: LÖRSCHER, W.; SCHULZE, R. (Hrsg.): Perspectives on language in performance. Tübingen. S. 1336–1349.

CLYNE, Michael (1980): Writing, Testing and Culture. In: The Secondary Teacher 11/1980. S. 13–16.

CLYNE, Michael (1981): Culture and discourse structure. In: Journal of Pragmatics 5, 61–66.

CLYNE, Michael (1991): Zu kulturellen Unterschieden in der Produktion und Wahrnehmung englischer und deutscher wissenschaftlicher Texte. In: Info Deutsch als Fremdsprache 18, S. 376–383.

EISMANN, Volker. (1985): Schreiben lernen um schreibend zu lernen. Schreiben im Fremdsprachenunterricht. In: MÜLLER, Bernd-Dietrich (Hrsg.): Textarbeit – Sachtexte. München: Iudicium. S. 167–203.

ESSER, Ruth (1997): „Etwas ist mir geheim geblieben am deutschen Referat“: kulturelle Geprägtheit wissenschaftlicher Textproduktion und ihre Konsequenzen für den universitären Unterricht von Deutsch als Fremdsprache. München: iudicium.

ESSER, Ruth (2000): Schreiben im Vergleich. Kulturelle Geprägtheit wissenschaftlicher Textproduktion und ihre Konsequenzen für den universitären Unterricht von Deutsch als Fremdsprache. In: KRUMM, Hans-Jürgen (Hrsg.): Erfahrungen beim Schreiben in der Fremdsprache Deutsch. Untersuchungen zum Schreibprozess und zur Schreibförderung im Unterricht mit Studierenden. Innsbruck: Studienverlag. S. 56–108.

ESSER, Ruth (2006): „Die deutschen Lehrer reden weniger und fragen mehr ...“ Zur Relevanz des Kulturfaktors im DaF-Unterricht. In: Zeitschrift für Interkulturellen Fremdsprachenunterricht 11: 3, 2006.

FISCH, Jörg (1992): Zivilisation, Kultur. In: BRUNNER, Hans-Otto, WERNER Conze & Reinhart KOSELLECK. (Hrsg.): Geschichtliche Grundbegriffe. Historisches Lexikon zur politisch-sozialen Sprache in Deutschland. Bd. 7. Stuttgart: Klett-Cotta. S. 679–774.

FIX, Ulla; HABSCHEID, Stephan; KLEIN, Josef (Hrsg.) (2001): Zur Kulturspezifik von Textsorten. Tübingen: Stauffenburg.

FRANÇOIS, Audrey (2004): Wissenschaftliches Schreiben in der Fremdsprache Deutsch am Beispiel von Abschlussarbeiten französischer Studierender. Dissertation: Universität Siegen.

Da COSTA, Alessandra Castilho Ferreira (2005): Sozial- und kulturspezifischer Textsortengebrauch: Ein Vergleich brasilianischer und deutscher Schulaufsätze: http://sundoc.bibliothek.uni-halle.de/diss-online/05/06H142/t2.pdf (01.03.2009).

GIVÓN, T. (1983): Topic Continuity in Discourse. A quantitative cross-language study. University of Oregon. Typological Studies in Language 3: John Benjamins.

GÖTZE, Lutz (1993): Kultur, Kulturbegriff, Kulturpolitik. In: Zielsprache Deutsch, 24 (1), S. 52–56.

HORNUNG, Antonie (2002): Zur eigenen Sprache finden: Modell einer plurilingualen Schreibdidaktik. Tübingen: Niemeyer.

HUFEISEN, Britta (2000): Fachtextpragmatik Kanadisch-Deutsch. Studentische Texte an der Universität. In: KRUMM, Hans-Jürgen (Hrsg.): Erfahrungen beim Schreiben in der Fremdsprache Deutsch: Untersuchungen zum Schreibprozess und zur Schreibförderung im Unterricht mit Studierenden. Innsbruck, Wien, München: Studienverlag. S. 17–55.

KACHRU, Y. (1987): Cross-cultural texts, discourses strategies and discourse interpretation. In: SMITH, L. E. (ed): Discourse across cultures. Strategies in world English. Hertfordshire, S. 87–100.

KAPLAN, Robert B. (1966): Cultural Thought Patterns in Inter-Cultural Education. Language Learning, 16. S. 1–20.

KAPLAN, Robert B. (1980): Cultural Thought Patterns in Inter-Cultural Education. In: CROFT, Kenneth: Readings on English as a Second Language. For Teachers and Teacher Trainees. Boston; Toronto: Little, Brown and Company [Second Edition], S. 399–418.

KAPLAN, Robert, B. (1988): Contrastive rhetorics and second language teaching: Notes toward a theory of contrastive rhetoric. In: PURVES, A. C. (ed.) Writing across languages and cultures: Issues in contrastive rhetoric. Newbury Park/CA. S. 275–304.

KESELING, Gisbert (2003): Schreibblockaden überwinden. In: FRANCK, Norbert; STARY, Joachim: Die Technik des wissenschaftlichen Arbeitens. Paderborn, München: Schöningh. S. 197–222.

KESELING, Gisbert (2004): Die Einsamkeit des Schreibers. Wie Schreibblockaden entstehen und erfolgreich bearbeitet werden können. Wiesbaden: VS Verlag für Sozialwissenschaften.

KRAUSE, Wolf-Dieter (1985): Strukturaspekt und Kulturkomponente beim zwischensprachlichen Vergleich von Textsorten. In: Linguistische Arbeitsberichte 49, S. 24–30.

KRAUSE, Wolf-Dieter (2000): Text, Textsorte, Textvergleich. In: ADAMZIK, Kirsten (2000): Textsorten. Reflexionen und Analysen. Tübingen: Stauffenberg Verlag. S. 45–76.

LEHKER, Marianne (1997): Texte im chinesischen Aufsatzunterricht: eine kontrastive Analyse chinesischer und deutscher Aufsatzsorten. Heidelberg: Groos.

LEKI, I. (1991): Twenty-five years of contrastive rhetoric: Text analysis and writing pedagogics. In: TESOL, Quarterly 25, 1. S. 123–143.

MATALENE, C. (1985): Contrastive rhetoric: An American writing teacher in China. In: College English 47, 8. S. 789–808.

MOHR, Imke (2000): Lernertexte untersuchen und überarbeiten: eine Übung aus dem DaF-Unterricht. In: KRUMM, Hans-Jürgen (Hrsg.): Untersuchungen zum Schreibprozess und zur Schreibförderung im Unterricht mit Studierenden. Innsbruck, Wien, München: Studienverlag. S. 109–156.

MÜLLER-JAQUIER (2004) Vortrag: Deutsch-Französische Kommunikation – eine Fettnäpfchenparade? http://www.dfg-hof.de/b2004/vortr01.htm. (01.03.2009).

RAIBLE, Wolfgang (Hrsg.) (1995): Kulturelle Perspektiven auf Schrift und Schreibprozess: elf Aufsätze zum Thema Mündlichkeit und Schriftlichkeit. Tübingen: Narr.

WOLF, Gordian (2001): Vergleichende Kultur- und Mentalitätsforschung. In: GÖTZE, Lutz; HELBIG, Gerhard; HERNRICI, Gert; KRUMM, Hans-Jürgen: Deutsch als Fremdsprache. Ein internationales Handbuch. Berlin, New York: de Gruyter. S. 1179–1193.

Zu Kreativität, Kreativem Schreiben:

BEER, Ulrich; ERL, Willi (1986): Entfaltung der Kreativität. Nehren: Katzmann.

BRENNER, Gerd (1998): Kreatives Schreiben. Ein Leitfaden für die Praxis. Berlin: Cornelsen Scriptor.

CSIKSCENTMIHALYI, Mihaly (1997): Kreativität. Wie Sie das Unmögliche schaffen und Ihre Grenzen überwinden. Stuttgart: Klett-Cotta.

CURTIS, M. (1976): Theorien der künstlerischen Produktivität. Frankfurt/Main.

FINKE, Eva; THUMS-SENFT, Barbara (2008): Begegnung in Texten. Kreativ-Biographisches Schreiben in der Interkulturellen Bildung und im Unterricht Deutsch als Fremdsprache und Zweitsprache. Stuttgart: Schmetterling-Verlag.

FRITZSCHE, Joachim (1989): Schreibwerkstatt. Geschichten und Gedichte: Schreibaufgaben, -übungen, -spiele. Stuttgart: Klett.

FUHRMANN, Manfred, (Hrsg.) (2006): Aristoteles. Poetik. Stuttgart: Reclam.

GUILFORD, Joy Paul (1959): Traits of Creativity. In: ANDERSON, Harold H. (ed.): Creativity and its Cultivation. New York: Harper and Brothers Publishers. S. 142–162.

GUNTERN, Gottlieb (1991): Kreativität in Wirtschaft, Kunst und Wissenschaft. Zürich.

Gemeinsamer Europäische Referenzrahmen für Sprachen: lernen, lehren, beurteilen (2001). München: Langenscheidt.

JØRGENSEN, Hans Otto (2006): Die Lernbarkeit und Lehrbarkeit des literarischen Schreibens. In: HASLINGER, Josef; TREICHEL, Hans-Ulrich (Hrsg.) (2006): Schreiben lernen – Schreiben lehren. Frankfurt/ Main: Fischer. S. 67–74.

KÄSTNER, Uwe (1997): Freies Schreiben in der Fremdsprache: Prozesse und ihre Didaktik: Untersuchung zur Textproduktion im fremdsprachlichen Deutschunterricht auf dem Hintergrund neuropsychologischer Theorien. Bochum: AKS-Verlag.

POMMERIN, Gabriele (u. a.) (1996): Kreatives Schreiben. Handbuch für den deutschen und interkulturellen Sprachunterricht in den Klassen 1–10. Weinheim und Basel: Beltz.

POMMERIN, Gabriele unter Mitarbeit von BAUM, Elke, DEFIBRE, Christiane und ÖVÜNC, Deniz (1986): Kreatives Schreiben – eine Übungsdisziplin für die Lehrerausbildung und -fortbildung. In: VALTIN, Renate; NAEGELE, Ingrid (Hrsg.): „Schreiben ist wichtig!“ – Grundlagen und Beispiele für kommunikatives Schreiben(lernen). Frankfurt/M., Arbeitskreis Grundschule e.V., S. 258–281.

GLABIONAT, Manuela; MÜLLER, Martin; RUSCH, Paul; SCHWITZ, Helen; WERTENSCHLAG, Lukas (2002): Profile deutsch. München: Langenscheidt.

HASLINGER, Josef; TREICHEL, Hans-Ulrich (Hrsg.) (2005): Wie werde ich ein verdammt guter Schriftsteller? Berichte aus der Werkstatt. Frankfurt/ Main: Suhrkamp.

HASLINGER, Josef; TREICHEL, Hans-Ulrich (Hrsg.) (2006): Schreiben lernen – Schreiben lehren. Frankfurt/ Main: Fischer.

HORNUNG, Antonie (2002): Zur eigenen Sprache finden: Modell einer plurilingualen Schreibdidaktik. Tübingen: Niemeyer.

KUPFER-SCHREINER, Claudia (1994): Sprachdidaktik und Sprachentwicklung im Rahmen interkultureller Erziehung. Weinheim: Deutscher Studien Verlag.

LIEBNAU, Ulrich (1995): EigenSinn: Kreatives Schreiben – Anregungen und Methoden. Frankfurt/ Main: Diesterweg.

MATTENKLOTT, Gundel (1979): Literarische Geselligkeit – Schreiben in der Schule. Stuttgart: Metzler.

MUMMERT, Ingrid (1989): Nachwuchspoeten. Jugendliche schreiben literarische Texte im Fremdsprachenunterricht Deutsch. München: Klett.

ORTHEIL, Hanns-Josef (2006): Aristoteles und andere Ahnherren. Über Herkunft und Ursprünge des „Kreativen Schreibens“. In: HASLINGER, Josef; TREICHEL, Hans-Ulrich (Hrsg.) (2006): Schreiben lernen – Schreiben lehren. Frankfurt/ Main: Fischer, S. 17–29.

PREISER, Siegfried (1976): Kreativitätsforschung. Darmstadt

PREISER, Siegfried; BUCHHOLZ, Nicola (1997): Kreativitätstraining. Das 7-Stufenprogramm für Alltag, Studium und Beruf. Augsburg: Augustus.

RAU, Hans Arnold (Hrsg.) (1988): Kreatives Schreiben an Hochschulen. Berichte, Funktionen, Perspektiven. Tübingen: Niemeyer.

von SCHEIDT, Jürgen (1989): Kreatives Schreiben. Texte als Wege zu sich selbst und anderen, Frankfurt: Fischer.

SCHREITER, Ina (2002): Schreibversuche: Kreatives Schreiben bei Lernern des Deutschen als Fremdsprache: Themenvorschläge, Arbeitsempfehlungen und viele authentische Beispiele für phantasievolle Texte. München: iudicium.

SCHUSTER, Karl (1996): Das personal-kreative Schreiben im Deutschunterricht. Theorie und Praxis. Hohengehren: Schneider.

SPINNER, Kaspar H. (1990): Vorschläge für einen kreativen Literaturunterricht. Frankfurt/Main: Diesterweg.

SPINNER, Kaspar H. (1994): Anstöße zum kreativen Schreiben. In: CHRISTIANI, Reinhold (Hrsg.): Auch die leistungsstarken Kinder fördern. Berlin: Cornelson Scriptor, S. 46–60.

SPITTA, Gudrun (1992): Schreibkonferenzen in den Klassen 3 und 4. Berlin: Cornelson Scriptor.

WALDMANN, Günther (1994): Produktiver Umgang mit Lyrik. Hohengehren: Schneider.

v. WERDER, Lutz (1986): ... triffst du nur das Zauberwort. Eine Einführung in die Schreib- und Poesietherapie. München, Weinheim: Beltz.

v. WERDER, Lutz (1993): Lehrbuch des Kreativen Schreibens. Berlin, Milow: Schibri.

v. WERDER, Lutz (1995): Kreatives Schreiben in den Wissenschaften: Für Schule, Hochschule und Erwachsenenbildung. Berlin, Milow: Schibri.

WOLFRUM, Jutta (2001): Heimat ist wie eine Göttin der Antiquität. Lebensperspektiven junger griechischer MigrantInnen und RemigrantInnen – kreativ geschrieben. Frankfurt/Main, Berlin, Bern, Bruxelles, New York, Oxford, Wien: Lang.

WOLFRUM, Jutta (2009): „Was wir von ‚den Großen' lernen können ... ". Schreibgewohnheiten von SchriftstellerInnen und Folgerungen für eine kreative Schreibdidaktik. In: GÖTZE, Lutz; KUPFER-SCHREINER, Claudia (Hrsg.): Visionen und Hoffnungen in schwieriger Zeit. Kreativität–Sprachen–Kulturen. Frankfurt am Main: Peter Lang Verlag. S. 212–236.

Zu kreativen Schreibtechniken und -verfahren

ANDERSON, Linda (2006): Creative Writing. A Workbook with Readings. Oxfordshire: The Open University.

AUGST, Gerhard (1988): Schreiben als Überarbeiten – "Writing ist Rewriting" oder „Hilfe! Wie kann ich den Nippel durch die Lasche ziehen?" In: Der Deutschunterricht 40, Heft 3, S. 51–63.

BAURMANN, Jürgen (1990): Kinder schreiben gemeinsam einen Text. Eine Analyse aus schreibtheoretischer und didaktischer Sicht. In: Germanistische Linguistik 104–105, S. 109–124.

BIEDERBICK, D.C.A. : Schreiben vor Ort.

http://www.learn-line.nrw.de/angebote/litweb_schreiben/ort.htm (01.03.2009)

BOEHNCKE, Heiner; KUHNE, Bernd (1993): Anstiftung zur Poesie. Oulipo – Theorie und Praxis der Werkstatt für potentielle Literatur. Bremen.

BÖRNER, Wolfgang (1992): Zum Erwerb von Textsortenkompetenz durch Schreiben. In: JUNG, Udo O. H. (Hrsg.): Praktische Handreichungen für den Fremdsprachenunterricht. Frankfurt/Main: Lang. S. 297–309.

BÖTTCHER, Ingrid (Hrsg.) (1999): Kreatives Schreiben. Grundlagen und Methoden; Beispiele für Fächer und Projekte; Schreibecke und Dokumentation. Berlin: Cornelsen Scriptor.

BRÄUER, Gerd (1998): Schreibend lernen. Grundlagen einer theoretischen und praktischen Schreibpädagogik. Innsbruck: Studien-Verlag.

BRENNER, Gerd (1994) (2. Aufl.): Kreatives Schreiben. Ein Leitfaden für die Praxis. Frankfurt am Main: Cornelsen Scriptor.

BRENNER, Gerd (1996): Die Fundgrube für den Deutschunterricht. Berlin: Cornelsen.

BRETON, André (1986): Die Manifeste des Surrealismus. Reinbek: Rowohlt.

BRITO, Marty (1993): Wohin gehen die geträumten Dinge? Aus dem Buch der Fragen von Pablo Neruda mit Antworten von Kindern aus Chile. Bremen.

BUZAN, Tony; BUZAN, Barry (1997): Das Mind-Map-Buch. Landsberg a. L.: mvg-Verlag.

DEHN, Mechthild (2000): Zu einem Bild schreiben. In: Praxis Deutsch, Heft 161, S. 26–28.

EISMANN, Volker. (1985): Schreiben lernen um schreibend zu lernen. Schreiben im Fremdsprachenunterricht. In: MÜLLER, Bernd-Dietrich (Hrsg.): Textarbeit – Sachtexte. München: Iudicium. S. 167–203.

ELBOW, Peter (1998): Writing with Power. New York: Oxford University Press.

FAISTAUER, Renate (1997): Wir müssen zusammen schreiben. Kooperatives Schreiben im fremdsprachlichen Deutschunterricht. Innsbruck, Wien: Studien-Verlag.

FINKE, Eva; THUMS-SENFT, Barbara (2008): Begegnung in Texten. Kreativ-Biographisches Schreiben in der Interkulturellen Bildung und im Unterricht Deutsch als Fremdsprache und Zweitsprache. Stuttgart: Schmetterling-Verlag.

GOLDBERG, Bonni: Raum zum Schreiben. Creative Writing in 200 genialen Lektionen. Berlin: Autorenhaus Verlag.

HAAS, Gerhard (Hrsg.) (1984): Kinder- und Jugendliteratur. Ein Handbuch. Stuttgart: Reclam.

HAAS, Gerhard (1997): Handlungs- und produktionsorientierter Literaturunterricht. Theorie und Praxis eines „anderen" Literaturunterrichts für die Primar- und Sekundarstufe. Selze-Velber.

HERBERT, W. N. (2006): Writing poetry. In: ANDERSON, Linda (2006): Creative Writing. A Workbook with Readings. Oxfordshire: Routledge (The Open University). S. 167–179.

HOFMANN, Kurt (1991): Aus Gesprächen mit Thomas Bernhard. München: dtb.

HOLAND, Elisabeth (1993): Wir beginnen mit Meditation. Grundschulmagazin 9/1993, S. 45.

HOLOUBEK, Helmut (1995): Schreiben nach Musik. In: ABRAHAM, Ulf; BEISBART, Ortwin; HOLOUBEK, Helmut: Literatur und Sprache – didaktisch, 07/1995, S. 66–97.

HORNUNG, Antonie (1995): Vom experimentellen zum argumentativen Schreiben. Die produktive Aneignung eines surrealistischen Schreibansatzes. In: „Der Deutschunterricht", Heft 141 (3/1995). S. 3–14.

HORNUNG, Antonie (2002): Zur eigenen Sprache finden: Modell einer plurilingualen Schreibdidaktik. Tübingen: Niemeyer.

KAST, Bernd (1985): Jugendliteratur im kommunikativen Deutschunterricht. München: Langenscheidt.

KOELBL, Herlinde (2007): Schreiben! 30 Autorenportraits. München: Knesebeck.

LEITNER, Anton G. (Hrsg.) (2002): SMS-Lyrik, 160 Zeichen Poesie. München: dtv

LIEBNAU, Ulrich (1999): EigenSinn. Kreatives Schreiben – Anregungen und Methoden. Frankfurt/Main: Diesterweg.

MACRORIE, Ken (1985): Telling Writing. Portsmouth: Boynton/Cook Publishers.

MALCOLM, Cowley (1958): „wie sie schreiben". Gütersloh: Sigbert Mohn.

MATTENKLOTT, Gundel (1991): Literarische Improvisationen. Berlin: Pädagogisches Zentrum.

MEYER, Hilbert (1987): Unterrichtsmethoden Bd. 1. Frankfurt/Main: Scriptor.

MOSLER, Bettina; HERHOLZ, Gerd (2003): Die Musenkuss-Mischmaschine.
128 Schreibspiele für Schreibwerkstätten und Schulen. Essen: Verlag Neue Deutsche Schule.

MURDOCK, Maureen (1989): Dann trägt mich eine Wolke. Freiburg im Breisgau.

NEALE, Derek (2006, A): Writing what you know. In: ANDERSON, Linda (2006): Creative Writing. A Workbook with Readings. Oxfordshire: Routledge (The Open University), S. 44–55.

NEALE, Derek (2006, B): Writing what you come to know. In: ANDERSON, Linda (2006): Creative Writing. A Workbook with Readings. Oxfordshire: Routledge (The Open University), S. 57–69.

NERUDA, Pablo (1993): Buch der Fragen. In: Letzte Gedichte. Das postume lyrische Werk. München: Luchterhand.

NIZON, Paul (1993): Canto. Frankfurt/Main: Suhrkamp.

NIZON, Paul (19952): Das Jahr der Liebe. Frankfurt/Main: Suhrkamp.

PIEPHO, Hans Eberhard (1989): Sozialformen: Überblick. In: BAUSCH, Karl Richard et al. (Hrsg.): Handbuch Fremdsprachenunterricht. Tübingen: Francke. S. 165–169.

POMMERIN, Gabriele (Hrsg.) (1996): Kreatives Schreiben. Handbuch für den deutschen und interkulturellen Sprachunterricht in den Klassen 1–10. Weinheim, Basel: Beltz.

POMMERIN, Gabriele (1995): Kreatives Schreiben im Rahmen interkultureller Erziehung. In: ABRAHAM, Ulf; BEISBART, Ortwin; HOLOUBEK, Helmut: Literatur und Sprache – didaktisch, 07/1995, S. 4–61.

POMMERIN-GÖTZE, Gabriele, Hrsg. (2003): Neruda Blau. Ein poetisches Spiel mit der „schönsten aller Farben". München: Realis Verlag.

RAMET, Adéle (2007): Creative Writing. How to unlock your imagination, develop your writing skills – and get published. Oxford: How To Books Ltd.

RICO L., Gabriele (1984): Garantiert schreiben lernen. Reinbek: Rowohlt.

ROLFES, Bettina; SCHALK, Gisela (1986): Schreiben befreit. Dortmund: Verlag Kleine Schritte.

SCHERLING, Theo; SCHUKALL, Hans-Friedrich (1992): Mit Bildern lernen. Handbuch für den Fremdsprachenunterricht. Berlin, München: Langenscheidt.

SCHREITER, Ina (2002): Schreibversuche: kreatives Schreiben bei Lernern des Deutschen als Fremdsprache; Themenvorschläge, Arbeitsempfehlungen und viele authentische Beispiele für phantasievolle Texte. München: Iudicium.

SCHUSTER, Karl (1997): Das personal-kreative Schreiben im Deutschunterricht. Theorie und Praxis. Hohengehren, Baltmannsweiler: Schneider.

SCHWERDTFEGER, I. Ch. (1989): Gruppenunterricht und Partnerarbeit. In: BAUSCH, Karl Richard et al (Hrsg.): Handbuch Fremdsprachenunterricht. Tübingen: Francke. S. 171–173.

SPINNER, Kaspar (2000): Handlungs- und produktionsorientierter Umgang mit Kinder- und Jugendliteratur. In: LANGE, Günter (Hrsg.): Taschenbuch der Kinder- und Jugendliteratur. Band 2. Hohengehren, Baltmannsweiler: Schneider, S. 977–990.

STURM, D. (1990): Zur Visualisierung von Lehrwerken für Deutsch als Fremdsprache. Historische und kulturkontrastive Aspekte. Kassel: Dissertation.

TIMM, Uwe (1993): Erzählen und kein Ende. Versuche zu einer Ästhetik des Alltags. Köln: Kiepenheuer und Witsch.

WALDMANN, Günther (1998): Produktiver Umgang mit Literatur im Unterricht. Grundriss einer produktiven Hermeneutik: Theorie – Didaktik – Verfahren – Modelle. Hohengehren, Baltmannsweiler: Schneider.

WALDMANN, Günther (1994): Produktiver Umgang mit Lyrik. Hohengehren: Schneider.

von WERDER, Lutz; MISCHON, Claus; SCHULTE-STEINICKE, Barbara (1992): Kreative Literaturgeschichte. Berlin, Milow: Schibri-Verlag.

von WERDER, Lutz (1993): Lehrbuch des kreativen Schreibens. Berlin, Milow: Schibri-Verlag

WOOD, Monica (2002): The Pocket Muse. Ideas and Inspirations for Writing. Cincinnati, Ohio: Writer's Digest Book.

ZOPFI, Christa; ZOPFI, Emil (2001): Leichter im Text. Ein Schreibtraining. Bern: Zytglogge.

Zu Überarbeitung und Benotung:

AUGST, Gerhard (1988): Schreiben als Überarbeiten – "Writing ist Rewriting" oder „Hilfe! Wie kann ich den Nippel durch die Lasche ziehen?" In: Der Deutschunterricht 40, Heft 3, S. 51–63.

BAURMANN, Jürgen (1976): Der Einfluss von Auswertungsbedingungen, Vorinformationen und Persönlichkeitsmerkmalen auf die Benotung von Deutschaufsätzen. In: INGENKAMP, Karlheinz (Hrsg.): Die Fragwürdigkeit der Zensurengebung. Weinheim.

BRÄUER, Gerd (1998): Schreibend lernen. Grundlagen einer theoretischen und praktischen Schreibpädagogik. Innsbruck, Wien: Studienverlag.

FIX, Martin (2004): Textrevision in der Schule. Prozessorientierte Schreibdidaktik zwischen Instruktion und Selbststeuerung. Baltmannsweiler, Hohengehren: Schneider.

Gemeinsamer Europäische Referenzrahmen für Sprachen: lernen, lehren, beurteilen (2001). München: Langenscheidt.

HEGELE, Irmintraut; POMMERIN, Gabriele (1983): Gemeinsam Deutsch lernen. Interkulturelle Spracharbeit mit ausländischen und deutschen Schülern. Heidelberg: Quelle + Meyer.

KOELBL, Herlinde (2007): Schreiben! 30 Autorenportraits. München: Knesebeck.

KUHL, Helwig (1988): Ermutigung zum Schreiben. Theorie und Praxis in den Klassen 5–10. Frankfurt/Main: Scriptor.

LIEBNAU, Ulrich (1995): EigenSinn. Kreatives Schreiben – Anregungen und Methoden. Frankfurt/Main: Diesterweg.

MERKELBACH, Valentin (1993): Entwerfen, Überarbeiten, Veröffentlichen. In: MERKELBACH, Valentin (Hrsg.): Kreatives Schreiben. Braunschweig: Westermann Schulbuch Verlag, S. 97–112.

POMMERIN, Gabriele, u. a. (1996): Kreatives Schreiben. Handbuch für den deutschen und interkulturellen Sprachunterricht in den Klassen 1–10. Weinheim und Basel: Beltz.

POMMERIN, Gabriele (1999): Über die allmähliche Verfertigung von Texten (I). In: Zeitschrift zur Theorie und Praxis des Deutschunterrichts für Ausländer. 4/1999, S. 198–204.

SCHRÖTER, Gottfried (1971): Die ungerechte Aufsatzzensur. Bochum.

SÖLLINGER, Peter (1991): Texte schreiben. Methodische Anregungen. Wien: Literas-Universitätsverlag.

SPITTA, Gudrun (1992): Schreibkonferenzen in Klasse 3 und 4. Ein Weg vom spontanen Schreiben zum selbstbewussten Verfassen von Texten. Frankfurt/Main: Cornelson-Scriptor.

STEINER, Anne (2007): Von der Gegenwart zur Zukunft des Schreibunterrichts – ein Konzept zur Entwicklung und Förderung schreibstrategischer Kompetenzen in der Sekundarstufe. Baltmannsweiler, Hohengehren: Schneider.

Zu Schreibtipps:

GOLDBERG, Bonni: Raum zum Schreiben. Creative Writing in 200 genialen Lektionen. Berlin: Autorenhaus Verlag.

KOELBL, Herlinde (2007): Schreiben! 30 Autorenportraits. München: Knesebeck.

NIZON, Paul (19952): Das Jahr der Liebe. Frankfurt/Main: Suhrkamp.

RAMET, Adéle (2007): Creative Writing. How to unlock your imagination, develop your writing skills – and get published. Oxford: How To Books Ltd.

TIMM, Uwe (1993): Erzählen und kein Ende. Versuche zu einer Ästhetik des Alltags. Köln: Kiepenheuer und Witsch.